先秦史札记 下

吕思勉 著

吕思勉著作精选
读史札记

〔一一五〕昏年考

古书言昏年者：《书传》、《礼记》、《公羊》、《穀梁》、《周官》，皆以男三十而娶，女二十而嫁。《墨子》、《节用》。《韩非》《外储说右下》。则谓丈夫二十，妇人十五。《大戴》又谓大古五十而室，三十而嫁。中古三十而娶，二十而嫁。《本命》。《异义》：《大戴礼》说，三十而室，二十而嫁，天子庶人同礼。《左氏》说，天子十五而生子；三十而娶，庶人礼也。案国君十五而生子，见《左》襄九年。诸说纷纷者何？曰：女子十四、五可嫁，男子十五、六可娶，生理然也。果何时娶，何时嫁，则随时代而不同。大率古人晚，后世较早？则生计之舒蹙为之也。《家语》："哀公曰：男子十六精通，女子十四而化，则可以生民矣。而礼，男必三十而有室，女必二十而有夫也，岂不晚哉？孔子曰：夫礼言其极，不是过也。男子二十而冠，有为人父之端；女子十五许嫁，有适人之道。于此而往，则是婚矣。"《本命解》。男子十六精通，女子十四而化，说与《素问》合。何君《公羊解诂》曰："妇人八岁备数，十五从嫡，二十承事君子。"《隐公七年》。八岁者，龀之翌年。十五者，化之明岁。准是以言，则二十当云二十二。而云二十者，举成数也。许慎曰："侄娣十五以上，能共事君子，可以往。二十而御。"《穀梁》隐公七年《注》。说亦与何君同。王肃述毛，谓男自二十以及三十，女自十五以及二十，皆得嫁娶，《摽有梅·疏》。其说是也。王肃又谓"男年二十以后，女年十五以后，随任所当，嘉好则成。不必以十五六女，妃二十一二男。虽二十女配二十男，三十男妃十五女，亦可。"亦通论也。王肃又引礼子不殇父，而男子长殇，止于十九，女子十五许嫁不为殇，证亦极确。毛谓"三十之男，二十之女，礼未备则不待礼，会而行之，所以蕃育人民也。"亦以三十、二十为极。王肃述毛，得毛意也。然则古者以蕃育人民为急。越王勾践，栖于会稽，而谋生聚，至令男二十不娶，女十七不嫁，罪其父母。而其著为礼，不以精通能化之年；顾曰二十、三十，太古且至三十、五十者，何也？曰：蕃民，古人之所愿也。然精通而取，始化而嫁，为古人财力所不逮，是以民间恒缓其年。此为法令所无可如何。然曰二十、三十，曰三十、五十，则固已为之极矣。为之极，则不可过，犹蕃民之意也。何以知其然也？《说苑》曰："桓公至平陵，见年老而自养者，问其故。对曰：吾有子九人，家贫，无以妻之，吾使佣而未返也。桓公取外御者五人妻之。管仲入见，曰：公之施惠，不亦小矣？公曰：何也？对曰：公待所见而施惠焉，则齐国之有妻者少矣。公曰：若何？管仲曰：令国丈夫三十而室，女子十五而嫁。"《贵德》。盖古者嫁取以俪皮为礼。俪皮者两麋鹿皮也。《聘礼注》。汉武帝时，尝以白鹿皮为币，值四十万。白鹿皮固非凡鹿皮比；古时鹿皮，亦不必如汉代之贵。又汉武之为皮币，使王侯宗室，朝觐聘享，必以荐璧乃得行，则亦强名其值，犹今纸币之署若干万耳；尤非民间用之比。又用俪皮为士礼，未知庶人以下亦然否？然古皮币亦诸侯聘享所用，价不能甚贱。假不用之者，《曲礼》言取妻者"为酒食以召乡党僚友"，亦民间所不可少矣。"古者庶人粝食藜藿，非乡饮酒膢腊祭祀无酒肉。宾婚相召，则豆羹白饭，綦脍熟肉"，《盐铁论·散不足篇》。已不易办矣。管仲非桓公以御女赐平陵之民，而谓施惠当限嫁娶之年，岂有是一令，民间即饶于财哉？有是令，则不可过，不可过，则虽杀礼而莫之非也。《周官》：媒氏"仲春之月，令会男女。于是时也，奔者不禁。若无故而不用令者罪之。"仲春则奔者不禁者，古以九月至正月为婚期；仲春而犹不克昏，则其乏于财可知；乏于财，故许其杀礼。奔者，对聘而言。不聘即许其杀礼，非谓淫奔也。无故而不用令者，谓非无财，亦奔而不聘也。所谓聘者，则下文云："入币纯帛无过五两"是也。大司徒荒政十有二，十曰多昏，《注》："不备礼。"亦此意也。贾生曰："秦人家贫子壮则出赘。"诸书或言贫不能嫁。皆嫁娶不易之征。太古男三十而娶，女二十而嫁。中古则三十、二十。《论衡》曰："男三十而娶，女二十而嫁，法制虽设，未必奉行。何以效之？以令不奉行也。"《齐世篇》。曹大家十四而适人，则汉世嫁取，早于古人矣。故汉惠帝令女子十五不嫁五算也。然则世愈降，则昏年愈早。盖民生降而益舒，故礼易行也。然墨子谓圣王之法，丈夫年二十毋敢不处家，女子年十五毋敢不事人。圣王既殁，民欲蚤处家者，有所二十处家；其欲晚处家者，有所四十处家。以其早与晚相践，后圣王之法十年。此为三十有室，二十而嫁，知古人制礼，必因习俗，非苟为也。则后世嫁娶，反视古人为晚。岂古者质朴，礼简，嫁取易；后世迎妇送女愈侈，故难办邪？非也。墨子背周道，用夏政；其所述者，盖亦蕃育人民之法，禹遭洪水行之。犹勾践栖于会稽，而谋生聚耳，非经制也。若其述当时之俗，民之蚤晚处家者，有二十年之差。民之贫富固不齐，就其晚者，固犹视三十有室之年为迟矣。国君十五而生子，亦以饶于财，得蚤娶也。故曰：婚年之蚤晚，以民之财力而异也。《汉书·王吉传》："以为世俗聘妻送女无节，则贫人不及，故不举子。"则后世昏年之早，亦竭蹶赴之，不必其财力果视古代为饶也。但以大体言之，则后人生计程度，总视古人为高耳。

蚤昏善邪？晚昏善邪？《尚书大传》谓"男三十而取，女二十而嫁，通于织纴纺绩之事，黼黻文章之美。不若是，则上无以孝于舅姑，而下无以事夫养子。"王吉亦谓"世俗嫁取大早，未知为人父母之道而有子，是以教化不明，而民多夭"。今学术日进，人之毕业大学者，非二十四五不可；教子养子之道，亦愈难明；则是嫁取愈当晚也。然人之知妃色，亦在二七二八之年。强之晚昏。或至伤身而败行。若谓不知为父母之道，则将来儿童，必归公育。今人一闻儿童公育之论，无不色然骇者。以为"爱他人之子，必不如其爱己之子；而父母爱子之心，出于自然；母尤甚；强使不得养其子，是使为父母者无所用其爱也"。是亦不然。今者教育之责，父母多不自尸而委诸师，岂师之爱其弟子，逾于父母之爱其子？而为父母者，欲其子之善，不若欲其子之壮佼之切乎？教育亦专门之学，非尽人的能通；又繁琐之事，非尽人所克任故也。然则育子亦专门之业，亦繁琐之事，其非尽人所能通，所克任，而当委诸专司其事之人，将毋同？父母之爱其子，与凡仁爱之心，非有异也，视所直而异其施耳。今之世，委赤子于途，则莫或字之，或且戕贼之，父母之卵翼之，宜也。世界大同，人人不独子其子。今日为父母之爱，安知不可移诸他途？岂虑其无所用而戕其身邪？

嫁娶之时：《繁露》云："霜降逆女，冰泮杀内。"《循天之道篇》。《荀子》同。《大略篇》。王肃谓自九月至正月，引《绸缪》三星之象为证，见《疏》。其说是也。所以然者，"霜降而妇功成，冰泮而农业起"。亦王肃说。古人冬则居邑，春即居野，秋冬嫁取，于事最便，所谓循天之道也。《周官》仲春"奔者不禁"，乃贫不能具礼者，许其杀礼。王肃以为蕃育法，亦是也。《毛传》于《东门之杨》，言"男女失时，不逮秋冬"，则其意亦同董、荀。王肃述毛，得毛意也。郑玄好主《周官》而不谛，误其失时杀礼之法为正法，并《邶》诗"士如归妻，迨冰未泮"语意明白者，而亦曲释之，非也。

〔一一六〕释夫妇

夫妇二字,习用之。诂曰:"夫,扶也。""妇,服也。"其义甚不平等,然非夫妇二字之初诂也。夫妇之本义,盖为"抱负",其后引伸为"伴侣"。何以言之?《史》、《汉·高帝纪》有武负,《陈丞相世家》有张负。如淳曰:"俗谓老大母为阿负。"司马贞曰:"负是妇人老宿之称。"然《高帝纪》以王媪、武负并言,则负必小于媪。师古曰:"刘向《列女传》云:魏曲沃负者,魏大夫如耳之母也。此则古语谓老母为负耳。王媪,王家之媪也。武负,武家之母也。"予谓媪为老妇之称;母不必老,凡主妇皆可称之,犹男子之称父也。然则王媪为老妇;武负、张负,特其家之主妇耳。正妇字之转音也。今用婆字,亦具二义。俗称老妇为老太婆,即如淳所谓老大母。吴俗称妻曰家主婆,则古书皆作家主妇也。《尔雅·释鱼》:"鱛鲐,鳜妇。"王氏筠曰:"今称为鳜婆。"知二字之相淆久矣。古以南为阳,北为阴。亦以人身之胸腹为阳,背为阴。故南乡而立,则曰:"左圣,乡仁,右义,背藏。"《礼记·乡饮酒义》。南训任,男亦训任。北训背,负亦训背,《秦策注》。可知妇、背本一字。《方言》:"抱,耦也。"则抱有夫义。抱、负双声,《淮南·说林注》:"背,抱也。"夫妇亦双声,夫妇抱负,正一语也。《老子》:"万物负阴而抱阳,冲气以为和。"负阴而抱阳,犹言妇阴而夫阳。冲气以为和,则夫妇合而生一子矣。古言抱负,犹今言正负。正负各得其体之半,故孳乳为半字。《仪礼》:"夫妻牉合",正言其为一体也。物之正负,不能相离,故又孳乳为伴字。《说文》:"扶,并行也。"读若伴侣之伴。《说文》无侣字,伴训大,读若当出后人沾注。然其语自有所本。扶盖伴侣之伴之正字也。《汉书·天文志》:"晷:长为潦,短为旱,奢为扶。"《注》:"郑氏曰:扶当为蟠,齐鲁之间声如酺。晋灼曰:扶,附也。小人佞媚,附近君子之侧也。"《通卦验》:"晷,进为赢,退为缩,稽为扶。扶者,谀臣进,忠臣退。"郑《注》:"扶亦作犮。"《集韵》亦云:"古扶字作犮。"并文音义,多同本文,可知夫犮实一字。故训夫之言扶,犹曰夫之言犮耳。诸侯之妻曰夫人,亦此义。不然,岂凡妇皆待其夫扶之,独诸侯则当待其妇扶之乎?物之正负,既不可离,即恒相依附。故负训恃,亦训依。夫训附,亦训傅。《诗》:"夫也不良。"毛《传》:"夫,傅相也。"《郊特牲》:"夫也者,夫也。"《注》:"夫或为傅。"《方言》:"北燕朝鲜洌水之间,谓伏鸡曰抱。"皆附著之意也。

〔一一七〕原 妾

社会学家言畜妾之由：曰女多男少也。曰男子好色之性，不以一女子为已足也。曰男子之性，好多渔妇女也。曰女子姿色易衰，其闭房亦较男子为早也。曰求子姓之众多也。曰女子可从事操作，利其力也。曰野蛮之世，以致多女为荣也。征诸我国书传，亦多可见之。《周官》：职方氏，扬州，其民二男五女。荆州，一男二女。豫州，二男三女。青州，二男二女。兖州，二男三女。雍州，三男二女。幽州，一男三女。冀州，五男三女。并州，二男三女。其数未必可信。然据生物学家言：民之生，本男多于女。而其死者亦众。故逮其成立，则女多于男。脱有战争，则男女之相差尤甚。吾谓战争而外，力役甚者，亦足杀人。又女子恒处家，希触法网。刑戮所及，亦恒少于男。天灾流行，捍之者多死，亦战争类也。古代女子皆能劳作，非若后世待豢于人。溺女等风，古必无有。试观古书多言生子不举，未尝偏在于女，可知也。然则男少女多，古代亦必不免矣。惟男女虽有多少，初不得谓当借畜妾以调剂之。古代人畜妾，亦未必有调剂男女多少之意，只是以快淫欲耳。《墨子》谓"当今之君，大国拘女累千，小国累百，是以天下之男，多寡无妻，女多拘无夫。"齐宣王曰："寡人有疾，寡人好色。"孟子告以"大王好色"，"内无怨女，外无旷夫。"皆以怨、旷并言。则当时之民，怨女固多，旷夫亦不少矣。拿破仑曰："一男子但有一女子则不足，以其有娭乳时也。"《内则》：妻将生子，及月辰，居侧室。三月之末，见子于父，乃后适寝。妾亦三月见子，而后入御。《汉律》：娭变者不得侍祠。《说文解字》。即拿破仑之说也。班氏《女诫》谓"阳以博施为贵，阴以不专为美。"此男权盛时，好渔色之男子所创之义也。《素问》谓女子二七而天癸至，七七而天癸竭。丈夫二八天癸至，七八天癸竭。《上古天真论》。则女子闭房之岁，早于丈夫者殆十年。韩非曰："丈夫年五十，而好色未解也；妇人年三十，而美色衰矣。以衰美之妇人，事好色之丈夫，则身死，见疏贱，而子疑不为后。此后妃夫人，所以冀其君之死者也。"《韩非子·备内》。古制三十而娶，二十而嫁，女小于男者十年，殆以此欤？然三十而美色衰，五十而好色未解，虽小十年，终不相副。况三十二十，特辜较言之，课其实，男女之年，未必相差至是。此亦男子之所以好广渔色邪？若夫求子姓之多，则诗人以则百斯男颂文王其事也。古重传统，统系在男，则无子者不得不许其畜妾，不许畜妾，则不得不许其弃妻更取，而无子为七出之一矣。《诗》又曰："掺掺女手，可以缝裳。"毛《传》："妇人三月庙见，然后执妇功。"《笺》曰："未三月，未成为妇。裳，男子之下服。贱，又未可使缝。魏俗使未三月妇缝裳，利其事也。"然则坐男立女之风，正不待盛唐诗人而后兴叹矣。多妻淫佚，义士所羞。此非流俗所知。流俗方以是为美谈耳。西南之夷，有八百媳妇者，传言其酋有妻八百，与《周官》之侈言女御，何以异邪？然则社会学家所言畜妾之由，征诸吾国，靡不具之。人类之所为，何其异时异地而同揆也？

〔一一八〕饮食进化之序

野蛮之人，多好肉食，然后卒改食植物者，实由人民众多，禽兽不足之故。《礼运》曰：昔者先王未有火化，食草木之实，鸟兽之肉，饮其血，茹其毛。疏曰："虽食鸟兽之肉，若不能饱者，则茹食其毛，以助饱也。若汉时苏武，以雪杂羊毛而食之，是其类也。"茹毛饮血四字，读书者往往随意读过，不加细想，一经研究，实有饮食进化之理存焉。

《诗·豳风》："九月筑场圃。"笺云："耕治之以种菜茹。"疏曰："茹者，咀嚼之名。以为菜之别称，故书传谓菜如茹。"案：毛言茹，菜亦言茹，则古人之食菜，乃所以代茹毛也。《墨子·辞过》曰："古之民未知为饮食时，素食而分处。故圣人作诲，男耕稼树艺，以为民食。其为食也，足以增气充虚，强体适腹而已矣。"孙氏《间诂》曰："素食，谓食草木。《管子·七臣七主》曰：'果蓏素食当十石。'素，疏之假字。《淮南子·主术训》云：'夏取果蓏，秋畜疏食。'疏，俗作蔬。《月令》：'取疏食。'郑注云：'草木之实为疏食。'《礼运》说上古，云：'未有火化，食草木之实。'即此素食也。"愚案《周官·太宰》"九职"："八曰臣妾，聚敛疏材。"注："疏材，百草根实可食者。"委人："掌敛野之赋"，"凡疏材木材，凡畜聚之物。"《管子》谓"万家以下，则就山泽。"《八观》。可见疏食之利之溥矣。疏，本训草木之实，草木之实，较之谷食为粗,故引申为粗疏。凡谷之不精者,亦以疏食称之。《杂记》:"孔子曰:吾食于少施氏而饱,少施氏食我以礼。吾祭,作而辞曰:'疏食不足祭也。'吾飧,作而辞曰:'疏食也,不足以伤吾子。'"疏曰:"疏粗之食,不可强饱。以致伤害"是也。《吕览·审时》曰:"得时之稼,其臭香,其味甘,其气章。百日食之,耳目聪明,心意睿智,四卫变强。"注:"四卫,四枝也。""凶气不入,身无苛殃。黄帝曰:'四时之不正也,正五谷而已矣。'"谷食精者之胜粗,犹其粗者之胜疏食,亦犹疏食之胜鸟兽之毛也,此饮食进化之由也。

原刊《社会期刊》创刊号,一九二九年出版

〔一一九〕古代贵族饮食之侈

古代贵族平民，生活程度，相去颇远。今先就饮食一端论之。《左传》庄公十年："齐师伐我，公将战。曹刿请见。其乡人曰：肉食者谋之，又何间焉？"杜《注》曰："肉食，在位者。"《正义》曰："昭四年《传》说颁冰之法，云：食肉之禄，冰皆与焉。大夫命妇，丧浴用冰。盖位为大夫，乃得食肉也。《诗》：'牧人乃梦，众维鱼矣。''大人占之，众维鱼矣，实维丰年。'《笺》曰：'鱼者，庶人之所以养也。今人众相与捕鱼，则是岁熟相供养之祥。'"故《孟子》以"不违农时，五谷不可胜食"，"数罟不入污池，鱼鳖不可胜食"并言也。《王制》言"六十非肉不饱"，《孟子》言"七十可以食肉。"然孔子告子路："啜菽饮水，尽其欢，斯之谓养"，则亦非贫者所能必得矣。平民与士大夫之食，礼之所定，相去如此。然论其实，则尚有不止此者。

《墨子·辞过》曰："古之民，未知为饮食时，素食而分处。故圣人作，诲男耕稼树艺，以为民食。其为食也，足以增气充虚，强体适腹而已矣。故其用财节，其自养俭，民富国治。今则不然，厚敛于百姓，以为美食刍豢，蒸炙鱼鳖。大国累百器，小国累十器，前方丈，《孟子·尽心》："食前方丈。"赵注："极五味之馔，食列于前，方一丈。"目不能遍视，手不能遍操，口不能遍味。冬则冻冰，夏则饰饐。人君为饮食如此，故左右象之，是以富贵者奢侈，孤寡者冻馁，虽欲无乱，不可得也。"

今案人君之食，《周官》膳夫举其凡，曰："凡王之馈：食用六谷，膳用六牲，饮用六清，羞用百有二十品，珍用八物，酱用百有二十瓮。"食医职云："掌和王之六食、六饮、六膳、百羞、百酱、八珍之齐。"

六谷者：稌、黍、稷、粱、麦、苽，皆嘉谷也。《内则》："饭：黍、稷、稻、粱、白黍、黄粱、稰穛。"下言白黍，则上谓黄黍。下言黄粱，则上谓白粱也。孰获曰稰，生获曰穛。《正义》曰："《玉藻》：诸侯朔食四簋：黍、稷、稻、粱。此则据诸侯，其天子则加以麦、苽为六。"

六牲者：马、牛、羊、犬、豕、鸡。

六清者：水、浆、醴、凉、医、酏。郑《注》：据浆人也，酒正无水凉二物。郑云："无厚薄之齐，故酒正不辨矣。"《内则》："饮：重醴、稻醴清糟、黍醴清糟、粱醴清糟、或以酏为醴、黍酏、浆、水、醷、滥。"疏："稻、粱、黍之醴，各有清糟，皆相配重设，故曰重醴。"《周官》：浆人共王之六饮无糟，而共后夫人致饮于宾客有之。盖亦该于醴中也。"或以酏为醴"《注》云："酿粥为醴"，即《周官》之医。"黍酏"，即《周官》之酏。"浆"，即《周官》之浆。"水"，即《周官》之水，"滥"《注》云："以诸和水也，以《周礼》六饮校之，则滥，凉也。"《疏》云："浆人《注》凉，今寒粥，若糗饭杂水也。则此以诸和水，谓以诸若糗饭之属和水也。诸者，众杂之辞。"《释文》曰："干桃干梅皆曰诸"，疑《释文》是也。酏为《周官》所无，司农以为即医，郑《注》曰梅浆。

羞即庶羞，出于牲及禽兽，以备滋味。郑《注》云："《公食大夫礼》、《内则》：下大夫十六，上大夫二十，其物数备焉。天子诸侯，有其数，而物未得尽闻。"《疏》云："此经云百有二十者，是天子有其数。掌客云上公食四十，侯伯三十二，子男二十四，是诸侯有其数也。"今案《内则》云："膳、胾、臐牛。醢、臐羊。胾、臐豕。醢、郑云：衍字。牛炙醢、熊氏云：豕、牛、羊之下，即其肉之醢。牛胾醢、牛胘、羊炙、羊胾醢、豕炙醢、豕胾、芥酱、鱼脍、雉、兔、鹑、鷃。"《公食大夫礼》：作鴽。自鱼脍以上十六豆，为下大夫之礼。雉、兔、鹑、鷃，则上大夫所加，此公食大夫所设也。《内则》又云："牛脩一，鹿脯二，田豕脯三，麋脯四，麕脯五，麇六，鹿七，田豕

〔一一九〕古代贵族饮食之侈

八，鷹九，皆有轩，雉十，兔十一，皆有笔，爵十二，鷃十三，蜩蝉也。十四，范蜂也。十五，芝栭十六，庾蔚曰：无华叶而生者曰芝栭。菱十七，椇十八，枣十九，栗二十，榛二十一，柿二十二，瓜二十三，桃二十四，李二十五，梅二十六，杏二十七，楂梨之不臧者。二十八，梨二十九，姜三十，桂三十一。"郑云：三十一物，皆人君食燕所加也。《内则》又云：食：《注》："目，人君燕食所用也。"皇氏云：蜗一，苽食二，雉羹三，麦食四，脯羹五，雉羹六，析稌细析稻米为饭。七，犬羹八，兔羹九，和糁不蓼，《注》："凡羹齐宜，五味之和，米屑之糁，蓼则不矣。"《疏》："此等之羹，宜以五味调和，米屑为糁，不须加蓼。"濡豚十，包苦实蓼，《注》："凡濡，谓烹之，以汁和也。苦，苦荼也，以包豚，杀其气。"濡鸡十一，醢酱实蓼，濡鱼十二，卵酱实蓼，《注》："卵读为鲲，鲲，鱼子也。"濡鳖十三，醢酱实蓼，殷脩十四，蚳醢十五，《注》："蚳，虸蜉子也。"《释文》："蚳，蚁子也。"脯羹重出，兔醢十六，麋肤十七，鱼醢十八，鱼脍十九，芥酱二十，麋腥二十一，腥，生肉，上廪层谓熟也。醢二十二，酱二十三，桃诸二十四，梅诸二十五，卵盐二十六。大盐。郑云："二十六物，似皆人君燕所食也。《疏》云：按《周礼·掌客》云：诸侯相食，皆鼎簋十有二，其正馔与此不同。其食臣下，则《公食大夫礼》，具有其文，与此又异，故疑是人君燕食也。"《周官》百有二十品，虽不得尽闻，亦可以见其概矣。

珍，郑《注》云："淳熬，淳母，炮豚，泡牂，捣珍，渍，熬，肝膋。"亦见《内则》。

酱，郑云："醯醢。"即醢人职云："王举则共醢六十瓮。以五齐、七醢、七菹、三臡实之"，醯人云："王举则共齐、菹、醯物六十瓮"者也。五齐者：昌本，昌蒲根，切之四寸为菹。脾析，牛百叶。蠯，大蛤。豚拍，郑大夫、杜子春皆以拍为膊，谓胁也；或曰：豚，拍，肩也。深蒲，郑司农云：薄蒻入水深，故曰深蒲。或曰：桑耳。七醢：醓，赢，蠃蜬。蠯，小蛤。蚳，蛾子。鱼、兔、雁。七菹：韭，菁，茆，凫葵。葵，芹，箈，笋。三臡：

麇、鹿、麋。"凡醯酱所和，细切为齑，全物若牒为菹。菜肉通。""作醢及臡者，必先膊干其肉，乃后莝之，杂以粱曲及盐，渍以美酒，涂置甄中百日，则成矣。"此与八珍，作之皆极费时者也。

王日一举，《注》：以朝食。燕食奉朝之余膳。燕食，谓日中及夕食也。《注》又云：后与王同庖。《疏》云："不言世子，则世子与王别牲。"鼎十有二物，皆有俎。《疏》云："赵商问：王日一举，鼎十有二，是为三牲备焉。商案《玉藻》：天子日食少牢，朔月太牢，礼数不同，请闻其说。郑答云：《礼记》后人所集，据时而言，或以诸侯同天子，或以天子与诸侯等。礼数不同，难以据也。王制之法，与礼违者多，当以经为正。"案《周官》六国时书，《玉藻》所述盖较古，愈近愈侈也。

齐则日三举。有小事而饮酒，谓之稍事，此康成说。司农以为非日中大举时而间食。设荐脯醢。其内羞，则醢人所供四笾之实，醢人所供四豆之食也。朝事之笾八：曰麷、熬麦也。曰蕡、麻子也。曰白、熬稻米也。曰黑、熬黍米也。曰形盐、司农曰：筑盐为虎形。康成曰：盐之似虎者。曰膴、牒生鱼肉为大脔。曰鲍、曰鱐。干鱼也。馈食之笾：曰枣、曰栗、曰桃、曰干䕩、曰榛实。干䕩即干梅，《疏》云：当别有干桃。湿梅、枣亦宜有干者，凡八也。加笾，以菱、芡、栗、脯四物为八笾。司农云：䕩当为脩，司农之。意以栗与馈食之笾同也。羞笾二：曰糗饵、曰粉餈、见《内则》。朝事之豆八：曰韭菹、曰醓醢、曰昌本、曰麋臡、曰菁菹、曰鹿臡、曰茆菹、曰麋臡。馈食豆八：曰葵菹、曰蠃醢、曰脾析、蜃醢、曰蚳醢、曰豚拍、曰鱼醢。加豆之实八：曰芹菹、曰兔醢、曰深蒲、曰醓醢、曰箈菹、曰雁醢、曰笋菹、曰鱼醢。羞豆之实二：曰酏食、曰糁。亦见《内则》。

"列之方丈，目不能遍视，手不能遍操，口不能遍味。冬则冻冰，夏则饰馊"，信矣。

案《王制》曰："羹食，自诸侯以下，至于庶人，无等。"《注》曰："羹食，食之主也，庶羞乃异耳。"《疏》曰："此谓每日常食。"《左传》隐公元年：颖考叔有献于公，公赐之食，食舍肉。公问之，对曰："小人有母，皆尝小人之食矣，未尝君之羹，请以遗之。"杜《注》曰："宋华元杀羊为羹享士，盖古赐贱官之常。"《疏》曰："《礼》公食大夫，及《曲礼》所记大夫士与客燕食，皆有牲体殽胾，非徒设羹而已。此与华元享士，惟言有羹，故疑是赐贱官之常。"愚案孔子称颜回"一箪食，一瓢饮。"其自述则曰："饭疏食，饮水。"《乡党》记孔子之行，则曰："虽疏食菜羹，必祭。"《孟子》言："箪食豆羹，得之则生，弗得则死。"《檀弓》言："黔敖左奉食，右执饮。"墨子称尧，"黍稷不二，羹胾不重，饭于土塯，啜于土形。"《节用中》。《韩非子·十过》："尧饭于土簋，饮于土铏。"《史记·李斯传》："二世曰：尧饭土匦，啜土铏。"《韩诗外传》："舜饭乎土簋，啜乎土型。"《史记·自序》：墨家亦尚尧、舜道，言其德行曰："食土簋，啜土刑，粝粱之食，藜藿之羹。"凡古人之言食，无不以羹食并举者，元凯之言，虽亿度，固事实也。《曲礼》曰："凡进食之礼：左肴右胾，食居人之左，羹居人之右。脍炙处外，醯酱处内。葱渫处末，酒浆处右。以脯修置者，左朐右末。"《管子·弟子职》曰："凡彼置食：鸟兽鱼鳖，必先菜羹。羹胾中列，胾在酱前。其设要方。饭是为卒，左酒右酱。"《曲礼》所加，不过肴胾、脍炙、醯酱、葱渫、酒浆。《弟子职》所加不过酒、酱及肉。一为大夫、士与宾客燕食之礼，一为养老之礼矣。食以羹食为主，信不诬也。《弟子职》谓："凡彼置食，其设要方。"盖古人设食之礼如所云，设之方不数尺耳。而当时之王公大人，设食至于方丈，其侈固可见矣。《内则》又曰："大夫，燕食，有脍无脯，有脯无脍，士不贰羹胾。"《疏》曰："谓士燕食也。若朝夕常食则下云：羹食，自诸侯以下，至于庶人，无等。"

饮食愈后则愈侈。墨子用夏政，孔子言"禹菲饮食"，而墨子亦病时人之侈于食，可见夏时之俭。《内则》曰："大夫无秩膳。大夫七十而有阁。天子之阁,左达五,右达五。公侯伯于房中五。大夫于阁三。士于坫一。"《注》曰:"秩,常也。""五十始命,未甚老",故必七十而后有秩膳也。"阁,以板为之,庋食物。"五者:"三牲之肉及鱼腊。"此则较常人少侈耳,尚未至食前方丈也。

古代外交之礼,亦可见其饮食之侈。据《聘礼》,客始至,则设飧。饪谓孰。一牢,在西,鼎九,牛、羊、豕、鱼腊、肠、胃、肤、鲜鱼、鲜腊。肤,豕肉也。羞鼎三,胏、臐、膮,即陪鼎。腥,一牢,在东,鼎七,无鲜鱼鲜腊。此中庭之馔也。其堂上之馔八:八豆,醓醢、昌本、麋臡、菁菹、鹿臡、葵菹、蜗醢、韭菹。八簋。黍、稷。六铏,牛、羊、豕。两簠、粱、稻。八壶。稻酒、粱酒。西夹六:六豆,六簋,四铏,两簠,六壶。六豆无葵菹、蜗醢,余实与前同。门外,米禾皆二十车,薪刍倍禾。上介,饪,一牢,在西,鼎七,羞鼎三,堂上之馔六,西夹无。门外,米禾皆十车,薪刍倍禾。众介,皆少牢,鼎五。羊、豕、肠、胃、鱼腊。堂上之馔:四豆,四簋,两铏,四壶,无簠。既见而归饔饩。牲:杀曰饔,生曰饩。《周官·司仪注》:"小礼曰飧,大礼曰饔饩。"则五牢,饪,一牢,鼎九,腥,二牢,鼎七。堂上:八豆,八簋,六铏,两簠,八壶。西夹:六豆,六簋,四铏,两簠,八壶。馔丁东方,亦如之。东次室。醓醢百瓮,瓮受斗一升,饩二牢,米百筥。黍、粱、稻、稷。门外,米三十车,车秉有五籔,凡二十四斛。禾三十车,车三秅,凡千二百秉。薪刍倍禾。上介三牢,饪,一牢,鼎七,羞鼎三,腥一牢,鼎七。堂上之馔六,西夹亦如之。筥及瓮如上宾。饩,一牢。门外米禾视死牢。牢十车。薪刍倍木。士介四人,皆饩大牢,米百筥。夫人归礼。堂上笾豆六,脯醢。筥黍清皆两壶。稻、黍、粱、酒,皆有清白,笾言白,清指粱,各举一也。大夫饩宾,大牢,米八筐。黍梁各二,稷四。筐,五斛。上介亦如之。众介,皆少牢,米六筐。公于宾,一食再飨,燕与羞雁鹜之属。俶献始献四时新物,《聘义》所谓时赐,无常数。上介,一食一飨。大夫于宾,一飨一食。上介,若食若

〔一一九〕古代贵族饮食之侈

飧。既致饔，旬而稍。谓廪食也。行聘礼一旬之后，或逢凶变，或主人留之，不得时反，即有稍礼。宰夫始归乘禽，雁鹜之属，日如其饔饩之数。士，中日则二双。《周官·掌客》：王合诸侯而飨礼，公、侯、伯、子、男尽在，兼享之则具十有二牢，庶具百物备。王巡守殷国，国君膳以牲犊。令百官，百姓皆具。从者：三公视上公，卿视侯伯，大夫视子男，士视诸侯之卿，庶子视大夫。凡诸侯之礼，诸侯自相待，天子待诸侯亦同。上公五积，侯伯四，子男三，皆视飧牵，谓所共如飧，而牵牲以往，不杀也。一积视一飧，飧五牢，五积则二十五牢。又云视飧，则有刍薪禾米等。三问皆脩，侯伯再，子男一。群介、行人、宰、史，皆有牢。飧五牢，侯伯四，子男三。食四十，庶羞器。侯伯三十二，子男二十四。簠十，稻粱器。侯伯八，子男六。豆四十，菹醢器。侯伯三十二，子男二十四。铏四十有二，羹器，郑云：宜为三十八。侯伯二十八，子男十八。壶四十，酒器。侯伯三十二，子男二十四。鼎、牲器。簋黍稷器。十有二，侯伯子男同。牲三十有六，郑云：牲当为腥。侯伯二十七，子男十八。饔饩：九牢，侯伯七，子男五，其死牢如飧之陈。牵四牢，侯伯三，子男二。米百有二十筥，侯伯百，子男八十。醯醢百有二十瓮，侯伯百，子男八十。车米视牲牢，牢十车，车秉有五籔，侯伯三十车，子男二十。车禾视死牢，牢十车，车三秅，侯伯四十车，子男三十。刍薪倍禾。乘禽日九十双，侯伯七十，子男五十。殷膳中膳。致太牢，以及归，三飧，三食，三燕，侯伯再，子男一。凡介、行人、宰、史，皆有飧饔饩，以其爵等，为之牢礼之陈数。惟上介有禽献。夫人致礼。八壶、八豆、八笾，侯伯同，子男六。膳大牢，致飧大牢，子男不飧。食大牢，卿皆见以羔。膳大牢，侯伯特牛。侯伯子男，各有差等。卿大夫士，不从君而来聘者，如其介之礼待之。大行人：上公之礼，礼九牢，《注》："礼，大礼，饔饩也，三牲备为一牢。"侯伯七，子男五。三享，王礼，再祼，《注》再饮公也。侯伯子男同。而酢，

《注》报饮王也。子男不酢。飨礼九献，侯伯七，子男五。食礼九举。司农云：举，举乐也。后郑曰：举牲体九饭也。《疏》云：此经食礼九举与飨礼九献相连，故以为举牲体，其实举中，可以兼乐。侯伯七，子男五。出入五积，《注》：谓馈之刍米也。侯伯四，子男三。《疏》云：在路供宾，来去皆五积。三问，三劳，《注》问，问不恙也。劳，苦倦之也。皆有礼，以币致之。侯伯再，子男一。侯伯子男，亦各有差等。盖其一食之费，足当平民终岁之饱矣。《聘义》曰："古之用财者，不能均如此。然而用财如此其厚者，言尽之于礼也。尽之于礼，则内君臣不相陵，而外不相侵。故天子制之，而诸侯务焉耳。"此固然。然其时王公大人之食用，与平民相去之远，则可见矣。

《玉藻》：天子"皮弁，以日视朝，遂以食，日中而馂。《注》：馂，朝食之余也。奏而食。《注》：奏，奏乐也。日少牢，朔月大牢。五饮：上水、浆、酒、醴、酏"。诸侯"朝服，以日视朝于内朝，……退适路寝听政。使人视大夫，大夫退，然后适小寝。释服。又朝服以食，特牲三俎，祭肺。《注》：食必复朝服，所以敬养身也。三俎：豕、鱼、腊。夕深衣，祭牢肉。《注》：祭牢肉，异于始杀也。天子言日中，诸侯言夕，天子言馂，诸侯言祭牢肉，互相挟。朔月少牢五俎、四簋。《注》：五俎，加羊与其肠胃也。朔月四簋，则日食粱稻各一簋而已。子卯，稷食菜羹。《注》：忌日贬也。夫人与君同庖。《注》：不特杀也。《疏》：举诸侯，天子可知。君无故不杀牛，大夫无故不杀羊，士无故不杀犬豕。《注》：故，谓祭祀之属。《疏》：言祭祀之属者，若待宾客飨食，亦在其中。案此三语，亦见《王制》。又曰：无故不食珍，庶羞不逾牲。君子远庖厨，凡有血气之类，弗身践也"。《注》：践当为翦，翦犹杀也。所言与《周官》大同小异。如《周官》天子日食大牢，则无故得杀牛矣。

《玉藻》又曰："年不顺成，则天子素服，乘素车，食无乐。"又言诸侯之礼曰："至于八月不雨，君不举。年不顺成，君衣布搢本，关梁不租,山泽列而不赋,土功不兴,大夫不得造车马。"《王制》曰:"以三十年之通,虽有凶旱水溢,民无菜色,然后天子食,日举,以乐。"《曲礼》曰:"岁凶,年谷不登,君膳不祭肺,马不食谷,驰道不除,祭事不县,大夫不食粱,士饮酒不乐。"此盖隆古共产社会,同甘共苦之遗制。三代制礼,犹有存者,特不能尽守耳。后世去古愈远,遗意寖沦。"朱门饱粱肉,路有冻死骨",视为固然,曾无愧恻。不惟大同之世之人,所梦想不到;即视三代守礼之贵族,亦有愧色矣。

原刊《社会期刊》创刊号,一九二九年出版

〔一二○〕原 酒

《史记》谓纣以酒为池。《正义》引《六韬》,云:"纣为酒池,回船糟丘而牛饮者,三千余人为辈。"此其池当大几何,其酒当得几许,不问而知其诞谩矣。然其说亦有所本。《礼运》述太古之俗,"污尊而抔饮"。郑《注》云:污尊,凿地为尊也;抔饮,手掬之也。《周官》萍氏:"掌国之水禁,几酒《注》:苛察沽买过多及非时者。谨酒《注》:使民节用酒也。禁川游者。"夫凿地而饮,则所饮者水也。几酒、谨酒与掌水禁同官,尤邃初酒与水无别之明证。盖大上仅饮水,后乃易之以酒也。何以知其然也?古之饮者必以群。《酒诰》曰:"群饮,汝勿佚,尽执拘以归于周,予其杀。"夫当酒禁甚严之世,宁不可杜门独酌,以远罪戾,而必群饮以遭执杀之刑哉?则习之不可骤改也。《礼器》:"周礼其犹醵与。"《注》:王居明堂之礼,仲秋乃命国酿。《周官》酒正:"掌酒之政令,以式法授酒材,凡为公酒者亦如之。"《注》谓乡射饮酒,酒正授以式法及酒材,使自酿之。族师:"春秋祭酺。"《注》谓:族长无饮酒之礼,因祭酺,而与其民以长幼相献酬焉。《疏》曰:知因祭酺有饮酒之礼者,郑据《礼器》、《明堂礼》,皆有醵法。然则醵之由来尚矣。盖部落共产之世,合食之遗俗也。夫当部落共产之世,其尚不能造酒,而惟饮水也审矣。斯时之聚食,盖或就水边,或则凿地取水。至后世犹袭其风,群饮者必在水边。其初凿地取水后虽易以酒,亦或凿地盛之。故几酒与掌水禁同官，而纣亦作大池，以示其侈也。云牛饮者三千人为辈，固《论衡》所谓语增之流；然其说固有所本，非尽子虚也。《易·序卦》言"饮食必有讼"，盖由群饮沈湎，以致争斗，非争食也。汉世赐民牛酒，盖实授以酒，古给公酒之遗。其赐民酺，则听其合钱聚饮，古所谓醵也。

或曰：焉知酒之兴，必后于部落共产之世乎？曰：有征焉。《礼运》言"污尊抔饮"与"燔黍捭豚"、"蒉桴土鼓"并举。又曰：昔者先王未有火化，食鸟兽之肉，饮其血，茹其毛。后圣有作，然后修火之利。以炮，以燔，以亨，以炙，为醴酪。《疏》曰："未有火化，据伏羲以前。以燔捭豚，即是有火。燔黍捭豚，污尊抔饮，指神农，以《明堂位》云，土鼓苇籥，伊耆氏之乐。《郊特牲》曰：伊耆氏始为蜡，焉说以伊耆氏为神农。今此云蒉桴土鼓，故知谓神农也。"《士昏礼疏》云：污尊抔饮，谓神农时，虽有黍稷，未有酒醴。后圣有作，以为醴酪，据黄帝以后。案《礼运》言"污尊抔饮"与"以为醴酪"对举，此疏是。《礼运·疏》谓：污尊，乃凿池污下而盛酒，恐非。然亦可证后来有凿池盛酒之事。然则酒醴之作，盖在黄帝以后也。凡酒，稻为上，黍次之，粟次之。《聘礼注》。五齐三酒，俱用秫、稻、曲、蘖、鬯酒用黑黍《周官》酒正《疏》。皆有资于农产。神农时，农事初兴，农产未盛，未必能以之为酒。谓酒起黄帝以后，近于实也。

《战国策》曰：仪狄作酒，禹饮而甘之。遂疏仪狄而绝旨酒，曰：后世必有以酒亡其国者，则夏时酒尚不甚通行。《明堂位》曰："夏后氏尚明水，殷尚醴，周尚酒。"《注》：此皆其时之用耳，言尚非。案《礼器》、《郊特牲》，皆言"玄酒之尚"，《郊特牲》作"玄酒明水之尚。"《士昏礼疏》曰："相对，玄酒与明水别。通而言之，明水亦名玄酒。"《玉藻》曰："凡尊，必尚玄酒。惟君面尊，惟飨野人皆酒。"《注》蜡饮不备礼。《疏》：飨野人，谓蜡祭时也。野人贱，不得比士，又无德，又可饱食，则宜贪味，故惟酒而无水也。案如予说，玄酒所以和酒而饮。飨野人之酒盖不多，故无待于和也。见下。则古祭祀饮食，皆尚玄酒。《士昏礼》：酌玄酒。三属于尊。《疏》云："明水，若生人相礼，不忘本，亦得用。"康成所知者，作记者无由不知。则所谓尚者，正即康成所谓用耳。《疏》云：《仪礼》设酒尚玄酒，是周家亦尚明水也。《礼运》云：澄酒在下，则周世不尚酒。

《周官》酒正，有五齐、三酒、四饮。五齐者：泛齐、醴齐、盎齐、缇齐、沈齐。《注》云：自醴以上尤浊，盎以下差清。三酒者：一曰事酒，《注》云：即今醳酒。《疏》云：冬酿春成。二曰昔酒，《注》云：今之酋久白酒，所谓旧醳。《疏》云：久酿乃熟，故以昔酒为名。对事酒为清，对清酒为白。三曰清酒。《注》：今中山冬酿接夏而成。《疏》云：此酒更久于昔，故以清为号。四饮者：一曰清，即浆人醴清。二曰医，即《内则》所谓或以酏为醴，谓酿粥为醴。三曰浆，四曰酏。郑曰："五齐之中，醴恬，与酒味异。"《疏》曰："恬于余齐，与酒味稍殊，故取入六饮。其余四齐，味皆似酒。"盖四饮最薄，五齐次之，三酒最厚。《疏》云：五齐对三酒。酒与齐异，通而言之，五齐亦曰酒。四饮去水最近。五齐醴以上近水，盎以下近酒。而古人以五齐祭，三酒饮。《周官·酒正》《疏》："五齐味薄，所以祭；三酒味厚，人所饮。"其陈之也：则玄酒为上，醴酒次之，三酒在下。《礼运》："玄酒在室，醴盏在户，粢醍在堂，沈酒在下。"《坊记》："醴酒在室，醍酒在堂，澄酒在下。"醴即醴齐，醆即盎齐，粢醍即缇齐，澄即沈齐，酒即三酒。《玉藻》："五饮：上水、浆、酒、醴、酏。"《注》："上水，水为上，余其次之。"可见酒味之日趋于厚矣。

知酒味之日趋于厚，则知古人初饮酒时，其酒实去水无几。酒之厚者，或和水而饮之，未可知也。《周官》浆人六饮有凉。司农曰："凉，以水和酒也。"康成不从，未知何故。《疏》谓"和水非人所饮"，则以后世事度古人矣。果古无和水而饮者，司农岂得亿为之说耶？

案古人饮酒之器：《韩诗》说："一升曰爵，二升曰觚，三升曰觯，四升曰角，五升曰散。觥亦五升。"《古周礼》说："爵一升，觚三升。献以爵而酬以觚，一献而三酬，则一豆矣。"亦见《考工记·梓人》。《毛诗》说："金罍大一石，觥大七升。"许慎云："一献三酬当一豆。若觚二升，不满一豆。觯罚有过。一饮而尽七升过多。"郑驳之云："觯字角旁氏，汝、颖之间师读所作。今礼角旁单。古书或作角旁氏，角旁氏，则与觚字相近。学者多闻觚，寡闻抵。写此书乱之而作觚耳。又南郡太守马季长说：一献而三酬则一豆。豆当为斗，与一爵三觯相应。"《礼器》："宗庙之祭，贵者献以爵，贱者献以散，尊者举觯，卑者举角。五献之尊。门外缶，门内壶。君尊瓦甒。"郑《注》爵、散、觯、角与《诗》同。《注》又曰："壶大一石，瓦甒五斗，缶大小未闻也。"《正义》："壶大一石，瓦甒五斗者，《汉礼器制度》文。此瓦甒即燕礼公尊瓦大也。《礼图》：瓦大受五斗，口径尺，颈高二寸；径尺，大中，身锐，下平。瓦甒与瓦大同，以小为贵，近者小则远者大。缶在门外，则大于壶矣。"《周官》、《疏》引《汉礼器制度》亦云："觚大二升，觯大三升。"《诗·疏》引《礼图》："罍大一斛，觥大七升。"古十斗为斛，即汉所谓一石。然则古酒器大小，惟觥未能定；缶不可知；自爵至罍，《韩诗》、《毛诗》、《周礼》、《礼图》、《礼器制度》略同。《论语》："觚不觚。"马曰："一升曰爵，二升曰觚"，亦同。据器之大小，可以考古人饮酒之多寡矣。《韩诗》说诸爵名之义曰："觚，寡也，饮当寡少。觯，适也，饮当自适也。角，触也，不能自适，触罪过也。散，讪也，饮不能自节，为人所谤讪也。"又曰："觚、觯、角、散，总名曰爵。其实曰觞，觞者饷也。觥亦五升，所以罚不敬。觥、廓也，所以著明之貌。君子有过，廓然明著。非所以饷，不得名觞。"《玉藻》曰："君子之饮酒也，受一爵而色洒如也，二爵而言言斯，三爵而油油以退。"然则古人饮酒，不过三爵。过三爵，则不能自持矣。古权量于今不逮三之一，其饮酒之多寡，略与今人等也。乃《考工记》曰："食一豆肉，饮一豆酒，中人之食。"淳于髡之说齐王曰："臣饮一斗亦醉，一石亦醉。"虽讽谏之辞，不必尽实，亦不容大远于情。知必有和水饮之之法，故能如是也。

《射义》曰："酒者，所以养老也，所以养病也，求中以辞爵者，辞，养也。"孟子谓曾子养曾皙，曾元养曾子，必有酒肉。《曲礼》曰："五十不致毁，六十不毁，七十惟衰麻在身，饮酒食肉处于内。"《周官》酒正："凡飨士庶子，飨耆老孤子，皆共其酒，无酌数。"《注》："要以醉为度。""凡有秩酒者，以书契受之。"《注》："所秩者，谓老臣。"《王制》曰："九十日有秩。"此所谓所以养老也。《曲礼》又曰："居丧之礼：头有创则沐，身有疡则浴，有疾则饮食肉。"《檀弓》曰："曾子曰：丧有疾，食肉饮酒，必有草木之滋焉，以为姜桂之谓也。"《周官·疾医》："以五味、五谷、五药养其病。"《疡医》亦曰："以五味节之。"《注》：五味、醯、酒、饴、蜜、姜、盐之属。《酒正》："辨四饮之物，二曰医。"《注》："医，《内则》所谓或以酏为醴，凡醴浊，酿酏为之，则少清矣。"医字从殴从酉，疑正指其以酒为养。此所谓所以养病也。酒者，兴奋之剂，古人以为可以养神。《郊特牲》曰："凡饮，养阳气也。"又曰："凡食，养阴气也。"《疏》曰："饮是清虚，食是体质。"《周官·酒正·注》曰："王致酒，后致饮，夫妇之义。"饮较酒兴奋之用少也。射与角抵等事，其初不必如后来之有礼，败者或致创夷，故宜以是饮之。《投壶》曰："当饮者皆跪。奉觞曰赐灌，胜者跪曰敬养。"此所谓所以辞养也。夫以酒养人，厚薄必适如其量。不然，是困之已。人之饮酒，多寡不同。而相饷之爵，大小若一，明亦必和水饮之，而后其礼可行也。

以酒为养生之物，则宜有以胜争饮者，古盖亦有此俗。《战国策》陈轸曰：有遗其舍人一卮酒。舍人相谓曰：数人饮此不足，请遂画地为蛇，蛇先成者独饮之。此以胜争饮者也。礼戒争而教让，故以饮败者为常耳。又酒以为养，而又以为罚不敬之具者，所以愧耻之也。此亦可见古人之贵礼而贱财，厚厉人之节，而重加之以罚矣。此文成后，读《观堂集林》卷三，有《说盉》一篇，明玄酒所以和酒，古人之酒，皆和水而饮，足与鄙说相发明。惟多引骨甲文，不佞甚不信之耳。

原刊《社会期刊》创刊号，一九二九年出版

〔一二一〕衣服之法

《大戴记》曰:"端衣玄裳,冕而乘路者,志不在乎食荤;斩衰菅屦,杖而歠粥者,志不在于饮食。"《哀公问五义》。此言服其服可以作其志也,文生情者也。《小戴记》曰:"君子衰绖则有哀色,端冕则有敬色,甲胄则有不可辱之色。"《表记》。此其有其德斯可以称其服也,情生文者也。情生文必积而致,文生情当勉而为,故衣服不可以无法。

衣服之法如之何?曰:不离其本而已矣。《墨子》曰:"圣人之为衣服,适身体和肌肤而足矣。非荣耳目而观愚民也。当是之时,坚车良马,不知贵也,刻镂文采,不知喜也。……故民衣食之财,家足以待水旱凶饥者何也,得其所以自养之情,而不感于外也。是以其民俭而易治,其君用财节而易赡也……当今之主……其为衣服,非为身体,皆为观好,是以其民淫僻而难治,其君奢侈而难谏也。"《辞过》。得其自养之情而不感于外,此养生之精义也。故九流之论,无不相通者。

〔一二二〕谅 闇

子张曰:"高宗谅闇,三年不言,何谓也?"子曰:"何必高宗,古之人皆然。君薨,百官总己以听于冢宰,三年。"《论语·宪问》。案《丧服大记》曰:"父母之丧,居倚庐,非丧事不言。既葬,与人立,君言王事,不言国事。大夫士言公事,不言家事。君既葬,王政入于国。既卒哭而服王事。大夫士既葬,公政入于家。既卒哭,弁绖带,金革之事无辟也。既练,居垩室,不与人居。君谋国政,大夫士谋家事。"盖古之居丧者,于凡事皆无所与。古者君与民相去近,而国事亦简,是以能守其旧俗也。臣有大丧,君三年不呼其门,《公羊》宣公元年。亦以此。至于后世,则金革之事有不暇辟者也,礼从俗而变,亦事之不得不然。正不必讥后人之短丧也。

〔一二三〕冰　鉴

今人入夏率以冰藏食物，此古人久有之。《周官》天官有凌人，掌冰。正岁十有二月，令斩冰，春始治鉴，凡内外饔之膳羞鉴焉，凡酒浆之酒醴亦如之，祭祀共冰鉴，宾客共冰。《注》曰：鉴如甀，大口，以盛冰，置食物于中，以御温气。《疏》曰：汉时名为甀，即今之瓮是也。此即今之冰箱也。

然其取之甚虐。《豳风》曰：二之日，凿冰冲冲。三之日，纳于凌阴。《左传》昭公四年：申丰曰：古者日在北陆而藏冰，西陆朝觌而出之。其藏之也，深山穷谷，固阴冱寒，于是乎取之。其出之也，朝之禄位，宾食丧祭，于是乎用之。食肉之禄，冰皆与焉。大夫命妇，丧浴用冰。祭寒而藏之，献羔而启之，公始用之，火出而毕赋，自命夫命妇，至于老疾，无不受冰。山人取之，县人传之，舆人纳之，隶人藏之。今藏川池之冰，弃而不用云云。然则古之取冰，必竭民力以求之深山穷谷，又必穷其力以传之、纳之、藏之。至春秋时，乃徒取之于川池。此世运之渐进，虐政之渐减，民困之稍抒；而申丰反以为致雹之由，而称《七月》之卒章为藏冰之道，亦可谓愦矣。

用冰之始，盖当渔猎之世，藏生物于深山穷谷固阴冱寒之地，则不变坏。故其后虽不居山谷，犹劳民力以致之。因此并推之人体，故凌人大丧共夷槃冰，命夫命妇丧浴用冰也。然孔子不云乎：桓司马自为石椁,三年而不成,若是其靡也,死不如速朽之为愈也。然则竭民力以取冰,而传之、而纳之、而藏之,亦不如速朽之为愈矣;况乎为冰鉴以纵口腹之欲乎?

原刊《中华文史论丛》第一辑,一九八三年二月出版

〔一二四〕坟　墓

顾亭林曰：古王者之葬，称墓而已。春秋以降，乃有称丘者。赵肃侯、秦惠文、悼武、孝文三王始称陵，至汉则无帝不称陵矣。《日知录·陵》。案古之葬，盖本有二法：《易》曰："古之葬者，厚衣之以薪，葬之中野，不封不树。"《系辞传》。此葬于平地者也。《孟子》言："上世尝有不葬其亲者；其亲死，则举而委之于壑；他日过之，狐狸食之，蝇蚋姑嘬之，"乃归，"反虆梩而掩之"。《滕文公》上。此葬于山中者也。《淮南子》言：禹之时，"死陵者葬陵，死泽者葬泽。"《要略》。况上古之世，奉生送死，又不如禹之时之美备者乎？农耕者葬于中田，游猎者葬于山壑，亦固其所。《檀弓》曰"易墓非古也"；又言"季子皋葬其妻，犯人之禾"；成子高曰"我死，则择不食之地而葬我焉"；此皆葬于中田者。公叔文子升于瑕丘，曰："乐哉斯丘也，死则我欲葬焉。"则择丘陵之地以营葬矣。《注》言"刺其欲害人良田"，非也。《吕览》曰："葬浅则狐狸扣之，深则及于山泉。故凡葬必于高陵之上，以避狐狸之患，水泉之湿。"《节丧》。则古之葬者，实以丘陵为安，然非凡人之力所及，故不得不就近地而营葬焉。《吕览》又言："古之人有藏于广野深山而安者。"可见其葬原有两法也。

言葬者既以高陵为安，故公置之墓地，多在于是。"晋卿大夫之墓地在九原"。《檀弓》"是全要领以从先大夫于九京也"《注》。又云："京盖字之误,当为原。"案下文"赵文子与叔誉观乎九原",《经》文亦作原,而此节《释文》云:"京音原。下同。下亦作原字。"《疏》云:"知京当为原者,案《韩诗外传》云:晋赵武与叔向观于九原。"则下节《经》文,本亦作京而或依郑《注》改之。德明所见本,犹未尽改,《义疏》所据,亦为未改之本;否则《经》文下节可据,不待引《韩诗》为证矣。《新序·杂事》:"晋平公过九原而叹。"亦作原。《左氏》襄公二十五年:楚芳掩"辨京陵"。杜《注》曰"别之以为冢墓之地"是也。人君所葬,或本非丘陵;或虽因丘陵,而犹以为未高大,则以人力增筑之事起,踵事增华,遂有如吴阖闾,秦始皇帝之所为者矣。

上古之不封不树,非徒制度之简陋,亦以葬地距所居本近,不待识别也;不然,封树不甚劳人,岂古之人所不能为哉?"孔子既得合葬于防,曰:吾闻之:古也墓而不坟。今丘也,东西南北之人也,不可以弗识也。于是封之,崇四尺。"《檀弓》。墨子制葬埋之法,曰:"垄足以期其所。"《节葬》。皆是物也。《吕览》言:"葬于山林,则合乎山林,葬于阪隰,则同乎阪隰。"《安死》。盖就不封不树之俗推言之。后世士大夫之墓,盖无不封树者。故《礼记·月令》:孟冬,"饬丧纪,辨衣裳,审棺椁之厚薄,茔丘垄之大小高卑厚薄之度,贵贱之等级。"《周官·春官》冢人,亦"以爵等为丘封之度,与其树数"也,秦穆公之距蹇叔也,曰:"中寿,尔墓之木拱矣。"《左氏》僖公三十二年。伍子胥之将死也,曰:"树吾墓檟。檟可材也,吴其亡乎!"《左氏》哀公十一年。亦卿大夫之墓无不封树之一证也。《诗·小弁》曰:"行有死人,尚或墐之。"《毛传》曰:"墐,路冢也",路人而犹为之冢,亦取其可识也。《周官·秋官》蜡氏:"若有死于道路者,则令埋而置楬焉。"其用意与为冢同。

〔一二五〕桐棺三寸非禹制

《墨子·节用》曰:"古者圣王制为节葬之法,曰:衣三领,足以朽肉;棺三寸,足以朽骸;堀穴深不通于泉流,不发泄毕氏云:"流疑当为气。"则止。"《节葬》曰:"古圣王制为葬埋之法,曰:棺三寸,足以朽体;衣衾三领,足以覆恶;下毋及泉,上毋通臭;垄若参耕之亩则止矣。"又曰:"禹葬会稽之山,衣衾三领,桐棺三寸;土地之深,下毋及泉,上毋通臭;既葬,收余壤其上,垄若参耕之亩则止矣。"又曰:"子墨子制为葬埋之法,曰:棺三寸,足以朽骨;衣三领,足以朽肉;掘地之深,下无菹漏,气无发泄于上;垄足以期其所则止矣。"今案此葬埋之法,盖墨子斟酌时俗所制;云古圣王所制,又云禹之行事如此,皆托辞也。《礼记·檀弓》曰:"有虞氏瓦棺,夏后氏堲周,殷人棺椁。"郑《注》言:有虞氏始不用薪,上陶;火熟曰堲,烧土冶以周于棺,或谓之土周,由是也;椁,大也,以木为之。《淮南·氾论》曰:"有虞氏用瓦棺,夏后氏堲周,殷人用椁。"高《注》言:"禹世无棺椁,以瓦广二尺,长四尺,侧身累之以蔽土,曰堲周。"如郑意,夏后氏有棺,堲周所以为椁;如高意,夏后氏无棺,堲周即所以为棺。今案《檀弓》言"殷人棺椁",明以木为棺椁,并始于殷;《淮南》言"殷人用椁",则以虞夏虽未以木为棺,已有瓦棺、堲周之制,惟椁实始于殷,故主椁言之,非谓夏后氏以木为棺;二说自当以高为是也。或曰:《檀弓》又曰:"周人以殷人之棺椁葬长殇,以夏后氏之墍周葬中殇下殇,以有虞氏之瓦棺葬无服之殇。"《曾子问》曰:"下殇,土周葬于园。"此郑以土周即墍周所本也。然则瓦棺而无椁,无服之殇之葬也;木以为棺,墍周以为椁,中殇下殇之葬也;棺椁皆以木为之,则长殇之葬也。等级分明,隆杀以辨,安得谓墍周之制,更无木制之棺与?不知周承殷之后,而以烧土为椁,夏当殷之前,即以烧土为棺,事不相妨;正不必因周用墍周之有棺,而疑夏之墍周必为椁也。部族长技,各有不同。虞夏盖专尚陶,用木为棺椁,实始于殷;不然,既以木为之棺,何不遂为之椁,而又必烧土以周之也?此又以理推之,而见高说之可信者也。然则夏时实未能以木为棺,安有桐棺三寸之事?赵鞅之誓众也,曰:"若其有罪,绞缢以戮;桐棺三寸,不设属辟。"《左氏》哀公二年。延陵季子之葬其子也,"其坎深,不至于泉"。《檀弓》。然则墨子所据,自是当时觳薄之制,既背周道而用夏政,遂乃傅之于禹耳。其实禹时养生送死之制,较墨子所制,为更薄陋也。

　　《郊特牲》曰:"礼之所尊,尊其义也。失其义,陈其数,祝史之事也。故其数可陈也,其义虽知也。知其义而敬守之,天子之所以治天下也。"其说则美矣,然礼家所言之义,未必皆礼之初意也,《檀弓》曰:"孔子曰:之死而致死之,不仁而不可为也;之死而致生之,不知而不可为也。是故竹不成用,瓦不成味,木不成斫,琴瑟张而不平,竽笙备而不和,有钟磬而无簨虡。其曰明器,神明之也。"又曰:"孔子谓为明器者,知丧道矣,备物而不可用也。哀哉,死者而用生者之器也,不殆于用殉乎哉?涂车刍灵,自古有之,明器之道也。孔子谓为刍灵者善,谓为俑者不仁,不殆于用人乎哉?"《孟子》亦曰:"仲尼曰:始作俑者,其无后乎?为其象人而用之也。"《梁惠王》上。《淮南子》曰:"鲁以偶人葬而孔子叹。"《缪称》。又见《说山》。《荀子》亦曰:"卒礼者,以生者饰死者也。大象其生,以送其死也。故如死如生,如亡如存，终始一也。始卒，沐浴鬠体饭晗，象生执也。不沐则濡栉，三律而止；不浴则濡巾，三式而止。充耳而设瑱，饭以生稻，晗以槁骨，反生术矣。设褒衣，袭三称，搢绅而无钩带矣。设掩面儇目，鬠而不冠笄矣。书其名，置于其重，则铭不见而柩独明矣。荐器则冠有鍪而无纵，瓮庑虚而不实，有簟席而不床笫，木器不成斫，陶器不成物，薄器不成内，笙竽具而不和，琴瑟张而不均，舆藏而马反，告不用也。具生器以适墓，象徙道也。略而不尽，貌而不功。趋舆而藏之，金革辔靷而不入，明不用也。象徙道，又明不用也。是皆所以重哀也，故生器文而不功，明器貌而不用。"《礼论》。一似古人之制礼，真有深意存乎其间者。然既曰事死如事生，事亡如事存矣，又何惜乎器而必文而不功，貌而不用也？既惜其器，则不如无器之为愈也。然则所谓文而不功，貌而不用者，亦古者技艺未精，所制之器，本不过如此。后世生人所用之器，虽日益美备，而事死之礼，则相沿莫之敢变，正如祭之尚玄酒大羹，路车越席耳。既拘于旧俗而莫敢废，又沿袭旧器而莫敢革，因生致死不仁、致生不知之说，坊民之倍死忘生，而亦以儆夫以死伤生者也。其说则美矣，然岂礼之初意哉？涂车抟土而俑刻木，窃疑一与瓦棺墍周并行，一与棺椁并起，固由时代不同，亦虞夏与殷，制器各有专长也。

《檀弓》又曰："仲宪言于曾子曰：夏后氏用明器，示民无知也。殷人用祭器，示民有知也。周人兼用之，示民疑也。曾子曰：其不然乎？其不然乎！夫明器，鬼器也；祭器，人器也。夫古之人，胡为而死其亲乎？"其实示民疑者，即致死不仁、致生不知之说，曾子意存于厚，然其言，殊不如仲宪得孔子之意也。夏后氏用明器，殷人用祭器，周人兼用之，亦见丧礼前后相因，并日趋于美备。

《荀子》又曰："礼者，谨于吉凶，不相厌者也。紸纩听息之时，忠臣孝子，亦知其闵已，然而殡敛之具未有求也。垂涕恐惧，然而幸生之心未已，持生之事未辍也。卒矣，然后作具之，故虽备，家必逾日，然后能殡，三日而成服。然后告远者出矣，备物者作矣。故殡久不过七十日，速不损五十。是何也？曰：远者可以至矣，百求可以得矣，百事可以成矣。其忠至矣，其节大矣，其文备矣。然后月朝卜日，月夕卜宅，然后葬也。"《礼论》。然则殡葬之期，亦度其事之宜耳。离乎事而言礼者，未之有也。《左氏》隐公元年："天子七月而葬，同轨毕至。诸侯五月，同盟至。大夫三月，同位至。士逾月，外姻至。赠死不及尸，吊生不及哀。豫凶事，非礼也。"此即《荀子》远者可以至，吉凶不相厌之说也。《淮南·齐俗》曰："禹遭洪水之患，陂塘之事，故朝死而暮葬。"则凶荒之时，不能备礼，戚友亦莫相吊赠，亦有不拘以时者，古人所以有报葬及久而不葬者也。报葬及久而不葬，皆见《礼记·丧服小记》。报，《注》云："读为赴疾之赴。"案《公羊》隐公三年，称不及时之葬为渴葬。

原刊《光华大学半月刊》第五卷第八期，
一九三七年四月二十日出版

〔一二六〕墓　祭

礼家言古不祭墓，谓葬埋所以藏其形，祭祀所以事其神也。《荀子·礼论》："葬埋，敬藏其形也；祭祀，敬祀其神也；铭诔系世，敬传其名也。"夫不以形魄为重，则可戢厚葬之风，不至殚财币以送死，而反使死者遭发掘之惨，其意则诚善矣，然谓古不祭墓，则非其实也。《易》曰："古之葬者，厚衣之以薪，葬之中野，不封不树。"《系辞传》。此盖农耕之民，即其所耕作之地以为葬，犹《礼记·曾子问》言下殇葬于园耳。其距所居盖甚近，祭于墓与祭于家，无甚区别，故古无祭墓庐墓之事，而非其不重形魄，以形魄为无知也。户口渐繁，耕地渐虞不足，度地居民之法亦稍详，则民居与墓地，不得不离，而祭墓庐墓之事，稍以起矣。

《礼记·檀弓》曰："延陵季子适齐，于其反也，其长子死，葬于嬴博之间。既封，左袒，右还其封，且号者三，曰：骨肉归复于土，命也；若魂气，则无不之也。"刘向言嬴博去吴，千有余里，季子不归葬，《汉书》本传。似古人之于形魄，诚以为无足重轻矣。然《礼记·檀弓》又曰："太公封于营丘，比及五世，皆反葬于周。君子曰：乐，乐其所自生；礼，不忘其本。古之人有言曰：狐死正丘首，仁也。"则又何也？《曲礼》曰："国君去其国，止之曰：奈何去社稷也？大夫曰：奈何去宗庙也？士曰：奈何去坟墓也？"观此知士不必有庙。《檀弓》

曰:"子路去鲁,谓颜渊曰:何以赠我?曰:吾闻之也:去国则哭于墓而后行;反其国不哭,展墓而入。"《史记·范雎列传》:雎责须贾曰:"昔申包胥为楚却吴军,楚王封之以荆五千户,包胥辞不受,为丘墓之寄于荆也。今雎之先人丘墓亦在魏,公前以雎为有外心于齐而恶雎于魏齐,公之罪一也。"《田单列传》:"单纵反间曰:吾惧燕人掘吾城外冢墓,僇先人,可为寒心。燕军尽掘垄墓,烧死人。即墨人从城上望见,皆涕泣,俱欲出战,怒自十倍。"古人之重丘墓如此。"曾子问曰:宗子去在他国,庶子无爵而居者,可以祭乎?孔子曰:祭哉。请问其祭如之何?孔子曰:望墓而为坛,以时祭。若宗子死,告于墓,而后祭于家。"《礼记·曾子问》。奔丧者不及殡,先之墓。《礼记·奔丧》。谓古人以神不栖于丘墓,徒为无知之形魄所寄,可乎?丽姬之欲陷申生也,"谓君曰:吾夜者梦夫人趋而来,曰:吾苦畏,胡不使大夫将卫士而卫冢乎?公曰:孰可使?曰:臣莫尊于世子,则世子可。故君谓世子曰:丽姬梦夫人趋而来,曰:吾苦畏,女其将卫士而往卫冢乎?世子曰:敬诺。筑宫。宫成,丽姬又曰:吾夜者梦夫人趋而来,曰:吾苦饥。世子之宫已成,则何为不使祠也?"《穀梁》僖公十年。曰苦畏而使上卫其冢,则古人谓神依于墓之证也。所筑之宫,盖即汉世之园寝。《吕览》言:"世之为丘垄也,其高大若山,树之若林,其设阙庭,为宫室,造宾阼也若都邑。"《安死》。其所由来者旧矣。《史记·孔子世家》言:"孔子葬鲁城北泗上。""故所居堂,弟子内,后世因庙,藏孔子衣冠琴车书。""鲁世世相传,以岁时奉时奉祠孔子冢。"盖即于是,非真祭于丘墓之间也。然其不能为庙者,则不得不祭于丘墓之间矣。伊川之被发而祭于野,《左氏》僖公二十二年。齐人之祭于东郭墦间《孟子·离娄》下。是也。《论衡·四讳》曰:"古礼庙祭,今俗墓祀。"盖谓此也。其《薄葬》又曰:世俗"闵死独葬,魂孤无副,丘墓闭藏,谷物乏匮,故作偶人,以侍尸柩;多藏食物,以歆精魂"。俑与遣奠,固皆古礼。然则谓魂无不之,而弃其形魄于远,乃古人无可如何之事,而非其谓神之必不栖于是也。《韩诗外传》曰:"曾子曰:椎牛而祭墓,不如鸡豚之逮亲存也。"夫能椎牛,其祭亦不菲矣,犹有祭于墓者,则知祭墓非古俗所无。《周官·春官》冢人"祭墓为尸",固不必六国时俗矣。

苦畏而将士以卫其冢,此庐墓之礼所由起也。孔子之葬也,弟子皆毕心丧三年,然后去,子贡庐于冢上,凡六年。《史记·孔子世家》。案亦见《孟子·滕文公》上。无卫士又无弟子者,即不得不作偶人以为之侍;以偶人为未足而加隆焉,则庐墓之事起矣。庐墓盛于汉世,固不免于矫诈而沽名,然谓其俗不原于古,固不可也。

然古人虽重视形魄,欲敬藏之,而当其临利害之际,则亦有卓然不惑者。楚昭王之失国而秦救之至也,"吴师居麇。子期将焚之,子西曰:父兄亲暴骨焉,不能收,又焚之,不可。子期曰:国亡矣,死者若有知也,可以歆旧祀,岂惮焚之?焚之而又战,吴师败,吴子乃归。"《左氏》定公五年。此与延陵季子之事,可以参观。古人虽兼重形魄,然及其不能两全之际,其重神,固尤甚于其重形也。

原刊《光华大学半月刊》第五卷第八期,
一九三七年四月二十日出版

〔一二七〕死于兵者不入兆域

《周官·春官》冢人:"凡死于兵者,不入兆域。"《注》曰:"战败无勇,投诸茔外以罚之。"观下文"凡有功者居前"之文,其说似当矣。然《左氏》襄公二十九年,"齐人葬庄公于北郭。"杜《注》:"兵死不入兆域,故葬北郭。"君岂以战陈为勇乎?且庄公死于弑逆,非战败也。戚之战,赵鞅誓于师曰:"若其有罪,绞缢以戮,桐棺三寸,不设属辟,素车朴马,无入于兆。"《左氏》哀公二年。虽曰战败,其人仍死于刑戮也。邲之役,楚庄王"欲还,嬖人伍参欲战。令尹孙叔敖弗欲,曰:战而不捷,参之肉其足食乎?参曰:若事之捷,孙叔为无谋矣;不捷,参之肉将在晋军,可得食乎?"《左氏》宣公十二年。战而死于兵,非无勇也,较诸奔北者如何?《论衡·四讳》曰:俗讳被刑为徒,不上丘墓。父母死,不送葬;若至墓侧,不敢临葬。甚失至于不行吊,伤见他人之柩者。仲任云:"不能知其不可之意。"然所讳者被刑,非战败也。康成之言,于是为亿测矣。

原刊《光华大学半月刊》第五卷第八期,
一九三七年四月二十日出版

〔一二八〕厚　葬

　　墨家言薄葬，然儒家亦非主厚葬也。《礼记·檀弓》曰："夫子居于宋，见桓司马自为石椁，三年而不成。夫子曰：若是其靡也，死不如速朽之为愈也。"又曰："后木曰：丧，吾闻诸县子曰：夫丧，不可不深长思也，买棺外内易。我死则亦然。"《注》曰"此孝子之事，非所托"，盖讥之也。然而卒不能止厚葬之俗者，何也？则当时之制度，牵于流俗，以厚葬为荣，薄葬为辱；而儒者又狃于当时之制度，未能一举而正之也。《檀弓》又曰："君即位而为椑，岁一漆之，藏焉。"此与汉天子即位而为陵；句骊婚嫁毕，便稍营送终之具者何异？盖流俗之情，虽亦以为魂升魄降，《礼运》：孔子言礼之初曰："及其死也，升屋而号，告曰皋某复，然后饭腥而苴孰，故天望而地藏也。体魄则降，知气在上，故死者北首，生者南乡，皆从其初。"离魂与魄而二之，固野蛮人之思想也。而又不敢决形魄之无知，迷信之情愈潜，则愈怀疑于鬼神，而愈重视形魄。则恒思有以厚之，其不能遂者，限于力耳。力所能及，则无弗为矣。变本加厉，遂有以此眩耀生人，而转忘其本意者。《吕览》曰："今世俗大乱之主，愈侈其葬，非为乎死者虑也，生者以相矜尚也。侈靡者以为荣，俭节者以为陋。"《节丧》。其极言厚葬之祸也，曰："民之于利也，犯流矢，蹈白刃，涉血盭肝以求之。虽圣人犹不能禁。"况于"死者弥久，生者弥疏；生者弥疏，守者弥怠"；同上。又况"自古及今，未有不亡之国"也?《安死》。此非难明之理,而亦著见之事也,然而卒莫能戢其观世示富之心。岂不哀哉!

语曰:矫枉者必过其直。过其直,犹恐枉之不见矫也;况于不及其直也?《荀子》曰:"天子棺椁十重,诸侯五重,大夫三重,士再重。皆有衣衾多少厚薄之数,皆有翣菨文章之等,以敬饰之。天子之丧,动四海,属诸侯;诸侯之丧,动通国,属大夫;大夫之丧,动一国,属修士;修士之丧,动一乡,属朋友;庶人之丧,合族党,动州里。刑余罪人之丧,不得合族党,独属妻子;棺椁三寸,衣衾三领;不得饰棺,不得昼行,以昏殣;凡缘而往埋之。反,无哭泣之节,无衰麻之服,无亲疏月数之等;各反其平,各复其始;已葬埋,若无丧者而止。夫是之谓至辱。"《礼论》。晋赵鞅之誓师也,曰:"若其有罪,绞缢以戮,桐棺三寸,不设属辟,素车朴马,无入于兆。"《左氏》哀公二年。其以厚葬为荣,薄葬为辱如是,民安得不逾侈以相高也?流之不可止者,必由于不能塞其原。故曰:儒家非厚葬而终不能止厚葬之俗者,以其狃于当时之制度,未能一举而正之也。

然则儒家之制非,而墨家之法善与?是亦不然。夫积古相沿之俗,非一朝之所能革也审矣。峻其法以禁之,革其事,不能革其心也。不能革其心,则督责之力一衰,其事且将变本而加厉。故儒家贵道之以德,齐之以礼,而不贵道之以政,齐之以刑。厚葬虽非义乎,不强人以所难从,先为之礼,去其泰甚,正其事而徐俟其心之自变焉,固亦未为非计。然而以身教者从,以言教者讼;其所令,反其所好,而民不从矣。"夫子制于中都,四寸之棺,五寸之椁。"亦见《檀弓》。"颜渊死,颜路请子之车以为之椁。子曰:才不才,亦各言其子也。鲤也死,有棺而无椁,吾不徒行以为之椁。以吾从大夫之后,不可徒行也。"《论语·先进》。然则夫子之所以送其子者,不及其所定之制也。"颜渊死,门人欲厚葬之。子曰:不可。门人厚葬之。子曰:

回也,视予犹父也,予不得视犹子也。非我也,夫二三子也。"亦见《先进》。距颜路而颜路不敢非,责门人而门人莫敢怼,其所以自处者,固有以大服乎人心也。墨者夷之,葬其亲厚,而犹欲以墨之道易天下,则必不行矣。《孟子·滕文公》上。夫夷子岂以为非是而不贵也,然而葬其亲厚,则墨子之道,流俗之情,必有交战于中而不能自决者矣。子曰:"人之过也,各于其党。观过,斯知仁矣。"《论语·里仁》。"程子曰:君子常失于厚,小人常失于薄;君子过于爱,小人过于忍。"《集注》。人子而不忍俭其亲,未为大恶也,而民之从其意不从其令者,未尝以是恕也。况夫情无以异于流俗,徒欲责人之守法,而己顾以逾侈为快者乎?

《墨子·节葬》,《吕览·安死》,言古之薄葬者,皆称尧、舜、禹。刘向谏起昌陵,更列黄帝、殷汤、文、武、周公、秦穆公、樗里子、孔子、延陵季子。《汉书》本传。其尽信与否不可知,然宋文公卒,始厚葬,而君子讥华元、乐举之不臣,《左氏》成公二年。《史记·宋世家》亦云:"君子讥华元不臣。"则春秋以前,敢于违礼厚葬者,盖亦寡矣。礼制未亡,而人莫敢自恣也。及战国之世,则有难言者矣。然其甚者,尤莫过于吴阖闾、秦惠文、武、昭、严襄五王,则又何也? 曰:俭,德之共;侈,恶之大;必尝学问、积经历而后知之,否则徒知以侈为贵耳。是固流俗之情也。吴与秦,皆俭陋之邦也。以俭陋之邦,接富厚之国,而无尝学问、积经历之人,则必以富厚相高,以俭陋为愧矣。则必以侈靡逾制者,奉其所尊,厚其徒党矣。商鞅以大筑冀阙、营如鲁卫骄赵良,《史记》本传。其务饰外观可见。《吕览》之言,盖为秦人发也。然而不韦宾客之为秦谋,则可谓忠矣。苏秦通于燕易王母,恐诛,乃说燕王,详为得罪于燕而亡走齐,说湣王厚葬以明孝,高宫室苑囿以明得意,欲破敝齐而为燕。《史记》本传。安知当时诸侯宾客,不有欲祸吴、秦者,而以是破敝之也? 然而烛客之奸,亦必资于尝学问、积经历，固非吴、秦之臣所及矣。

《荀子》书晚出，论多偏激不中理，其言厚葬亦是也。《荀子》之言曰："世俗之为说者曰：太古薄葬，棺厚三寸、衣衾三领，葬田不妨田，故不掘也。乱今厚葬饰棺，故抇也，是不及知治道，而不察于抇不抇者之所言也。凡人之盗也，必以有为；不以备不足，则以重有余也。而圣王之生民也，皆使当厚，优犹知足，而不得以有余过度，故盗不窃，贼不刺；狗豕吐菽粟，而农贾皆能以货财让。风俗之美，男女自不取于途，而百姓羞拾遗。虽珠玉满体，文绣充棺，黄金充椁，加之以丹矸，重之以曾青，犀象以为树，琅玕、龙兹、华觐以为实，人犹且莫之抇也。乱今然后反是。上以无法使，下以无度行。若是，则上失天性，下失地利，中失人和。故百事废，财物诎，而祸乱起。王公则病不足于上，庶人则冻馁羸瘠于下。于是焉桀纣群居，而盗贼击夺以危上矣。虽此倮而薶之，犹且必抇也，安得葬薶哉？"《正论》。其言似辩矣，独不知珠玉满体，文绣充棺者，何以使民知足也？《老子》曰："民之饥，以其上食税之多。"何谓饥，盖难言之矣。有多食税者以与之相形，民未有不自以为饥者也。《孟子》曰："万取千焉，千取百焉，不为不多矣。苟为后义而先利，不夺不餍。"《梁惠王》上。有万焉，未有以千自足者也；有千焉，未有以百自足者也。然而世皆以厚葬为能尊其所尊，亲其所亲，是则宦官宫妾之见也。

原刊《光华大学半月刊》第五卷第八期，
一九三七年四月二十日出版

〔一二九〕殉　葬

殉葬之风,何自起乎? 曰:其所由来者旧矣。《檀弓》曰:"陈子车死于卫,其妻与其家大夫谋以殉葬。定,而后陈子亢至。以告,曰:夫子疾,莫养于下,请以殉葬。"此隆古留诒之思想也。观羊角哀、左伯桃之事可知。春秋士大夫,虽不能断然持无鬼之论,然疑信于其有无之间者多矣,不能革故俗,未必创此陋制也。故曰:殉葬之风,其所由来者旧矣。

《左氏》成公二年:"宋文公卒,始用殉。"《史记·秦本纪》亦言:"武公卒,初以人从死。"似前此无其事者,何也? 盖殉葬古有此俗,至周时多以为非,故知礼之国莫敢行;而俭陋之国,又莫之能行也。陈子亢之距子车之妻与其家大夫也,曰:"以殉葬,非礼也。虽然,则彼疾,当养者,孰若妻与宰? 得已,则吾欲已;不得已,则吾欲以二子者之为之也。"于是弗果用。《檀弓》又曰:"孔子谓为明器者,知丧道矣,备物而不可用也。哀哉,死者而用生者之器也,不殆于用殉乎哉? 其曰明器,神明之也。涂车刍灵,自古有之。孔子谓为刍灵者善,谓为俑者不仁,不殆于用人乎哉?"《孟子·梁惠王》上:"仲尼曰:始作俑者,其无后乎? 为其象人而用之也。"夫象人及用生者之器则何害,然而孔子深恶之者,所谓防其渐也。又曰:"陈乾昔寝疾,属其兄弟,而命其子尊己曰:如我死,则必大为我棺,使吾二婢子夹我。陈乾昔死。其子曰：以殉葬，非礼也，况又同棺乎？弗果杀。"《左氏》文公六年："秦伯任好卒，以子车氏之三子奄息、仲行、鍼虎为殉，皆秦之良也。国人哀之，为之赋《黄鸟》。君子曰：秦穆之不为盟主也，宜哉。"又曰："君子是以知秦之不复东征也。"宣公十五年："魏颗败秦师于辅氏，获杜回，秦之力人也。初，魏武子有嬖妾，无子。武子疾，命颗曰：必嫁是。疾病，则曰：必以为殉。及卒，颗嫁之，曰：疾病则乱，吾从其治也。及辅氏之役，颗见老人结草以亢杜回，杜回踬而颠，故获之。夜梦之曰：余，而所嫁妇人之父也。尔用先人之治命，余是以报。"当时之人之视用殉，以为惨酷不仁如是，宜其敢行之者少也。

《墨子·节葬》言："天子杀殉，众者数百，寡者数十；将军大夫杀殉，众者数十，寡者数人。"所谓天子，盖指当时大国。秦当武公时，东竟犹未至河，未足与大国侔也，而从死者六十六人；穆公则从死者百七十七人，侔于墨子之所谓天子矣。《史记·秦本纪正义》引应劭云："秦穆公与群臣饮，酒酣，公曰：生共此乐，死共此哀。于是奄息、仲行、鍼虎许诺。及公薨，皆从死。《黄鸟》诗所为作也。"此盖三家遗说。当时许诺者必不止此三人，说诗者但举此三人耳。盖戎翟故有此俗，故君以是要其臣，臣亦以是许其君也。然则秦人之用殉，不尽由于其君之侈虐。然《史记》又言"献公元年止从死"，则亦知其非礼而改之矣。《秦始皇本纪》："葬始皇郦山。二世曰：先帝后宫非有子者，出焉不宜。皆令从死，死者甚众。"盖自此以前，后宫无子者皆出也。

《左氏》昭公十三年，楚灵王缢于申亥氏，"申亥以其二女殉而葬之"。虽造次颠沛之际，而殉葬之礼不废，可见其俗由来甚久，深入人心也。

原刊《光华大学半月刊》第五卷第八期，
一九三七年四月二十日出版

〔一三〇〕蚩尤作兵

《吕览·荡兵》曰："人曰蚩尤作兵,蚩尤非作兵也,利其械矣。未有蚩尤之时,民固剥林木以战矣。"是自古相传,以蚩尤为作兵之人也。《路史》引《世本》云:"蚩尤作五兵。"汉高祖之起兵也,祠黄帝,祭蚩尤于沛廷。《汉书·高帝纪》。马援兄子严将北军、羽林、卫护南单于,勒过武库,祭蚩尤。《后汉书·援传》。盖相传之旧典也。"祠兵"见《春秋》庄公八年,《左》、《穀》皆作"治兵"。《公羊》曰:"出曰祠兵,入曰振旅,其礼一也,皆习战也。"《公羊解诂》曰:"祠兵,壮者在前,难在前;振旅,壮者在后,复长幼,且卫后也。"《穀梁》曰:"出曰治兵,习战也。入曰振旅,习战也。"《尔雅·释天》曰:"出为治兵,尚威武也;入为振旅,反尊卑也。"其义实同。然此皆以后来军旅之礼言之,非其朔也。《解诂》又曰:"兵不徒使,故将出兵,必祠于近郊,陈兵习战,杀牲飨士卒。"此盖其礼之朔。犹明、清初用火炮时,以为有神,封为红衣大将军而祀之云尔。《周官·春官》肆师:"凡四时之大甸猎,祭表貉则为位。"《注》:"貉,师祭也。貉读为十百之百。于所立表之处为师祭,造军法者,祷气势之增倍也。其神盖蚩尤,或曰黄帝。"此其礼之朔也。所以兼祠黄帝者,蚩尤为黄帝所灭,其后或服属黄帝;又蚩尤故盛强,黄帝亦或席其旧名,以劫制天下,故其事迹颇相掍。《管子·地数》曰:"黄帝问于伯高曰:吾欲陶天下而以为一家,为之有道乎?伯高对曰:山之见其荣者,君谨封而祭之,距封十里而为一坛。是则使乘者下行,行者趋。若犯令者,罪死不赦。然则与折取之远矣。修教十年,而葛卢之山发而出水,金从之。蚩尤受而制之,以为剑铠矛戟。是岁,相兼者诸侯九。雍狐之山发而出水,金从之。蚩尤受而制之,以为雍狐之戟、芮戈。是岁,相兼者诸侯十二。"又《五行》篇言:"黄帝得六相而天地治,神明至,蚩尤明乎天道,故使为当时。"《御览·皇王部》引《龙鱼河图》曰:"黄帝摄政,前有蚩尤,兄弟八十一人,并兽身人语,铜头铁额,食沙石子;造立兵杖刀戟大弩,威振天下。黄帝仁义,不能禁止蚩尤,遂不敌,乃仰天而叹。天遣玄女,下授黄帝兵信神符,制伏蚩尤,以制八方。蚩尤殁后,天下复扰乱不宁。黄帝遂画蚩尤形像,以威天下。天下咸谓蚩尤不死,八方万邦,皆为殄伏。"传说虽不足据,亦必略有所本也。

《易·系辞传》述黄帝、尧、舜之事曰:"弦木为弧,剡木为矢。弧矢之利,以威天下。"则北方之兵,用木而已,所谓"剥林木以战"也。《礼记·内则》言国君世子生三日,射人以桑弧蓬矢六,射天地四方。《注》:"桑弧蓬矢,本大古也。"亦古以木为兵之一证。南方则不然,《左氏》僖公十八年:"郑伯始朝于楚,楚子赐之金,既而悔之,与之盟,曰:无以铸兵。故以铸三钟。"《荀子》言楚人"宛钜铁釶,惨如蜂虿。"《议兵》。《汉书·地理志》言吴越之上,轻死好用剑。其以金为兵久矣。周穆王及管子皆有赎刑之制。见《赎刑》条。盖皆以兵不给用而然。古有寓兵于农之说,后人多误谓以农夫为战士,其实古无称执兵之人为兵者。寓兵于农,乃谓以农器为兵器,《六韬·农器》篇所述是其事。《管子》言"美金以铸戈剑矛戟",谓以铜为兵;"恶金以铸斤斧钼夷锯欘",谓以铁为农器也。《小匡》。则北方颇乏铜矣。故楚子矜重之也。《周官·秋官》职金:"掌受士之金罚货罚,入于司兵。"《周官》战国时书,则战国时犹有此制。

《水经·资水注》:"茱萸江东径益阳县北,又谓之资水。水南十里,有井数百口,浅者四五尺,或三五丈,深者亦不测其深。古老相传,昔人以杖撞地,辄便成井。或云古人采金沙处,莫详其实也。"《续汉书·郡国志》武陵郡益阳《注》引《荆州记》曰:益阳"县南十里有平冈,冈有金井数百,浅者四五尺,深者不测。俗传云:有金人以杖撞地,辄成井。"又云:"承水出邵陵县界邪姜山,东北流,至重安县,径舜庙下,又东合略塘。相传云:此塘中有铜神,今犹时闻铜声于水,水辄变绿,作铜腥,鱼为之死。"又《浙江水注》:"石帆山西连会稽,东带若邪溪,《吴越春秋》所谓欧冶涸以成五剑。溪水下注太湖,湖水自东亦注江通海。东有铜牛山,其间有炭渎。"皆南方铜矿夙开之证。

《吴越春秋》与《越绝书》为一家言。《越绝外传》有《记宝剑》之篇,载薛烛论巨阙之辞曰:"宝剑者,金锡和铜而不离。今巨阙已离矣,非宝剑也。"其论纯钧曰:"当造此剑之时,赤堇之山破而出锡,若邪之溪涸而出铜。"《山海经·中山经注》引此。又云:"汲郡冢中,得铜剑一枝,长三尺五寸,乃今所名为干将剑。汲郡亦皆非铁也,明古者通以锡杂铜为兵器也。"金锡和铜,此今人所谓青铜器也。卫聚贤云:"今江苏之无锡县,旧说周、秦间本产锡。语云:有锡争,无锡平。汉乃以无锡名县。古南方之锡,盖取于是。"予案卫说是也。无盖发语词,以为有无之无,乃后人附会。《周官·秋官》职金:"入其金锡于兵器之府。"则北方制兵亦用青铜。《外传》又言:楚王令风胡子之吴,使干将作铁剑三:一曰龙渊,二曰泰阿,三曰工布。晋、郑闻而求之,不得。兴师围楚,三年不解。楚王引泰阿之剑,登城而麾之。三军破败,士卒迷惑,流血千里。楚王大说,曰:"此剑威邪?寡人力邪?"风胡子对曰:"剑之威也,因大王之神。"楚王曰:"夫剑,铁耳,固能有精神若此乎?"风胡子对曰:"时各有使然。轩辕、神农、赫胥之时,以石为兵,断树木,为宫室,死而龙藏。<small>龙同垅。言以剑徇葬。</small>夫神,圣主使然。至黄帝之时,以玉为兵,以伐树木,为宫室,凿地。夫玉亦神物也,又遇圣主使然。死而龙藏。禹穴之时,以铜为兵,以凿伊阙,通龙门,决江导河,东注于东海,天下通平,治为宫室,岂非圣主之力哉?当此之时,作铁兵,威服三军,天下闻之,莫敢不服。此亦铁兵之神,大王有圣德。"玉亦石也,肃慎氏楛矢石砮,是兼用木石为兵,盖古北方多如此。

《吴越春秋·阖闾内传》云:阖闾使干将作名剑二。干将采五山之铁精,六合之金英,候天伺地,阴阳同光,百神临观,天气下降,而金铁之精不销。干将不知其由。莫邪曰:"夫神物之化,须人而成。今夫子作剑,得无得其人而后成乎?"干将曰:"昔吾师作冶,金铁之类不销,夫妻俱入冶炉中,然后成物。至今后世即山作冶,麻绖葌服,然后敢铸金于山。今吾作剑不变化者,其若斯邪?"莫邪曰:"师知烁身以成物,吾何难哉?"于是干将妻乃断发翦爪,投于炉中。使童女童男三百人,鼓橐装炭,金铁乃濡,遂以成剑。阳曰干将,阴曰莫邪。干将匿其阳,出其阴而献之。阖闾既宝莫邪,复命于国中作金钩。令曰:能为善钩者,赏之百金。吴作钩者甚众,而有贪王之重赏也,杀其二子,以血衅金,遂成二钩,献于阖闾,诣宫门而求赏。王曰:"为钩者众,而子独求赏,何以异于众夫子之钩乎?"作钩者曰:"吾之作钩也,贪而杀二子,衅成二钩。"王乃举众钩以示之:"何者是也?"王钩甚多,形体相类,不知其所在。于是钩师向钩而呼二子之名:"吴鸿、扈稽,我在于此,王不知汝之神也。"声绝于口,两钩俱飞,著父之胸。吴王大惊,曰:"嗟乎,寡人诚负于子,乃赏百金。"观此,知当时造钩专用铜,造剑则已用铁矣。神物须人而成,此物成之所以必衅也。

伪《古文尚书·说命》曰:"惟甲胄起戎。"伪《传》云:"甲,铠;胄,兜鍪也。"《疏》曰:"经传之文,无铠与兜鍪,盖秦、汉以来,始有此名。《传》以今晓古也。古之甲胄皆用犀兕,未有用铁者。而鍪铠之字皆从金,盖后世始用铁耳。"《费誓疏》云:经典皆言甲胄,秦世以来,始有铠兜鍪之文。古之作甲用皮,秦、汉以来用铁。铠鍪二字皆从金,盖用铁为之,而因以作名也。《周官·夏官》司甲注：甲，今之铠也。《疏》：古用皮谓之甲，今用金谓之铠，从金为字也。此亦见铁之为用日广。

《战国策·赵策》：襄子至晋阳，召张孟谈曰："吾铜少，若何？"张孟谈曰："臣闻董子之治晋阳也，公宫之室，皆以炼铜为柱质，请发而用之，则有余铜矣。"此可见战国之时，犹以铜为兵。然朱亥袖四十斤铁椎椎杀晋鄙，《史记·信陵君列传》。而张良得力士，为铁椎，重百二十斤，以狙击秦皇帝于博浪沙中，《留侯世家》。则以铁为兵者，亦不乏矣。《范雎蔡泽列传》：秦昭王曰："吾闻楚之铁剑利而倡优拙。"楚犹如此，他国更可无论也。

苏秦之说韩宣王也，曰："天下之强弓劲弩，皆从韩出。溪子、少府时力、距来者，皆射六百步之外。韩卒超足而射，百发不暇止，远者括蔽洞胸，近者镝掩心。韩卒之剑戟，皆出于冥山、棠溪、墨阳、合赙、邓师、宛冯、龙渊、太阿，皆陆断牛马，水截鹄雁。当敌则斩坚甲铁幕，革抉咙芮，无不毕具。以韩卒之勇，被坚甲，跖劲弩，带利剑，一人当百，不足言也。"《史记》本传。《盐铁论·论勇》篇云："世言强楚劲郑，有犀兕之甲，棠溪之铤也。"又曰："楚、郑之棠溪、墨阳，非不利也；犀胄、兕甲，非不坚也。"夫韩即郑，而郑则古祝融之虚也。然则北方军械之精，亦仍由蚩尤之族传之矣。

贾谊说汉文，收铜勿令布，而曰以作兵器，则前汉之兵，尚多以铜为之。然《后汉书·鲜卑传》载蔡邕之言曰："关塞不严，禁网多漏，精金良铁，皆为贼有，兵利马疾，过于匈奴。"则后汉之兵，已兼用铜铁矣。三国崔鉴冶铜为农器，则农器亦有以铜为之者。古专用为兵，而后世兼以为他器，此铜之所由日贵欤？

〔一三一〕三 革

《管子·小匡》、《荀子·儒效》皆有定三革偃五兵之文。《齐语》则云："定三革,隐五刃。"韦昭云：三革,甲、胄、盾也。尹知章曰："车、马、人皆有革甲曰三革。"案此说恐非。《考工记》曰："函人为甲,犀甲七属,兕甲六属,合甲五属。"盖所谓三甲者也。

〔一三二〕宋襄公

宋襄公泓之战,《公羊》善之,《左》、《穀》非之。僖公二十二年。《左氏》曰:"明耻教战,求杀敌也,伤未及死,如何勿重?""虽及胡耇,获则取之,何有于二毛?"此纯系战国时人议论,以多杀为主,可以勿论。《穀梁》谓"道之贵者时,其行势也",议论似较正。然宋襄是战,初非因持正而败;而其持正,亦非真不度时势也。《左氏》僖公三十三年:"晋阳处父侵蔡。楚子上救之,与晋师夹泜而军。阳子患之,使谓子上曰:子若欲战,则吾退舍,子济而陈。不然纾我。乃驾而待。子上欲涉,大孙伯曰:不可。晋人无信,半涉而薄我,悔败何及,不如纾之。乃退舍。阳子宣言曰:楚师遁矣。遂归。楚师亦归。"曰晋人无信,则他国未必皆无信,此子上之所以欲涉。泓之战,宋既成列,而楚人犹济,盖亦以此也。宋虽不鼓不成列,然以逸待劳,岂有必败之理?所以败者:《孙子》曰:"诸侯自战其地者为散地。"《九地》。《战国策·中山策》,武安君论楚之败曰:"当此之时,秦中士卒,以军中为家,将帅为父母,不约而亲,不谋而信,一心同功,死不旋踵。楚人自战其地,咸顾其家,各有散心,莫有斗志,是以能有功也。"此《孙子》之注脚也。春秋时用兵,侵伐者多胜,御敌者多败,载在《左氏》,斑斑可考。宋之败盖亦以此。然以偏战御敌而克捷者,亦非无之,故谓宋襄以守礼而败,绝非情实。谓其守礼为不度时势,则更以成败论人,而又曲加傅会者矣。

行军务于多杀,其祸至战国时始烈,其论亦至战国时始盛。古之所谓义兵者,散见群经诸子中;《吕览·怀宠》、《淮南·兵略》,言之尤详。虽时异势殊,其事不可复见,要不可谓古无其事。且即在晚近,亦未尝绝迹也。齐桓之霸也,"邢迁如归,卫国忘亡。"《左氏》闵公二年。萧鱼之役,"赦郑囚,皆礼而归之;纳斥候,禁侵掠。"襄公十一年。虽古之义兵,亦何以过?《孟子》曰:"郑人使子濯孺子侵卫,卫使庾公之斯追之。子濯孺子曰:今日我疾作,不可以执弓,吾死矣夫!问其仆曰:追我者谁也?其仆曰:庾公之斯也。曰:吾生矣。其仆曰:庾公之斯,卫之善射者也;夫子曰吾生,何谓也?曰:庾公之斯学射于尹公之他,尹公之他学射于我。夫尹公之他,端人也,其取友必端矣。庾公之斯至,曰:夫子何为不执弓?曰:今日我疾作,不可以执弓。曰:小人学射于尹公之他,尹公之他学射于夫子。我不忍以夫子之道,反害夫子。虽然,今日之事,君事也,我不敢废。抽矢,扣轮,去其金,发乘矢而后反。"《离娄》下。《左氏》则曰:"尹公佗学射于庾公差,庾公差学射于公孙丁。二子追公。公孙丁御公。子鱼曰:射为背师,不射为戮,射为礼乎?射两𫐉而还。尹公佗曰:子为师,我则远矣。乃反之。公孙丁授公辔而射之,贯臂。"襄公十四年。此亦《左氏》为六国时书,务杀而不重礼之证。《檀弓》曰:"工尹商阳与陈弃疾追吴师,及之。陈弃疾谓工尹商阳曰:王事也,子手弓而可。手弓,子射诸。射之,毙一人。韔弓。又及,谓之,又毙二人。每毙一人,掩其目。止其御曰:朝不坐,燕不与,杀三人,亦足以反命矣。孔子曰:杀人之中,又有礼焉。"曷尝以多杀为贵哉?邲之战,"晋人或以广队不能进,楚人惎之脱扃。少进,马还,又惎之拔斾投衡。乃出,顾曰:吾不如大国之数奔也。"当两军交战之时,而教敌人以遁逃,以致反为所笑,其事殊不近情。故有训惎为毒,以

"甚之"、"又甚之"绝句者。然如是,则晋人顾曰之语,不可解矣。读《公羊》还师佚寇之文,则知庄王之不欲多杀,故其下得教敌人以遁逃。《左氏》下文又曰:"晋之余师不能军,宵济,亦终夜有声。"盖亦见庄王之宽大。杜《注》谓"言其兵众,将弗能用",殆非也。宣公十二年。《左氏》书杂取而成,议论多战国时人语,其记事犹或出旧闻。如宣公二年论狂狡曰:"失礼违命,宜其为禽也。戎昭果毅以听之之谓礼,杀敌为果,致果为毅。易之,戮也。"竟以杀人为礼。然其记齐桓、晋悼、楚庄之事,则犹是古之遗言矣。邲之战,庄王不肯为京观,而《吕览》言"齐攻廩丘,赵使孔青将死士而救之。与齐人战,大败之。齐将死,得车二千,得尸三万,以为二京",《不广》。于此亦可见春秋战国时之变迁。在春秋时,惟齐庄公尝封少水,《左氏》襄公二十三年。则好勇之徒,不足论也。

《左氏》云:"凡诸侯有四夷之功,则献于王,王以警于夷。中国则否,诸侯不相遗俘。"庄公三十一年。此亦同族间不尚杀戮之一事。宣公十五年、十六年,晋皆献狄俘于王。城濮之战,亦献楚俘。僖公二十八年。盖犹夷狄遇之。襄公十年,"以偪阳子归,献于武宫,谓之夷俘。"杜《注》曰:"讳俘中国,故谓之夷。"鞌之战,献齐捷于王,成公二年。遂为王所责矣。然齐伐山戎,子司马子讥其操之已蹙,《公羊》庄公三十年。则于异族,实亦未尝歧视也。

昭公八年,《穀梁》言蒐狩之礼曰:"车轨尘,马候蹄,揜禽旅。御者不失其驰,然后射者能中。过防弗逐,不从奔之道也。面伤不献,《注》:"嫌诛降。"不成禽不献。《注》:"恶虐幼小。"禽虽多,天子取三十焉,其余与士众,以习射于射宫。射而中,田不得禽,则得禽;田得禽,而射不中,则不得禽。是以知古之贵仁义而贱勇力也。"隐公五年云:"战不逐奔,诛不填服。"即此所谓"过防弗逐","面伤不献"也。王良之论嬖奚也,曰:"吾为之范我驰驱,终日不获一;为之诡遇,一朝而获十。诗云：不失其驰，舍矢如破。我不贯与小人乘。"《孟子·滕文公》下。即此所谓"射而中，田不得禽则得禽；田得禽，而射不中则不得禽"也。《郊特牲》曰："季春出火，为焚也。然后简其车赋，而历其卒伍；而君亲誓社，以习军旅。左之右之，坐之起之，以观其习变也。而流示之禽，而盐诸利，以观其不犯命也。求服其志，不贪其得，故以战则克，以祭则受福。"即此"禽虽多，天子取三十焉，其余与士众"之道也。田猎之重礼如是，而况于争战乎？

《礼器》："孔子曰：我战则克，祭则受福，盖得其道矣。"即《郊特牲》之所云也。以教民为制胜之术，论者多迂之。其实军实之相去，并时之国恒无几，所争者，仍在民心之和不和耳。孟子告梁惠王曰："王如施仁政于民，省刑罚，薄税敛，深耕易耨，壮者以暇日修其孝弟忠信，入以事其父兄，出以事其长上，可使制梃以挞秦楚之坚甲利兵矣。"《梁惠王》上。而《吕览》曰："世有言曰：锄耰白梃，可以胜人之长铫利兵，此不通乎兵者之论。"《简选》。其言似相背而实非也。近世中国之败于外国，岂不曰兵之利弗与哉？然而外人以枪炮来，中国人未尝挟弓矢戈矛而战之也。咸丰戊午庚申之际，欧人即愿以军械资胜清，亦有愿售诸太平天国者，彼此皆弗省。其后曾纪泽乘小汽轮归湘，湘人犹欲焚之。法越战后，经营海军，颇有端绪矣，而以那拉氏造颐和园，尽移其费，以供土木，舰械遂无新增，致有甲午之败。民国以来，军人之所浪费者，岂不足当东瀛积年之储，而至二十六七年之间，犹以士卒之血肉，当人之炮火乎。嗟乎！果人为之乎，抑械为之也？不特此也，"城非不高也，池非不深也，兵革非不坚利也，米粟非不多也，委而去之"，《孟子·公孙丑》下。则数见不鲜矣！《论语》曰："足食，足兵，民信之矣。必不得已而去，于斯三者何先？曰：去兵。必不得已而去，于斯二者何先？曰：去食。自古皆有死，民无信不立。"《颜渊》。信哉斯言也。《左氏》言晋文之霸也，曰："晋侯始入而教其民,二年欲用之。子犯曰:民未知义,未安其居。于是乎出定襄王,入务利民,民怀生矣,将用之。子犯曰:民未知信,未宣其用。于是乎伐原以示之信。民易资者,不求丰焉,明征其辞。公曰:可矣乎?子犯曰:民未知礼,未生其共。于是乎大蒐以示之礼,作执秩以正其官,民听不惑,而后用之。出谷戍,释宋围,一战而霸,文之教也。"僖公二十七年。其言楚庄之霸也,曰:"楚自克庸以来,其君无日不讨国人而训之,于民生之不易,祸至之无日,戒惧之不可以怠。在军,无日不讨军实而申儆之,于胜之不可保,纣之百克而卒无后。训之以若敖、蚡冒,筚路蓝缕以启山林。箴之曰:民生在勤,勤则不匮。"宣公十二年。而管子作内政寄军令,使"人与人相保,家与家相爱;少相居,长相游,祭祀相福,死丧相恤,祸福相忧,居处相乐,行作相和,哭泣相哀。夜战其声相闻,足以无乱;昼战其目相见,足以相识;欢欣足以相死",《小匡》。更无论矣。人莫不爱其身家,故"死徙无出乡,乡田同井,出入相友,守望相助,疾病相扶持",《孟子·滕文公》上。实战守之本也。"孔子过泰山侧,有妇人哭于墓者而哀。夫子式而听之,使子路问之曰:子之哭也,壹似重有忧者?而曰:然。昔者吾舅死于虎,吾夫又死焉,今吾子又死焉。夫子曰:何为不去也?曰:无苛政。夫子曰:小子识之,苛政猛于虎也。"《檀弓》下。夫死于虎与死于兵则奚择?死于兵者,犹或以为国殇而哀之,死于虎则人莫之恤矣,然而民三死而弗去。苟如是,复何使之而不可也。故曰:"有国有家者,不患寡而患不均,不患贫而患不安;盖均无贫,和无寡,安无倾。"《论语·季氏》。然后知"凿斯池也,筑斯城也,与民守之,效死而民弗去"之可致也。《孟子·梁惠王》下。赵简子之于晋阳,则其效也。晋文之于原,《左氏》僖公二十五年。荀吴之于鼓,昭公十五年。皆未尝豫而徒袭而取之者也,而史家犹播为美谈,况于"好恶不愆"于素者乎?"民知所适"而"事无不济"也宜矣。荀吴述叔向语。申叔时之责子反曰:"德、刑、详、义、礼、信,战之器也。德以施惠,刑以正邪,详以事神,义以建利,礼以顺时,信以守物。民生厚而德正,用利而事节,时顺而物成。上下和睦,周旋不逆,求无不具,各知其极。故《诗》曰:立我烝民,莫匪尔极。是以神降之福,时无灾害,民生敦厐,和同以听,莫不尽力以从上命,致死以补其阙。此战之所由克也。今楚,内弃其民,而外绝其好;渎齐盟而食话言;奸时以动,而疲民以逞。民不知信,进退罪也。人恤所底,其谁致死?"成公十六年。可谓知战之本矣。子曰:"言忠信,行笃敬,虽蛮貊之邦,行矣。言不忠信,行不笃敬,虽州里,行乎哉?"《论语·卫灵公》。观诸葛亮之服南蛮,而知信之不可弃也。以区区之蜀,蹈涉中原,抗衡上国,使魏之君臣为之盱食,有以也哉!

鞌之战,齐侯"每出,齐师以帅退,入于狄卒,狄卒皆抽戈楯冒之,以入于卫师。卫师免之"。杜《注》曰:"狄、卫畏齐之强,故不敢害齐侯。"非也。鄢陵之战,"晋韩厥从郑伯,其御杜溷罗曰:速从之。其御屡顾,不在马,可及也。韩厥曰:不可以再辱国君。乃止。郤至从郑伯,其右茀翰胡曰:谍辂之,余从之乘,而俘以下。郤至曰:伤国君有刑。亦止。"晋亦畏郑之强乎?是役也,"郤至三遇楚子之卒,见楚子必下,免胄而趋风。楚子使工尹襄问之以弓,曰:方事之殷也,有韎韦之跗注,君子也。识见不谷而趋,毋乃伤乎?"《左氏》成公十六年。邲之役,"楚许伯御乐伯,摄叔为右,以致晋师。晋人逐之,左右角之。乐伯左射马而右射人,角不能进,矢一而已。麋兴于前,射麋丽龟。晋鲍癸当其后,使摄叔奉麋献焉,曰:以岁之非时,献禽之未至,敢膳诸从者。鲍癸止之,曰:其左善射,其右有辞,君子也。既免。"鞌之战,邴夏欲射韩厥,曰:"射其御者,君子也。公曰:谓之君子而射之,非礼也。"君子如此,而况于国君乎?

〔一三二〕宋襄公

大抵春秋时争战,惟夷狄较为野蛮。《穀梁》僖公三十三年:晋人及姜戎败秦师于殽。不言战而言败,何也? 狄秦也。其狄之何也? 秦越千里之险入虚国,进不能守,退败其师徒,乱人子女之教,无男女之别。《注》:"谓入滑之时纵暴乱也。"秦之为狄,自殽之战始也。《公羊》定公四年:"吴入楚。吴何以不称子? 反夷狄也。其反夷狄奈何? 君舍于君室,大夫舍于大夫室,盖妻楚王之母也。"此等事,盖当时号称礼义之国所不敢为。《左氏》哀公七年:鲁入邾,"处其公宫。众师昼掠。邾众保于绎。师宵掠,以邾子益来,献于亳社,囚诸负瑕。"则几于秦、吴之所为矣。故茅夷鸿卒致死焉。春秋列国争战,惟秦穆尝止晋惠于韩;僖公十五年。而句践与其夫人,亦入臣妾于吴;而会盟之际,则惟楚执宋公以伐宋;僖公二十一年。而其他诸国,皆逡巡而有所不敢,有以也。《檀弓》曰:"吴侵陈,斩祀杀厉。师还出竟。陈太宰嚭使于师。夫差谓行人仪曰:是夫也多言,盍尝问焉? 师必有名,人之称斯师也者,则谓之何? 太宰嚭曰:古之侵伐者,不斩祀,不杀厉,不获二毛。今斯师也,杀厉与? 其不谓之杀厉之师与? 曰:反尔地,归尔子,则谓之何? 曰:君王讨敝邑之罪,又矜而赦之,师与? 有无名乎?"观太宰嚭之言,知斩祀杀厉,非夷狄敢为之者犹少也,而独责宋襄为不知战,可乎? 然而闻太宰嚭之言,吴王亦有悔心矣。

大同之世云遥,讲信修睦之风遂渺,然而小康之世,亦未尝不重民命,惜民力也。是以师出不逾时;《公羊》隐公六年《解诂》。《诗·小雅·何草不黄》郑《笺》同。《穀梁》隐公五年:"伐不逾时。"行不过三十里;《诗·小雅·六月》"我服既成,于三十里"毛《传》:"师行三十里。"五十不为甸徒;《礼记·祭义》。三十受兵,六十还之;《白虎通义·三军》篇:"年卅受兵何? 重绝人世也。师行不必反,战不必胜,故须其有世嗣也。年六十归兵何? 不忍并斗人父子也。《王制》曰:六十不与服戎。"《春秋》刺道用师;《公羊》

僖公二十六年。重乞师;《公羊》僖公二十六年。《穀梁》成公十三年义同。又桓公十四年:"宋人以齐人、蔡人、卫人、陈人伐郑。以者,不以者也。民者,君之本也。使人以其死,非正也。"恶一出兵为两事;《公羊》僖公二十五年《解诂》。追齐师弗及而止,则嘉其得用兵之节;《公羊》僖公二十六年《解诂》。救成而不敢进,则许其量力而弗责;《公羊》襄公十五年《解诂》。子之所慎:齐,战,疾。子路曰:子行三军,则谁与? 子曰:暴虎冯河,死而无悔者,吾不与也。必也临事而惧,好谋而成者也。《论语·述而》。皆此意也。至于战国之世,则大不然矣。孟子曰:"争地以战,杀人盈野;争城以战,杀人盈城。"《离娄》上。"鲁欲使慎子为将军。孟子曰:不教民而用之,谓之殃民;殃民者不容于尧舜之世。徒取诸彼以与此,然且仁者不为,况于杀人以求之乎?"《告子》下。盖其视民命如草芥矣,此其所以谓"善战者服上刑"也。《离娄》上。不特此也,师之出也,"久者数岁,速者数月",《墨子·非攻》下。非复"不逾时"之旧矣。魏氏之试武卒,"衣三属之甲,操十二石之弩,负矢五十个,置戈其上,冠轴带剑,赢三日之粮,日中而趋百里",《荀子·议兵》。非复"日三十里"之程矣。《周官·地官》乡大夫之职:"国中自七尺以及六十,野自六尺以及六十有五,皆征之。"无所谓"五十不为甸徒"者矣。《孙子》曰:"主不可以怒而兴师,将不可以愠而致战;合于利而动,不合于利而止。怒可以复喜,愠可以复说;国亡不可以复存,死者不可以复生。"《火攻》。岂不以爱惜民命为言,然纯以利害立论矣。乃至《韩子》曰:王良爱马,为其可以驰驱;句践爱人,乃欲用以战斗。《备内》。则真以百姓为刍狗矣。世变之剧,不亦深可畏哉!

《公羊》言楚庄入郑,"亲自手旌,左右抈军,退舍七里。将军子重谏曰:南郢之与郑,相去数千里,诸大夫死者数人,厮役扈养死者数百人。今君胜郑而不有,无乃失民臣之力乎? 庄王曰:古者杆不穿,皮不蠹,则不出于四方,是以君子笃于礼而薄于利,要其人而不要其土。"宣公十二年。知春秋时用兵,虽久役,死者初不甚多。而其动也不纯以利,因亦无取偿于敌国之意也。至战国则又不然矣,坑降斩级,动以万计。孟子言齐之入燕也,"杀其父兄,系累其子弟,毁其宗庙,迁其重器。"《梁惠王》下。墨子言当时之用兵也,曰:"入其国家边竟,芟刈其禾稼,斩其树木,堕其城郭,以湮其沟池。攘杀其牲牷,燔溃其祖庙,刭杀其万民,覆其老弱,迁其重器,卒进而柱乎斗。曰:死命为上,多杀次之,身伤者为下,又况失列北桡乎哉?罪死无赦。"《非攻下》。《天志下》略同。陈轸谓秦之伐也,"主必死辱,民必死虏。"《战国·齐策》。鲁仲连谓秦"权使其士,虏使其民"。《赵策》。盖法俗相沿,有所不忍为、不敢为者,至是则无不忍焉敢焉者矣。孟子曰:"不仁哉梁惠王也!仁者以其所爱及其所不爱,不仁者以其所不爱及其所爱。梁惠王以土地之故,糜烂其民而战之,大败,将复之,恐不能胜,故驱其所爱子弟以殉之,是之谓以其所不爱及其所爱也。"《尽心》下。事势之流,相激使然,曷足怪乎?

兵争之烈,虽至战国而甚,然春秋时已开其端矣。殽之战,匹马只输无反者。《公羊》僖公三十三年。《穀梁》同。龙门之战,民死伤者满沟。《公羊》桓公十二年《疏》引《春秋说》。"邾娄复之以矢,盖自战于升陉始也。鲁妇人之髽而吊也,自败于台骀始也。"《礼记·檀弓》。案升陉之战,在僖公二十一年,台骀之战,在襄公四年。此多杀之渐也。"晋侯围曹,门焉,多死。曹人尸诸城上,晋侯患之,听舆人之谋曰:称舍于墓。师迁焉。曹人凶惧,为其所得者棺而出之。因其凶也而攻之。"《左氏》僖公二十八年。陈之从楚伐郑也,"当陈隧者,井堙木刊。"襄公二十五年。此肆虐之渐也。夫人孰好多杀?亦孰乐肆虐?然争之甚而惟胜之求,终必有不择术而为之者。争之烈,不必以兵之众也,而兵之众,终为争之烈。抑且争之烈,终必至尽驱其民以赴战场而后已。而好生之德,有不可复言者矣。用师之众,战国为甚。然而鞌之战,绵地五百里,侵车东至海;《穀梁》成公二年。晋人纳捷菑于邾,长毂五百乘,绵地千里;文公十四年。《公羊》、《左氏》皆云八百乘。亦自春秋已开其端矣。

《战国·齐策》:"苏秦说齐闵王曰:战者,国之残也,而都县之费也。残费已先,而能从诸侯者寡矣。彼战者之为残也:士闻战,则输私财而富军市,输饮食而待死士,令折辕而炊之,杀牛而觞士,则是路君之道也。中人祷祝,君翳酿,通都小县,置社有市之邑,莫不止事而奉王,则此虚中之计也。夫战之明日,尸死扶伤,虽若有功也,军出费,中哭泣,则伤主心矣。死者破家而葬,夷伤者空财而共药,完者内酺而华乐,故其费与死伤者钧。故民之所费也,十年之田而不偿也。军之所出,矛戟折,镮弦绝,伤弩,破车,罢马,亡矢之大半。甲兵之具,官之所私出也,士大夫之所匿,厮养士之所窃,十年之田而不偿也。天下有此再费者,而能从诸侯者寡矣。攻城之费,百姓理襜蔽,举冲橹,家杂总,身窟穴,中罢于刀金。而士困于土功,将不释甲,期数而能拔城者为亟耳。上倦于教,士断于兵,故三下城而能胜敌者寡矣。"《中山策》:武安君(对秦昭王)曰:"长平之事,秦军大克,赵军大破,秦人欢喜,赵人畏惧。秦民之死者厚葬,伤者厚养,劳者相飨,饮食铺馈,以靡其财。赵人之死者不得收,伤者不得疗,涕泣相哀,勠力同忧,耕田疾作,以生其财。今王发军虽倍其前,臣料赵国守备,亦已十倍矣。"又曰:"今秦破赵军于长平,不遂以时乘其振惧而灭之,畏而释之,使得耕稼以益蓄积,养孤长幼以益其众,缮治兵甲以益其强,增城浚池以益其固。主折节以下其臣,臣推体以下死士。至于平原君之属,皆令妻妾补缝于行伍之间,臣人一心,上下同力,犹句践困于会稽之时也。"观二子之言,则战胜者之祸,有不可胜道者,而战败者无论矣。然因其败而善用之,又未尝不可以为福也,故曰:"其亡其亡,系于苞桑。"《易·否卦·九五爻辞》。

宋向戌为弭兵之会，"如晋，告赵孟，赵孟谋于诸大夫。韩宣子曰：兵，民之残也，财用之蠹也，小国之大菑也；将或弭之，虽曰不可，必将许之。弗许，楚将许之，以召诸侯，则我失为盟主矣。晋人许之。如楚，楚亦许之。如齐，齐人难之。陈文子曰：晋、楚许之，我焉得已？且人曰弭兵，而我弗许，则固携吾民矣，将焉用之？"可见列国皆以兵为患。子罕乃曰："凡诸侯小国，晋、楚所以兵威之，畏而后上下慈和，慈和而后能安靖其国家，以事大国，所以存也。无威则骄，骄则乱生，乱生必灭，所以亡也。天生五材，民并用之，废一不可，谁能去兵。兵之设久矣，所以威不轨而昭文德也。圣人以兴，乱人以废。废兴存亡昏明之术，皆兵之由也。而子求去之，不亦诬乎？"《左氏》襄公二十七年。"圣人以兴，乱人以废"，乃儒家义兵之论。《左氏》窃之，而未深明其旨。小国赖晋、楚威之，晋、楚失道，谁威之乎？"天生五材，民并用之，废一不可"，信矣。然兵之设，岂为杀人也哉？

《公羊》贵偏战而贱诈战。"偏，一面也。结日定地，各居一面，鸣鼓而战，不相诈。"桓公十年《解诂》。"诈谓陷阱奇伏之类。"哀公九年《解诂》。泓之战，宋襄即能守斯义者也。莒人以庆父之尸求赂，季子待之以偏战，《春秋》大之。僖公元年。宋皇瑗取郑师于雍丘，哀公九年。郑轩达诈反，取宋师于喦，则疾而略之。哀公十三年。《解诂》曰："苟相报偿，不以君子正道。"即晋人伐楚以救江，犹恶其谲。文公三年。堂堂之陈，正正之旗，岂徒讲权谋形势者所与知哉？《公羊》曰："觕者曰侵，精者曰伐。战不言伐，围不言战，入不言围，灭不言入，书其重者也。"《解诂》曰："将兵至竟，以过侵责之。服则引兵而去；侵责之不服，推兵入竟，伐击之，益深。"庄公十年。然则切入境时，即应声罪致讨。《吕览·怀宠》所谓"至于国邑之郊，先发声出号"是也。《穀梁》曰"苞人民、殴牛马曰侵，斩树木、坏宫室曰伐"；隐公五年。

《左氏》曰"有钟鼓曰伐,无曰侵,轻曰袭";庄公二十九年。盖并非《春秋》意矣。《公羊》庄公二十八年、文公十五年并云恶以至日伐,《解诂》曰:"用兵之道,当先至竟侵责之,不服,乃伐之;今日至,便以今日伐之,故曰以起其暴也。"亦与此意相发明。

〔一三三〕六国之兵

荀子论六国之兵曰："齐人隆技击。其技也，得一首者，则赐赎锱金，无本赏矣。是事小敌毳，则偷可用也；事大敌坚，则涣焉离耳。是亡国之兵也。兵莫弱是矣，是其去赁市佣而战之几矣。魏氏之武卒，以度取之；衣三属之甲，操十二石之弩，负服矢五十个，置戈其上，冠䩶带剑，赢三日之粮，日中而趋百里。中试则复其户，利其田宅。是数年而衰，而未可夺也；改造则不易周也；是故地虽大，其税必寡。是危国之兵也。秦人：其生民也狭厄，其使民也酷烈；劫之以势，隐之以厄，忸之以庆赏，鳍之以刑罚，使天下之民所以要利于上者，非斗无由也。厄而用之，得而后功之；功赏相长也，五甲首而隶五家。是最为众强长久，多地以正，故四世有胜，非幸也，数也。"《议兵》。案鲁仲连言："秦者，弃礼义而上首功之国也。"《集解》引谯周曰："秦用卫鞅计，制爵二十等，以战获首级者计而受爵。是以秦人每战胜，老弱妇人皆死，计功赏至万数。天下谓之上首功之国。"《史记·鲁仲连列传》。《商君书·境内篇》云："人得一首则复。得三十三首以上，盈论，百将屯长，赐爵一级。""有爵者乞无爵者以为庶子，级乞一人。""爵五大夫，皆有赐邑三百家，有赐税三百家。""能得甲首一者，赏爵一级，益田一顷，益宅九亩，除庶子一人。"即谯周之所云也。其所为与齐何以异？而计功赏至万余，田宅安得给，而国安得不患贫哉？然而异于齐、魏者,齐赐赎锱金而止,无本赏,本赏盖指田宅。则农民不劝,惟市井轻侠之人应之,故荀子讥其赁市佣而战之也。魏能拔其民之壮者以为兵,而不能使其民自厉于战,故其兵之强者,远不如秦之多。夫使举国之民皆习于战,则不待改造而周；而驱一国之民皆归之于南亩,则又不虑其税之寡。故秦之兼天下,农战为之也。

张仪说韩王曰："山东之士,被甲蒙胄以会战,秦人捐甲徒裼以趋敌,左挈人头,右挟生虏。夫秦卒与山东之卒,犹孟贲之与怯夫。"其说魏王曰："楚虽有富大之名而实空虚；其卒虽多,然而轻走易北,不能坚战。悉梁之兵南面而伐楚,胜之必矣。"孙子谓田忌曰："彼三晋之兵,素悍勇而轻齐,齐号为怯。"皆见《史记》本传。是秦兵最强,三晋次之,齐、楚最弱。《汉书·地理志》论各地方风气去战国时不远,其强弱与之相应。似兵之强弱,实与风土有关,不尽系于政治之得失。然当桓公、庄王之时,齐、楚之兵,曷尝不方行天下,强不可圉哉？五方风气之不同,虽圣人不能使之齐一,然怚之以庆赏,鳛之以刑罚,而谓不能造数万精强之众,岂理也哉？管子之作内政寄军令也,曰："使卒伍之人,人与人相保,家与家相爱；少相居,长相游；祭祀相福,死丧相恤,祸福相忧,居处相乐,行作相和,哭泣相哀。夜战其声相闻,足以无乱；昼战其目相见,足以相识；欢欣足以相死。"《小匡》。此岂徒恃刑罚庆赏而用之乎？乃其后至于赁市佣而战之,此岂风气之罪也哉？

《淮南子》言七国之用兵也,曰："攻城滥杀,覆高危安。掘坟墓,扬人骸。大冲车,高重京。除战道,便死路。犯严敌,残不义。百往一反,名声苟盛也。是故质壮轻足者,为甲卒千里之外,家老羸弱凄怆于内。厮徒马圉,軵车奉饷,道路辽远,霜雪亟集,短褐不完,人羸车弊,泥涂至膝,相携于道,奋首于路,身枕格而死。所谓兼国有地者，伏尸数十万，破车以千百数，伤弓弩矛戟矢石之创者，扶举于路。故世至于枕人头，食人肉，菹人肝，饮人血，甘之刍豢。"《览冥》。盖其虐用其民如此。而又重之以首功之法，虐及于老弱妇人。嗟乎！战国之世，生民尚安有孑遗哉？

〔一三四〕女子从军

后世女子罕从征战,偶有其事,人遂诧为异闻;若返之于古,则初无足异也。《商君书·兵守》篇曰:"壮男为一军,壮女为一军,男女之老弱者为一军,此之谓三军也。壮男之军,使盛食厉兵,陈而待敌。壮女之军,使盛食负垒,陈而待令;客至而作土以为险阻,及耕格阱,发梁撤屋,给从从之,不洽而燹之,朱师辙《解诂》曰:"当作给徙之,不给而燹之。"使客无得以助攻备。老弱之军,使牧牛马羊彘,草水之可食者,收而食之,以获其壮男女之食。"《墨子·备城门》篇曰:"守法:五十步丈夫十人,丁女二十人,老小十人。"又曰:"广五百步之队,紫同术。丈夫千人,丁女子二千人,老小千人。"又曰:"诸作穴者五十人,男女相半。"盖兵亦役之一,古役固男女皆与也。《周官·地官》小司徒:"上地家七人,可任也者家三人。中地家六人,可任也者二家五人。下地家五人,可任也者家二人。"《注》曰:"可任,谓丁强任力役之事者。出老者一人,其余男女强弱相半其大数。"则女子从役,汉人犹知其义矣。《商君书·竟内》篇,皆言稽众寡以备师役之事,而曰"四竟之内,丈夫女子,皆有名于上,生者著,死者削",亦以此也。

《史记·田单列传》谓单"身操版插,与士卒分功,妻妾编于行伍之间。令甲卒皆伏,使老弱女子乘城。"《平原君列传》:李谈说以"令夫人以下,编于士卒之间,分功而作"。而武安君言赵不可伐,亦曰:"至于平原君之属,皆令妻妾补缝于行伍之间。"《战国·中山策》。知墨子、商君皆非冯亿之谈也。楚之围汉王荥阳也,汉王夜出女子荥阳东门被甲二千人,《史记·项羽本纪》。知其时之女子,犹可调发。《左氏》哀公元年:楚子围蔡,"蔡人男女以辨。"《注》曰:"辨,别也。男女各别,系累而出降。"襄公二十五年:齐人"男女以班",班即辨也。陈侯"使其众男女别而累,以待于朝",别亦即班也。出降必异男女,以其平时本各为军也。《周书·大武》曰:"三敛,一男女比。"盖亦谓各为一军矣。

《商君书》曰:"慎使三军无相过。壮男过壮女之军,则男贵女而奸民有从谋,而国亡。喜与其恐有蚤闻,案此句有讹。勇民不战。壮男壮女过老弱之军,则老使壮悲,弱使强怜;悲怜在心,则使勇民更虑,而怯民不战。故曰:慎使三军无相过,此盛力之道。"《兵守》篇。案古之为军者,使壮男壮女各为军,而男女之老弱者各为一军,则其视丁壮老弱之差,甚于男女之异也。野蛮人之分党,固多以其年齿。然则三军之法,由来旧矣。

《书·费誓》曰:"马牛其风,臣妾逋逃,勿敢越逐。"《疏》曰:"古人或以妇女从军,故云臣妾逋逃也。"则厮徒中亦有妇女矣。

《三国·魏志·武帝纪》:兴平二年,吕布"从东缗与陈宫将万余人来战,时太祖兵少,设伏,纵奇兵击,大破之。"《注》引《魏书》曰:"于是兵皆出取麦,在者不能千人,屯营不固。太祖乃命妇人守陴,悉兵拒之。"则女子从军,汉末犹有之也。又《蜀志·杨洪传》:"先主争汉中,急书发兵,诸葛亮以问洪,洪曰:汉中,益州咽喉,存亡之机会,若无汉中则无蜀矣,此家门之祸也。方今之事,男子当战,女子当运,发兵何疑?"此虽不令女子当前敌,亦未尝不与于发兴也。

原刊《光华附中第二十二届毕业纪年刊》,一九三九年出版

〔一三五〕守　险

《左氏》僖公三十年：秦晋围郑，郑使烛之武见秦伯，曰："越国以鄙远，君知其难也，焉用亡郑以倍邻？"俞理初曰："越国鄙远，春秋战国时最多。此言晋大国，数欺秦，秦难越之以鄙远，明他国不难也。至晋文公卒，秦潜师欲得郑，是谓晋襄无能为，欲循越国鄙远之事。"《癸巳类稿·越国鄙远义》。案越国鄙远之所以多，以春秋列国不守关塞。顾复初《春秋大事表》论之甚明。其所由然，则以此时地广人希，山林之地，未尽开拓，率为戎狄所据故也。古之所谓险者，皆专指国都而言。故《易》言"王公设险以守其国"，《坎象辞》。孟子言"固国不以山溪之险"，《公孙丑》下。戒人勿以是为险，明时人以此为险者尚多。郑庄公曰："制，岩邑也，虢叔死焉。"《左氏》隐公元年。恃险而亡，即恃其城之险而已。《穀梁》曰："夏阳者，虞、虢之塞邑也；灭夏阳而虞、虢举矣。"僖公二年。虽非都城，然恃一邑以为屏蔽，亦制之类也。城濮之役，晋侯患楚，子犯曰："战也。战而捷，必得诸侯；若其不捷，表里山河，必无害也。"《左氏》僖公二十八年。平公言晋有三不殆，国险为其一。司马侯诤以"四岳、三涂、阳城、大室、荆山、中南，九州之险也，是不一姓。"昭公四年。魏武侯浮西河而下，中流，顾而谓吴起曰："美哉乎山河之固，此魏国之宝也！"起对曰："在德不在险。昔三苗氏左洞庭，右彭蠡，德义不修，禹灭之。夏桀之居，左河济,右泰华,伊阙在其南,羊肠在其北,修政不仁,汤放之。殷纣之国,左孟门,右太行,常山在其北,大河经其南,修政不德,武王杀之。"《史记·吴起列传》。皆非专指都邑所在。刘敬说汉高祖曰:"秦地被山带河,四塞以为固,卒然有急,百万之众可具也。因秦之故,资甚美膏腴之地,此所谓天府者也。"《刘敬列传》。"左右大臣多关东人,多劝上都雒阳:雒阳东有成皋,西有殽黾,倍河,向伊雒,其固亦足恃。留侯曰:雒阳虽有此固,其中小,不过数百里,田地薄,四面受敌,此非用武之国也。夫关中左殽函,右陇蜀,沃野千里,南有巴蜀之饶,北有胡苑之利。阻三面而守,独以一面东制诸侯。诸侯安定,河渭漕挽天下,西给京师;诸侯有变,顺流而下,足以委输。此所谓金城千里,天府之国也。刘敬说是也。"《留侯世家》。则兼人力物力言之,规模弥恢廓矣。此战守形势之变,实亦社会情形今古不同之所致也。

《盐铁论·险固》:大夫言:"楚自巫山起方城,属巫、黔中,设扞关以御秦。秦苞商、洛、崤、函,以御诸侯。韩阻宜阳、伊阙,要成皋、太行,以安周郑。魏滨洛筑城,阻山带河,以保晋国。赵结飞狐、句注、孟门,以存荆、代。燕塞碣石,绝邪谷,绕援辽。齐抚阿、甄,关荣、历,倚泰山,负海、河。梁关者,邦国之固,而山川社稷之宝也。"而文学驳之曰:"《传》曰:诸侯之有关梁,非升平之兴,盖自战国始也。"此足为顾复初之说之证。然屈完对齐桓公曰:"楚国方城以为城,汉水以为池,虽众无所用也。"《左氏》僖公四年。即设扞关之渐;晋使詹嘉守桃林,文公十三年。女宽守阙塞,昭公二十六年。亦韩阻宜阳、伊阙之渐也。故凡事必以渐兴。

隆古之世,兵争烈而生事鼓,设都专务守险。其后道路渐通,通工易事益盛,则都邑渐移于平地矣。刘敬言周公营成周雒邑,以为此天下之中,诸侯四方纳贡职道里均,有德易以王,无德易以亡。凡居此者,欲令周务以德致人,不欲依阻险,令后世骄奢以虐民。《刘敬列传》。乃儒家之说,非事实也。平夷之地,无险可冯,脱有兵争,乃专恃人力所筑之城以为卫。孟子说滕文公,所谓"凿斯池也,筑斯城也,与民守之"是也。《梁惠王》下。人力所设之险,终不如天然之险;亦且人力有限,不能遍设。故春秋时大举侵伐,无不直傅国都,列城罕能坚拒;即战国时犹然,特其时列国拓土较广,国中大都邑较多,故攻取较难耳。此实非固圉之道。而大兵一至,列城望风而靡,人民为敌系虏,禾稼为敌蹂践,屋舍为敌焚烧,甚至于井湮木刊,元气久而不复,尤非卫民之道。事势所逼,而设关守隘之事起焉。诸侯之会于鲁济而伐齐也,齐侯御诸平阴,堑防门而守之,广里。夙沙卫曰:"不能战,莫如守险。"《注》:"谓防门不足为险。"弗听。晋师卒入平阴,遂从齐师。夙沙卫连大车以塞隧而殿。殖绰、郭最曰:"子殿国师,齐之辱也。子姑先乎!"乃代之殿。卫杀马于隘以塞道,二子遂为州绰所得。鲁、卫请攻险,晋人盖弗听,故齐大子与郭荣谓其"师速而疾,略也",以止齐侯之行。齐是时盖恃夙沙卫之塞隧以全其师,亦恃守险者与都城相犄角,故晋人弗敢攻也。《左氏》襄公十八年。齐侯之围成也,孟孺子速徼之,齐侯去之。速遂塞海陉之道而还。襄公十六年。《注》:"海陉,鲁隘道。"邾人之城翼也,还,将自离姑。公孙鉏曰:"鲁将御我。"欲自武城还,循山而南。徐鉏、丘弱、茅地曰:"道下,遇雨,将不出,是不归也。"遂自离姑。武城人塞其前,断其后之木而弗殊。邾师过之,乃推而蹷之。遂取邾师,获鉏、弱、地。昭公二十三年。此皆以人力塞往来之路,与夙沙卫之所为同。至晋御秦师于崤,僖公三十三年。吴要楚于皋舟之隘,襄公十四年。则因天然之险矣。

《击鼓》之诗曰:"爰居爰处,爰丧其马。于以求之,于林之下。"《笺》曰:"求不还者及亡其马者,当于山林之下。军行必依山林,求其故处近得之。"《疏》引肆师云:"祭兵于山川。"《注》云:"盖军之所依止也。"案邲之战,赵旃使二子下,指木曰"尸女于是",其事也。是役也,晋师在敖、鄗之间。而赵旃致师,楚王乘左广以逐,旃弃车而走林,足见驱驰虽于平地,屯止必依山林矣。《左氏》宣公十二年。鄢陵之战,楚师薄于险,亦由是也。成公十六年。《易·师》六四:"师左次,无咎。"《注》曰:"行师之法,欲右背高,故左次之。"《疏》曰:"此兵法也。故《汉书》韩信云:兵法欲右背山陵,前左水泽。"城濮之战,楚师背酅而舍,盖其事。

后世都邑虽稍移于平地,然丧败之时,仍依山为固。夫椒之败,"越子以甲楯五千保于会稽"是也。《左氏》哀公元年。《注》:"上会稽山也。"吴之溃也,"吴王帅其贤良,与其重禄,以上姑苏。"云上,盖亦山名。《史记·越世家》云:"越遂复栖吴王于姑苏之山。"韦昭曰:"姑苏宫之台也,在吴阊门外,近湖。"《国语·越语》。恐非。鲁昭公之伐季氏也,平子登台以请;公山不狃、叔孙辄之袭鲁也,定公与三子入于季氏之宫,登武子之台;见《左氏》昭公二十五年,定公十二年。此皆仓卒之际,暂避敌锋,亦非所以御大敌也。

古约战多于平地。秦、晋河曲之役,臾骈欲薄诸河,胥甲、赵穿当军门呼曰:"不待期而薄人于险,无勇也。"文公十二年。可见偏战之必在平地矣。鞌之战,齐师败绩,逐之三周华不注;与鄢陵之战,楚师之薄于险,因皆不获登山以自固,是兵行虽依山陵,约战必于平地也。隐公四年:"诸侯之师败郑徒兵。"《注》云:"时郑不车战。"盖以国都无所用车之故。宣公十二年,楚子围郑,郑人卜巷出车,亦由是也。

《春秋》僖公三年:"徐人取舒。"《左氏疏》曰:"诸侯相灭亡者,多是土壤邻接,思启封疆。今检杜《注》,徐在下邳,舒在庐江,相去甚遥,而越境灭国,无传无注,不知所以。"案俞理初所举证甚多,实尚其荦荦大者,若细疏之,则尚不止此。且灭国而不有者亦多矣,疏家之言,殊灭裂也。

〔一三六〕交 绥

《左氏》文公十二年:"乃皆出战,交绥。"杜《注》曰:"《司马法》曰:逐奔不远,从绥不及。逐奔不远则难诱,从绥不及则难陷。然则古名退军为绥。秦、晋志未能坚战,短兵未至争而两退,故曰交绥。"《正义》曰:"《魏武令》引《司马法》云:将军死绥。旧说:绥,却也,言军却,将当死。绥必是退军之名。绥训为安。盖兵书务在进取,耻言其退,以安行即为大罪,故以绥为名焉。"然则交绥乃不战而退。而世以为战无胜负之称,误矣。《公羊》于是年及文公七年令狐之战,皆曰:"何以不言师败绩?敌也。"《解诂》曰:"俱无胜负。"昭公十七年楚、吴长岸之战,亦曰:"诈战不言战,此其言战何?敌也。"《解诂》曰:"俱无胜负,不可言败,故言战也。"然则战无胜负者,正当以敌为称耳。

〔一三七〕国　士

豫让曰：范、中行氏众人遇我，我故众人报之；知伯国士遇我，我故国士报之。《史记·刺客列传》。国士，谓国中战斗之士，即《左氏》成公十六年所谓"国士在且厚"，哀公八年所谓"不足以害吴，而多杀国士"者也。古之精兵，皆萃于国都，而王卒尤强。《左氏》桓公八年，季梁谓随侯曰："楚人尚左，君必左，无与王遇。且攻其右，右无良焉，必败。偏败，众乃携矣。"少师不能用其谋，卒致败绩。鄢陵之战，苗贲皇言于晋侯曰："楚之良，在其中军王族而已。请分良以击其左右，而三军萃于王卒，必大败之。"成公十六年。声子谓"晋人从之，楚师大败"，襄公二十六年。即用是谋以制胜者也。是役也，却至以"王卒以旧"，为楚六间之一，其王卒盖亦不尽精良。然子反谓"臣之卒实奔"，则王卒犹未败也。哀公八年，吴为邾故伐鲁，微虎欲宵攻王舍。季孙虽以或人之言止微虎，然吴子闻之，犹一夕三迁。哀公十一年，齐之伐鲁也，季氏之甲七千，冉有以武城人三百为己徒卒，次于雩门之外，五日而后右师从之，盖借精强以作士气。及战，冉有用矛于齐师，故能入其军。师获甲首八十，齐人不能师。其所帅，盖亦国士之选矣。鲁旋会吴伐齐，战于艾陵。齐、吴之上军皆败，吴王卒助之，乃大败齐师。哀公十一年。可见吴亦如楚，国士萃于中军也。

定公九年:"晋车千乘在中牟。卫侯将如五氏,卜过之,龟焦。卫侯曰:可也。卫车当其半,寡人当其半,敌矣。乃过中牟。中牟人欲伐之,卫褚师圃亡在中牟,曰:卫虽小,其君在焉,未可胜也。"可见虽小国,公卒亦甚精强也。《诗·常武疏》曰:"诸侯三军,分为左右,可得有中军焉。天子六军,而得有中军者,亦当分之为三,中与左右各二军也。《春秋》桓五年,蔡人、卫人、陈人从王伐郑,《左传》曰:王为中军,虢公林父将右军,周公黑肩将左军。是天子之军分为左右之事也。"案《吴语》:句践伐吴,"中分其师,以为左右军,以其私卒君子六千人为中军。"则君为中军,乃列国行军之常,初不必天子而后如是。而国君亦自有其私属。卫侯所谓寡人当其半者,即指此私属言,非谓挺身以当晋师也。然则人君之私属,力侔于与国之车矣。《书·甘誓》:"大战于甘,乃召六卿。"孙星衍《尚书·今古文注疏》云:"郑注《周礼》大司马云:天子六军,三三而居一偏。贾谊《新书》云:纣将与武王战,纣陈其卒,左臆右臆。是天子亲征,王为中军,六卿左右之也。"

《大戴记·虞戴德》曰:"诸侯相见,卿为介,以其教士毕行。"《荀子·大略》同,士误作出。教士,谓曾经教习之士。《管子·小匡》言作内政寓军令,而曰"君有此教士三万人,以横行于天下"者也。《兵法》篇五教之法:"一曰教其目以形色之旗,二曰教其身以号令之数,三曰教其足以进退之度,四曰教其手以长短之利,五曰教其心以赏罚之诚。"此乃胥卒伍而教之,即《周官》大司马之职,非于其人有所去取也。然人固有强弱之殊,其后遂有所简汰。《吴子·图国》曰:"强国之君,必料其民:民有胆勇气力者,聚为一卒;乐以进战效力,以显其忠勇者,聚为一卒;能逾高超远,轻足善走者,聚为一卒;王臣失位,而欲见功于上者,聚为一卒;弃城去守,欲除其丑者,聚为一卒。此五者,军之练锐也。有此三千人,内出可以决围,外入可以屠城矣。"《史记·越世家》言:"句践发习流二千,教士四万人,君子六千人，诸御千人。"习流，盖水军；教士，《吴越春秋》作俊士，盖《吴子》所谓有胆勇气力，乐以进战效力，能逾高超远，经足善走者。《左氏》言檇李之战，句践使罪人三行，属剑于颈而自刭，以乱吴师之目；定公十四年。鸡父之战，吴亦以罪人三千，先犯胡、沈与陈，昭公二十三年。则《吴子》所谓王臣失位若弃城去守之伦也。此已开谪发之先声矣。君子、诸御，盖王之贵臣亲臣，其所率，即所谓国士也。《越语》言"吴王帅其贤良，与其重禄，以上姑苏"，盖亦越君子、诸御之类。

《礼记·月令》：孟夏之月，"命太尉，赞桀俊，遂贤良，举长大。"孟秋之月，"命将帅选士厉兵，简练桀俊。"桀俊，即《吴越春秋》所谓俊士，《国语》所谓贤良也。然则凡诸美称，其初皆指战士言之，可见古人之好斗矣。举长大，《疏》引王肃云："举形貌壮大者。"盖形貌壮大者，多有勇力，此亦简选之一道也。《荀子》言魏氏之武卒，以度取之；《议兵》。《六韬》武车士，武骑士，皆取四十以下，长七尺五寸以上者，是其制。

《史记》又言越伐吴之后，四年复伐之。吴士民罢弊，轻锐尽死于齐、晋，越大破吴，因留围之，三年而栖吴王于姑苏之山。士民，谓凡卒伍，轻锐则其选锋也。《吕览·古乐》言："武王即位，以六师伐殷，六师未至，以锐兵克之于牧野。"盖以六国时制附会古事。然《六月》之诗曰："元戎十乘，以先启行。"《毛传》曰："夏后氏曰钩车，先正也；殷曰寅车，先疾也；周曰元戎，先良也。"《疏》曰："夏后氏曰钩车，殷曰寅车，周曰元戎，《司马法》文也。先疾，先良，《传》因名以解之。"则以精锐为前驱，三代久有之矣。《吕览·简选》曰："吴阖庐选多力者五百人，利趾者三千人，以为前陈。"《墨子·非攻》言阖庐之士，奉甲执兵，奔三百里而舍。《荀子·议兵》言魏氏之武卒，"衣三属之甲，操十二石之弩，负服矢五十个，置戈其上，冠胄带剑，赢三日之粮，日中而趋百里。"皆所谓良与疾者也。《史记·秦本纪》言:"恶来有力,飞廉善走,父子俱以材力事殷纣。"盖良与疾,为战陈之所尚久矣。

《管子·问》篇:"士之急难可使者几何人?吏之急难可使者几何人?问兵官之吏,国之豪士,其急难足以先后者几何人?"此平时料民之法也。《墨子·备水》:"先养材士,为异舍,食其父母妻子以为质。"此将帅简士之法也。《史记》言李牧居代,先使边士习骑射,"乃具选车得千三百乘,选骑得万三千匹,百金之士五万人,彀者十万人。"《廉颇蔺相如列传》。此教其民而后简而用之之法也。《左氏》襄公三年:"楚子重伐吴,为简之师。"《注》:"简,选练。"此出军时简选之法。二十五年:子强以私卒诱吴,曰"简师陈以待我"。此临战时简选之法。哀公二十七年:晋荀瑶伐郑,陈成子救之,属孤子,三日朝;设乘车两马,系五邑焉,召颜涿聚之子晋,使服车而朝。此亦所谓简之师也。违谷七里,谷人不知,其整如此。宜荀瑶之避之矣。

《国语·吴语》:句践伐吴,"命有司大徇于军,曰:有父母耆老而无昆弟者,以告。王亲命之曰:我有大事,子有父母耆老,而子为我死,子之父母将转于沟壑,子为我礼已重矣。子归,殁而父母之世。后若有事,吾与子图之。明日,徇于军,曰:有兄弟四五人皆在此者,以告。王亲命之曰:我有大事,子有昆弟四五人皆在此,事若不捷,则是尽也。择子之所欲归者一人。明日,徇于军,曰:有眩瞀之疾者,以告。王亲命之曰:我有大事,子有眩瞀之疾,其归若已。后若有事,吾与子图之。明日,徇于军,曰:筋力不足以胜甲兵,志行不足以听命者归,莫告。"此振作士气之术,而汰弱留强之道亦寓焉。《史记·信陵君列传》:既杀晋鄙,"下令军中曰:父子俱在军中,父归;兄弟俱在军中,兄归;独子无兄弟,归养。得选兵八万人,进兵击秦。"亦是道也。得精强之兵,而又免于多杀,亦用兵之仁术矣。

〔一三七〕国　士

《左氏》哀公十七年："越伐吴,为左右句卒。"《注》："句卒,钩伍相著,别为左右屯。"案庄公四年："楚武王荆尸,授师孑焉以伐随。"《注》曰："扬雄《方言》：孑者,戟也。楚始于此参用戟为陈。"《疏》曰："郭璞云：取名于钩孑也。戟是击刺之兵,有上刺之刃,又有下钩之刃,故以钩孑为名。"句卒疑亦取义于此。谓能击刺之卒,犹言剑客也。此亦必简选之士。

古王卒固特精,而在君之左右者,尤必特有勇力。泓之战,宋襄公伤股,门官歼焉。《左氏》僖公二十二年。《祈父》之诗曰："祈父,予王之爪牙,胡转予于恤,靡所止居。"郑《笺》曰："此勇力之士责司马之辞也。我乃王之爪牙,爪牙之士,当为王闲守之卫,女何移我于忧,使我无所止居乎？六军之士,出自六乡,法不取于王之爪牙之士。"此可见王卒之别有其人也。门官必在公之左右者也。骖乘者左必善射,右必有勇力,盖简材武之士以卫将帅最古之法。《周官·夏官》司右："凡国之勇力之士,能用五兵者属焉。"亦简拔材士之职也。又"环人掌致师",《注》曰："环,犹却也。以勇力却敌。""古者将战,先使勇力之士犯敌焉。"此摧锋陷陈之选,其所属,亦必简选之士也。

《孟子》言："武王之伐殷也,革车三百两,虎贲三千人。"《尽心》下。《吕览》则言："武王虎贲三千人,简车三百乘。"《简选》。案《周官》："虎贲氏掌先后王而趋以卒伍,军旅会同亦如之。舍则守王闲。王在国则守王宫,国有大故则守王门,大丧亦如之。"则虎贲盖王之亲卫也。

古人君多能养士者,在春秋时,则齐庄公、栾盈其最也。亦皆能食其报。《左氏》于此二人多贬辞,则以其书出自三晋,不足据也。平阴之役,夙沙卫连大车以塞隧而殿。殖绰、郭最曰：子殿国师,齐之辱也。子姑先乎！乃代之殿。卫杀马于隘以塞道,二子遂为州绰所得,《左氏》襄公十八年。寺人之不可用如此。然寺人而能殿师,亦见齐庄之多士矣。殖绰、郭最，非不能斗而死，盖不欲轻死也。齐侯之报平阴也，《左氏》备载诸臣之名，《注》谓见其废旧臣，任武力。襄公二十三年。诸臣有所表见者，申鲜虞奔晋，仆赁于野，以丧庄公；襄公二十七年。卢蒲癸、王何卒杀庆舍；襄公二十八年。皆国士之节也。华周、杞梁仗节死绥，襄公二十三年。无论矣，乃其妻亦烈女。见《孟子·告子》下、《礼记·檀弓》、《列女·贞顺传》。庄公之死也，尽节者有贾举、州绰、邴师、公孙敖、封具、铎父、襄伊、偻堙；乃至司祭之祝佗父，侍渔之申蒯，在外之籧篨，亦皆不肯苟免，可不谓之多士矣乎？观申鲜虞出奔时之从容，其爱其身以有为可知，岂有殖绰、郭最甘为降虏者乎？殖绰后归卫，伐茅氏，杀晋戍三百人，孙蒯追之，弗敢击，亦可见其勇。事见襄公二十六年。州绰晋臣，而为庄公死，此豫让所谓国士遇我，国士报之者也。乐王鲋谓范宣子曰：盍反州绰、邢蒯，勇士也。宣子曰：彼栾氏之勇也，余何获焉？王鲋曰：子为彼栾氏，乃亦子之勇也。襄公二十一年。君子违不适雠国，鲋可谓浅之乎测丈夫矣。栾氏之臣，为宣子所杀者，曰箕遗、黄渊、嘉父、司空靖、邴豫、董叔、邴师、申书、羊舌虎、叔罴；奔齐者，州绰、邢蒯而外，又有知起、中行喜。自州绰外，其志行多不可考。然观胥午之觞曲沃人也，"乐作，午言曰：今也得栾孺子，何如？皆曰：得主而为之死，犹不死也。"襄公二十三年。则其多死士可知，诸臣之志行，亦从可想矣。此等死士，欲有所图者恒求之。伍员之于专设诸，昭公二十年。白胜之于熊宜僚，哀公十六年。皆是。石乞宁死而不肯言白公所在，亦义士也。或为后人所称道，或为后人所讥评，亦有幸有不幸而已矣。《史记·卫世家》："釐侯卒，太子共伯余立。共伯弟和，有宠于釐侯，多予之赂。和以其赂赂士，以袭攻共伯于墓上，共伯入釐侯羡，自杀。"和立。此亦犹公子光之于王僚也。

此等勇士，往往深沈有谋，非徒年少椎锋也。卢蒲癸其征也。秦伯终用孟明，增修国政，卒以胜晋而霸西戎。然其初为之劳师袭远，不虞二陵之难，亦椎锋之士也。子期之将死也，曰："昔者吾以力事君，不可以弗终。"抉豫章之木以杀人而后死。哀公十六年。子期楚贤相，然亦以力闻矣。不特此也，微虎欲宵攻王舍，私属徒七百人，三踊于幕庭，卒三百人，有若与焉。哀公八年。其后齐伐鲁，战于郊，齐师自稷曲，师不逾沟。樊迟曰："非不能也，不信子也。请三刻而逾之。"如之。众从之。而冉有用矛于齐师。哀公十一年。则孔门弟子殆无不能从行陈者。又不特此也，《列子》曰："孔子之劲，能拓国门之关，而不肯以力闻。"《说符》。《列子》虽伪书，此语当有所本。然则孔子身亦能武矣。儒者之贵礼让也，所以免争夺相杀之祸也，而岂曰选耎见侮不敢校哉？

《郊特牲》曰："春飨孤子，秋食耆老。"《周官·天官》外饔："邦飨耆老孤子，则掌其割亨之事。飨士庶子亦如之。"《注》曰："孤子者，死王事者之子也。士庶子卫王宫者，若今时之飨卫士矣。"《疏》曰："云邦飨耆老者，谓死事者之父祖。"《管子·问篇》："问死事之孤，其未有田宅者有乎？问死事之寡，其饩廪何如？"则古于死事者之家，皆有特惠，陈成子之所为，亦犹行古之道也。汉世之羽林孤儿，犹其遗法。

《吴子》料民，以逾高超远、轻足善走为一科。轻足善走，纣之飞廉，吴王之利趾其选也。逾高超远，魏犨之距跃三百、曲踊三百其选乎？《左氏》僖公二十八年。杜《注》曰："距跃，超越也。曲踊，跳踊也。"微虎之三踊，盖曲踊之类。《史记·王翦列传》："使人问军中戏乎？对曰：方投石超距。"超距则距跃之类也。投石者，《左氏》谓"齐高固入晋师，桀石以投人"，其事也。《左氏》成公二年。又十六年，"叔山冉搏人以投，中车折轼。"则以仓卒之间，无石可用故也。知投亦为古之一技。《集解》曰："徐广曰：超，一作拔。骃案《汉书》云甘延寿投石拔距，绝于等伦。张晏曰：《范蠡兵法》，飞石重十二斤，为机发，行三百步,延寿有力,能以手投之。"此说似泥。桀石自为一技,不论石之重轻也。《左氏》桓公五年,"旝动而鼓。"《疏》云:"贾逵以旝为发石,一曰飞石,引《范蠡兵法》作飞石之事以证之。《说文》亦云建大木,置石其上,发其机以追闽本、监本、毛本作礟。敌,与贾同也。"以此释《左氏》亦非。《左》襄十年:"荀偃、士匄帅卒攻偪阳,亲受矢石。"《疏》曰:"服虔云:古者以石为箭镝。若石是箭镞,则犹是矢也,何须矢石并言?杜言在矢石间,则不以石为矢也。《周礼》职金:凡国有大故而用金石,则掌其令。郑玄云:用金石者,作枪雷之属。雷即礌也。兵法:守城用礌石以击攻者。"是殆所谓飞石之类欤?

《韩非子·外储说左下》:"少室周者,古之贞廉洁悫者也,为赵襄主力士。与中牟徐子角力,不若也,入言之襄主以自代也。襄主曰:子之处,人之所欲也,何为言徐子以自代?曰:臣以力事君者也。今徐子力多臣,臣不以自代,恐他人言之而为罪也。一曰:少室周为襄主骖乘,至晋阳,有力士牛子耕,与角力而不胜。周言于主曰:主之所以使臣骖乘者,以臣多力也,今有多力于臣者,愿进之。"曰以力事君,则子期之类也。骖乘盖车右之职。

〔一三八〕致　师

《周官·夏官》：环人，掌致师。《注》曰："环，犹却也，以勇力却敌。"又曰："古者将战，先使勇力之士犯敌焉。"案"致"之义，一为达之使往，一为引之使来。致师之事，见于《左氏》者，皆意在引敌出战，宣公十二年楚乐伯、晋赵旃，成公二年齐高固，襄公二十四年晋张骼、辅跞。即兵法致人而不致于人之"致"也。初不以此决胜负，然古自有以数人之格斗决胜负者。《隋书·流求传》曰："国人好相攻击。诸洞各为部队，不相救助。两阵相当，勇者三五人出前跳噪，交言相骂，因相击射。如其不胜，一军皆走，遣人致谢，即共和解。"《春秋》僖公元年："公子友帅师败莒师于郦，获莒挐。"《穀梁》曰："内不言获，此其言获，何也？恶公子之给。给者奈何？公子友谓莒挐曰：吾二人不相说，士卒何罪？屏左右而相搏。公子友处下，左右曰：孟劳。孟劳者，鲁之宝刀也。公子友以杀之。"《史记·项羽本纪》："项王谓汉王曰：天下匈匈数岁者，徒以吾两人耳。愿与汉王挑战，决雌雄，毋徒苦天下之民父子为也。"即公子友谓莒挐之言也。《集解》引李奇曰："挑，身独战，不复须众也。"又引臣瓒曰："挑战，擿娆敌求战，古谓之致师。"前说于项王、季友之事为合，后说于《左氏》所载诸事为合。窃疑古亦有如流求胜负决于一二人之格斗者。后虽胜败决于全军，然以一二勇士与敌决斗之俗犹存，其意则变为擿娆敌求战，又或敌来而却之也。《左氏》僖公二十八年："晋侯梦与楚子搏，楚子伏己而盬其脑，是以惧。子犯曰：吉。我得天；楚伏其罪，吾且柔之矣。"杜《注》谓"子犯审见事宜，故权言以答梦"，其说是也。古相搏盖以处下者为负，即《穀梁》所谓公子友处下者也。《穀梁》之言，未合经义，然自出旧闻。或以相搏安得带刀疑之。然赵旃之致师也，屈荡搏之，得其甲裳；又鄢陵之战，叔山冉搏人以投，中车折轼。战斗之际，夫岂无兵？窃疑古相搏之法，不许用兵，彼此皆能遵守，是以莒挐不虞季友之佩孟劳，而传者恶季友之绐也。

《左氏》昭公二十一年：公子城遇华豹，"城还。华豹曰：城也！城怒而反之。将注，豹则关矣。豹射，出其间。城与其御子禄之间。将注，则又关矣。曰：不狎，鄙。抽矢。城射之，殪。"《注》曰："狎，更也。"《疏》曰："城谓豹：汝频射我，不使我得更递，是为鄙也。豹服此言，故抽矢而止。"又哀公十六年：许公为遇子伯季子，"曰：与不仁人争，明无不胜。必使先射。射三发，皆远许为。许为射之，殪。"相射以得更递为常，盖亦古战斗之法。《疏》谓华豹不达军礼，非也。

《三国·魏志·吕布传注》引《英雄记》曰："郭汜在城北。长安城。布开城门，将兵就汜，言：且却兵，但身决胜负。汜、布乃独共对战，布以矛刺中汜，汜后骑遂前救汜，汜、布遂各两罢。"此亦公子友、莒挐之所为也。众共前救，已非独身挑战之法矣。又《许褚传》："太祖与遂、超等单马会语，左右皆不得从，唯将褚。超负其力，阴欲前突太祖，素闻褚勇，疑从骑是褚。乃问太祖曰：公有虎侯者安在？太祖顾指褚，褚瞋目盼之。超不敢动，乃各罢。"负力而欲于会语之间突人，虽得志，心为勇士所羞矣。

〔一三九〕古师行多侵掠

《穀梁》曰："古者大国过小邑，小邑必饰城而请罪，礼也。"襄公二十五年。此非谓大国来侵，谓其兵之过竟者耳。《左氏》成公六年："晋伯宗、夏阳说等侵宋，师于鍼，卫人不保。说欲袭卫，曰：虽不可入，多俘而归，有罪不及死。"八年："郑伯将会晋师，门于许东门，大获焉。"《注》曰："过许，见其无备，因攻之。"则春秋时，此等乘机侵略之事甚多。隐公七年，"戎伐凡伯于楚丘以归。"《公羊》、《左氏》皆以为戎狄，《穀梁》以为卫人，未知孰是，然其为要遮劫夺则一也。《左氏》桓公九年："巴子使韩服告于楚，请与邓为好。楚子使道朔将巴客以聘于邓。邓南鄙鄾人攻而夺之币，杀道朔及巴行人。"戎伐凡伯，盖亦利其币也。亦可谓野蛮矣。

〔一四〇〕兵　食

《论语·颜渊》:"子贡问政。子曰:足食,足兵,民信之矣。子贡曰:必不得已而去,于斯三者何先?曰:去兵。子贡曰:必不得已而去,于斯二者何先?曰:去食。自古皆有死,民无信不立。"《管子·权修》曰:"地之守在城,城之守在兵,兵之守在人,人之守在粟。"此二说实相发明。各明一义,不相背也。

〔一四一〕古水战

古水战以南方为精。春秋时,吴、楚二国,水战甚多。《左氏》襄公二十四年,楚子为舟师以伐吴;昭公十九年,楚子为舟师以伐濮;二十四年,楚子为舟师以略吴疆;则人君且躬亲其役矣。《史记·张仪列传》:"仪说楚王曰:秦西有巴蜀。大船积粟,起于汶山,浮江以下,至楚三千余里。舫船载卒,一舫载五十人,与三月之食,下水而浮,一日行三百余里。里数虽多,然而不费牛马之力,不至十日而距扞关。"《苏秦列传》:苏代言秦告楚曰:"蜀地之甲,乘船浮于汶,乘夏水而下江,五日而至郢。汉中之甲,乘船出于巴,乘夏水而下汉,四日而至五渚。"盖舟行则士逸。吴之伐楚也,舍舟淮汭;《左氏》定公四年。其伐齐也,沟通江淮;哀公九年。又使徐承帅舟师自海入齐;哀公十年。越之伐吴也,亦使范蠡、后庸率师沿海溯淮,以绝吴路;《国语·吴语》。盖亦以此也。《吴子·应变》:"武侯问曰:吾与敌相遇大水之泽,倾轮没辕,水薄车骑,舟楫不设,进退不得,为之奈何?起对曰:此谓水战。无用车骑,且留其傍,登高四望,必得水情;知其广狭,尽其浅深,乃可为奇以胜之。敌若绝水,半渡而薄之。"《管子·轻重甲》:"桓公曰:天下之国,莫强于越。今寡人欲北举事孤竹、离枝,恐越人之至,为此有道乎?管子对曰:君请遏原流,大夫立沼池,令以矩游为乐,则越人安敢至?桓公曰:行事奈何?管子对曰:请以令隐三川,立员都,立大舟之都。大身之都有深渊,至十仞。令曰:能游者赐千金。疑当作十金。未能用金千,齐民之游水不避吴、越。桓公终北举事于孤竹、离枝。越人果至,隐曲蒮以水齐。管子有扶身之士五万人以待。战于曲蒮,大败越人。此之谓水豫。"北方之所谓水战,如此而已矣。

《左氏》僖公十三年:晋荐饥,使乞籴于秦。秦输粟于晋,自雍及绛相继,命之曰泛舟之役。则秦人久能以船运粟,然未闻其舫船载卒也。《史记·白起传》:"与赵将贾偃战,沈其卒二万人于河中。"似为北方舟战之始。

春秋时,吴、楚陆战,吴多胜,水战则楚多胜,盖以居上流故也。昭公十七年:"吴伐楚。阳匄为令尹,卜战,不吉。司马子鱼曰:我得上流,何故不吉。"果败吴于长岸,是其征也。然《墨子·鲁问》曰:"昔者楚人与越人舟战于江,楚人顺流而进,迎流而退。见利而进,见不利则其退难。越人迎流而进,顺流而退。见利而进,见不利则其退速。越人因此若势,亟败楚人。公输子自鲁南游楚,焉始为舟战之器,作为钩强之备,退者钩之,进者强之,量其钩强之长而制为之兵。楚之兵节,越之兵不节,楚人因此若势,亟败越人。"则自然之势,上流不足专恃,而又可以械器弥其阙。云公输般为楚制器,不足信;然楚人之有是器则实矣。此亦见水战之日精也。

附:战船之弊[①]

昔日战船之弊,大者有二:官吏侵渔,工匠偷减,造不如法,一也。无事时不加修理,日益敝坏,二也。水师之用,固不仅在船,而有事时船不可用,或且无船,则率由于此。

---

① 战船之弊,原书写于《古水战》文末,现用作附录。

〔一四二〕丘 甲

《春秋》成公元年:"作丘甲。"《穀梁》曰:"丘甲,国之事也。丘作甲,非正也。丘作甲之为非正,何也?古者立国家,百官具,农工皆有职以事上。古者有四民:有士民,有商民,有农民,有工民。夫甲,非人人之所能为也。"《公羊解诂》义同。《左氏》杜《注》谓使丘出甸赋,则《春秋》何不云赋而云甲乎?或曰:甲既非人人所能为,而安得使之?不知古甲皆用革;非人人所能为,谓为之不能功耳,非谓竟不能成其物也。惟僖公十五年晋作州兵,兵非工民不能为,或当敛其财,如哀公十二年之用田赋耳。杜《注》顾云使州长各缮甲兵,恐两失之也。

古者兵甲皆藏于官。《左氏》隐公十一年:郑将伐许,授兵于大宫;闵公二年:狄伐卫,将战,国人授甲者皆曰使鹤,是也。汉世犹有欲禁民藏弓弩者;而羌人久降伏,其叛也,至于执镜以象兵。知兵之散在民间者不多,揭竿斩木非虚语。此秦皇之所以能收天下兵。若如后世,铜铁遍布民间,其可胜敛邪?

汉世盗发,多先劫库兵。案藏甲兵之处曰库,自古已然。《左氏》襄公二十六年,"齐乌余袭我高鱼,有大雨自其窦入,介于其库",是也。亦曰军府。成公七年:"晋人以钟仪归,囚诸军府",是也。又曰武守。襄公九年,"宋灾,乐喜使工正出车,备甲兵,庀武守",是也。然则秦、汉时制度，犹多沿自古昔也。

古之兵，非特民间无有而已，即大夫家亦然。《礼运》曰："冕弁兵革，藏于私家，非礼也，是谓胁君。"《公羊》曰："家不藏甲，邑无百雉之城。"定公十二年。此古制也。春秋时，此制浸坏。故齐之陈、鲍，授甲以攻栾、高；《左氏》昭公十年。楚之郤宛，陈甲兵以观子常；昭公二十七年。而宋之皇非我，亦授甲以攻大尹。哀公二十六年。陈乞诳诸大夫曰："吾有所为甲，请以示焉。"《公羊》哀公六年。驷赤谓叔孙氏之甲有物，《左氏》定公十年。《注》："物，识也。"案此即物勒工名之法。则非徒藏之，又能自造之矣。然在外之臣，犹不能操兵而入国，故白公欲作乱，必诡称以战备献焉。《左氏》哀公十六年。

栾武子谓楚庄王："在军，无日不讨其军实而申儆之。"《左氏》宣公十二年。《注》曰："军实，军器。"则古于军实，视之盖甚重。晁错引《兵法》曰："器械不利，以其卒予敌也。"《汉书》本传。《吕览》曰："世有言櫌锄白梃可以胜人之长铫利兵，此不通乎兵者之论。"《简选》。自系平心之说。孟子言制梃以挞秦楚之坚甲利兵，《梁惠王》上。特极言之而已。即使有胜，亦仁之胜不仁，非白梃之胜长铫利兵也，固不容以辞害意。

〔一四三〕军与师

《白虎通·三军》篇:"国有三军何？所以戒非常,伐无道,尊宗庙,重社稷,安不忘危也。何以言有三军也？《论语》曰:子行三军,则谁与？《诗》云:周王于迈,六师及之。三军者何？法天地人也。以为五人为伍,五伍为两,四两为卒,五卒为旅,五旅为师,五师为军。二千五百人为师,万二千五百人为一军,三军三万七千五百人也。五旅为师下旧本误。《汉魏丛书》本据《太平御览》卷二百九十八改正。《传》曰:一人必死,十人不能当;百人必死,千人不能当;千人必死,万人不能当;万人必死,横行天下。虽有万人,犹谦让自以为不足,故复加二千人,因法月数。月者,群阴之长也。十二月足以穷尽阴阳,备物成功,万二千人,亦足以征伐不义,致天下太平也。《穀梁传》曰:天子有六军,诸侯上国三军,次国二军,下国一军。"此文为后人所窜乱。《管子·小匡》篇,述管子作内政寄军令之制曰:"五人为伍,轨长率之;十轨为里,故五十人为小戎,里有司率之;四里为连,故二百人为卒,连长率之;十连为乡,故二千人为旅,乡良人率之;五乡一师,故万人一军,五乡之师率之。君有此教士三万人,以横行于天下。"是古制实以万人为军;复加二千人,乃其特异之制。《白虎通》所谓师,即《管子》所谓旅。其言军制,当与《管子》大同小异。今为妄人以《周官》改之,并其三军法天地人之说,亦不可得闻矣。

《说文》以四千人为军，《一切经音义》引《字林》同，此古说之仅存者也。兵数不论多少，战时皆分为三军，见《诗·常武疏》。如是，万二千人，三分之，军适得四千人也。《公羊》隐公五年《解诂》曰："二千五百人称师。《礼》：天子六师，方伯二师，诸侯一师。"二千五百人为师，亦妄人所改，原文当云二千人为师。如是，则方伯之国，亦四千人。《穀梁》古文说与《周官》同，故《白虎通》更引之以备异说。今本《穀梁》云："古者天子六师，诸侯一军。"襄公十一年。说反合也。

《诗》言"六师及之"，《大雅·棫朴》。而《毛传》云"天子六军"，则军师二字，可以通用。《笺》云"二千五百人为师。今王兴师行者，殷末之制，未有《周礼》。《周礼》五师为军，军万二千五百人"，非也。《疏》云："郑之此言，未是定说。《郑志》：赵商问此笺，引《常武》整我六师，宣王之时，又出征伐之事，不称六军而称六师，不达其意。答曰：师者众之通名，故人多云焉。欲著其大数，则乃言军耳。此正答《常武》六师，而不申此笺之意，是其自持疑也。又临硕并引《诗》三处六师之文，案谓《棫朴》、《常武》，及《瞻彼洛矣》"以作六师"。以难《周礼》。郑释之云：春秋之兵，虽累万之众皆称师。《诗》之六师，谓六军之师。总言三文六师皆云六军，是亦以此为六军之意也。又《易·师卦注》云：多以军为名，次以师为名，少以旅为名。师者，举中之言。然则军之言师，乃是常称，不当于此独设异端。又《甘誓》云：乃召六卿。《注》云：六卿者，六军之将。《公刘笺》云：邰后稷上公之封，大国三军。《大誓注》云：六军之兵东行。皆在《周礼》之前，郑自言有六军三军之法，何故于此独言殷末？当是所注者广，未及改之耳。"郑之穿凿附会，自语相违，虽《疏》亦不能为之曲讳矣。《鲁颂》"公徒三万"，《閟宫》。与《齐语》"万人为一军"合。《笺》云："万二千五百人为军。大国三军，合三万七千五百人，言三万者，举成数也。"与《械朴笺》同病。

　　《说文》："军,圜围也。"《广雅》曰："军,屯也。"此为军字之本义。《左氏》成公十六年："郑子罕宵军之,宋、齐、卫皆失军。"言子罕宵围之,宋、齐、卫皆崩溃不复能屯驻也。兴师命将,虽无定法,然战争既烈,征发渐广,则多以命卿为将,故军字渐成卿所将众之专称。《公羊》襄公十一年："作三军。三军者何?三卿也。作三军何以书?讥。何讥尔?古者上卿下卿,上士下士。"《左氏》所载,晋之军制屡变。庄公十六年,王命曲沃伯以一军为晋侯。闵公元年,作二军。僖公二十七年,作三军。三十一年,作五军。文公六年,舍二军。成公三年,作六军。襄公十四年,舍新军。而文公六年,以赵成子、栾贞子、霍伯、臼季皆卒,舍二军;成公三年,以赏鞌之功,韩厥、赵括、巩朔、韩穿、荀骓、赵旃皆为卿,作六军;襄公十四年,知朔生盈而死,盈生六年而武子卒,彘裘亦幼,皆未可立,新军无帅,则舍之;皆其明证。郑氏谓师者众之通名,欲著其大数则言军;又谓多以军为名,次以师为名,少以旅为名;失其本义矣。古者"君行师从,卿行旅从",师即《管子》所谓五乡之师,旅则乡良人之所率也。然则《管子》言师旅之名,实较《周官》为古。

　　《管子》又言五鄙之法曰:"制五家为轨,轨有长;六轨为邑,邑有司;十邑为率,率有长;十率为乡,乡有良人;三乡为属,属有帅;五属一大夫。"案《小匡》之文,略同《齐语》。《齐语》曰:"制鄙。三十家为邑,邑有司;十邑为卒,卒有卒帅;十卒为乡,乡有乡帅;三乡为县,县有县帅;十县为属,属有大夫。五属,故立五大夫,各使治一属焉;立五正,各使听一属焉。"而《管子》下文云:"五属大夫退而修属,属退而修连,连退而修乡,乡退而修卒,卒退而修邑,邑退而修家。"则上文当作十邑为卒,三乡为连,十连为属,今本有夺误也。属之众凡九万人。《庄子·德充符》云:"勇士一人,雄入于九军。"疑即此制。

《释文》引崔、李云："天子六军，诸侯三军，通为九军也。"又引简文云："兵书以攻九天，收九地，故谓之九军。"恐皆非也。《左氏》襄公九年："二师令四乡正敬享。"此乡正，疑即《齐语》属立一正之正。

《周书·武顺》："五五二十五曰元卒，一卒居前曰开，一卒居后曰敦，左右一卒曰间，四卒成卫曰伯，三伯一长曰佐，三佐一长曰右，三右一长曰正，三正一长曰卿，三卿一长曰辟。"其法与《管子》又异。故知古制军之法甚多，《周官》所言，特其一耳。后人遇古书言军制者，辄以《周官》之法释之，宜其龃龉而不可通也。

〔一四四〕五　兵

《墨子·节用上》："其为甲盾五兵何？"《间诂》："《周礼》司兵云：掌五兵五盾，又军事建车之五兵。郑众注云：五兵者，戈、殳、戟、酋矛、夷矛。郑康成云：步卒之五兵，则无夷矛而有弓矢。《司马法·定爵》篇云：弓矢围，殳矛守，戈戟助。凡五兵，当长以卫短，短以救长。案五兵古说多差异，惟郑君与《司马法》合，当为定论。此甲、盾、五兵并举。而卫宏《汉旧仪》说五兵有甲铠；《周礼》肆师贾《疏》引《五经异义·公羊》说、《穀梁》庄二十五年范甯《注》、《曾子问》孔《疏》引《礼记隐义》、扬雄《太玄经·玄数》，说五兵并有盾，皆非也。"愚案《淮南·时则》："春其兵矛，夏其兵戟，注："戟或作弩也。"六月其兵剑，秋其兵戈，《御览》引作钺。冬其兵铩。"或是《墨子》所谓五兵。

〔一四五〕私　属

《左氏》宣公十一年：楚庄王让申叔时曰："夏徵舒为不道，弑其君，寡人以诸侯讨而戮之；诸侯、县公、皆庆寡人，女独不庆寡人，何故？"《疏》曰："《经》无诸侯，而云以诸侯讨之、诸侯皆庆者，时有楚之属国从行也。十二年邲之战，《经》不书唐，而《传》云唐侯为左拒；昭十七年长岸之战，《经》不书随，而《传》言使随人守舟；明此时亦有诸侯，但为楚私属，不以告耳。"案此说太拘。古封建郡县之制错行，人臣有世继者，则曰诸侯；而不然者，则曰县公而已矣。古卿大夫皆有私属，如宣公十七年：郤子请伐齐，晋侯弗许，请以其私属，又弗许；襄公二十五年：子彊、息桓、子捷、子骈、子盂以其私卒先击吴师，是也。僖公二十八年："子玉使伯棼请战，王怒，少与之师，惟西广、东宫与若敖之六卒实从。"《注》曰："六卒，子玉宗人之兵六百人。"宣公十二年："楚熊负羁囚知罃，知庄子以其族反之。"《注》云："族，家兵。"此即所谓私属，盖如辽之"头下军州"，其众固亦可从王事。此等卿大夫，世其家者，固亦可称诸侯也。楚既僭称王矣，其县尹称公，卿大夫又何不可称诸侯乎？《周官》有都司马、家司马之职，特听于国司马而已，其兵固不属于国也。

县亦有强弱。昭公十二年：楚灵王谓"今我大城陈、蔡、不羹，赋皆千乘";五年:蓬启强言晋"十家九县,长毂九百",县亦千乘,皆大国之赋也。成公六年:知庄子等谓"成师以出,而败楚之二县,何荣之有焉",则县不及千乘可知。

〔一四六〕教 士

《礼记·王制》:"有发,则命大司徒教士以车甲。"案《大戴记·千乘》曰:"司马司夏,以教士车甲。"此篇多与《王制》相发明。《王制》之司徒,盖司马之误。

〔一四七〕原　兵①

客有游倮罗者,曰:其人无不带兵,然止以御异类;人与人争,止于辨析是非而已,无相詈骂者,而斗殴无论矣。故虽人人带兵,无相杀伤之事。《墨子》曰:"古者圣人,为猛禽狡兽暴人害民,于是教民以兵行,日孙诒让曰:"疑当为曰。"带剑,为刺则入,击则断,旁击而不折,此剑之利也。甲,为衣则轻且利,动则兵且从,孙诒让曰:"兵字无义,疑当作弁,与兵形近而误。弁者,变之假字。"此甲之利也。"《节用中》。《淮南王书》曰:"为鸷禽猛兽之害伤人而无以禁御也,而作为之铸金锻铁,以为兵刃。"《氾论》。古人岂欺我哉!

《考工记》曰:"攻国之兵欲短,守国之兵欲长。攻国之人众,行地远,食饮饥,且涉山林之阻,是故兵欲短。守国之人寡,食饮饱,行地不远,且不涉山林之阻,是故兵欲长。"晁错引《兵法》曰:"两陈相近,平地浅草,可前可后,此长戟之地也,剑楯三不当一。萑苇竹萧,草木蒙茏,枝叶茂接,此矛铤之地也,长戟二不当一。曲道相伏,险厄相薄,此剑楯之地也,弓弩三不当一。"可见短兵利险阻,长兵利平地。《淮南王书》又曰:"古之兵,弓剑而已,槽矛无击,修戟无刺。"可见古者主用短兵。其主用短兵也,盖以猎兽于山林,非以杀人于平地也。

---

① 曾改题为《兵器长短》。

《考工记》:"戈柲六尺有六寸,殳长寻有四尺,车戟常,酋矛常有四尺,夷矛三寻。"剑:上制长三尺,中制二尺五寸,下制二尺。可见古兵以剑为最短,而上士、中士、下士各以形貌大小带之,又可见惟剑为人人所有也。《左氏》新里之战,齐乌枝鸣曰:"用少,莫如齐致死。齐致死,莫如去备。彼多兵矣,请皆用剑。"昭公二十一年。栾氏之复入于晋也,范宣子谓鞅曰:"矢及君屋,死之!鞅用剑以帅卒。"襄公二十三年。《汉书》谓吴越之士,轻死,好用剑。《地理志》。孟子曰:"夫抚剑疾视,曰彼恶敢当我哉!此匹夫之勇,敌一人者也。"《梁惠王》下。滕文公曰:"吾他日未尝学问,好驰马试剑。"《滕文公》上。"莒子庚舆虐而好剑,苟铸剑,必试诸人。"《左氏》昭公二十三年。然则公战私斗皆用剑,而轻侠自喜,贼虐好杀者尤尚焉。至此则剑为杀人之具矣。

《庄子·说剑》:"王曰:夫子所御杖,长短何如?"此剑随人形貌而分长短之征。"大冠若箕,修剑拄颐",明剑之修不过拄颐。"挟于旁称剑",盖剑本以挟于旁得名也。季札之初使,北过徐君。徐君好季札剑,口弗敢言。季札心知之,为使上国,未献。还至徐,徐君已死,乃解其宝剑,系之徐君冢树而去。《史记·吴太伯世家》。此可见古贵族之重剑也。

《公羊》曰:"万者何?干舞也。"宣公八年。《解诂》曰:"干谓楯也。能为人扞难而不使害人,故圣王贵之,以为武乐。"此亦由墨子之非攻而上守御欤?

原刊《光华附中第二十二届毕业纪年刊》,一九三九年出版

〔一四八〕军　志

古《军志》之语，多为人所诵习。《左氏》宣公十二年，孙叔引《军志》曰："先人有夺人之心。"昭公二十一年，宋厨人濮亦引之，又益一语曰："后人有待其衰。"然则文公七年，赵宣子谓"先人有夺人之心，军之善谋也；逐寇如追逃，军之善政也"，"逐寇如追逃"，亦当为《军志》中语矣。又僖公二十八年，楚成王引《军志》曰："允当则归。"又曰："知难而退。"又曰："有德不可敌。"凡三语。

《管子·兵法》曰："《大度之书》曰：举兵之日而竟内不贫，战而必胜，胜而不死，得地而国不败，为此四者若何？举兵之日而竟内不贫者，计数得也；战而必胜者，法度审也；胜而不死者，教器备利而敌不敢校也；得地而国不败者，因其民也。"此为经传之体，亦《军志》之类也。曰书者，古兵家或搜古史之文以为鉴，观今之《周书》，确有若干篇类《尚书》，然就其宗旨言之，则实为兵家言，是其证也。《左氏》僖公二十五年，王与晋文阳樊、温、原、欑茅之田。"阳樊不服，围之。仓葛呼曰：德以柔中国，刑以威四夷，宜吾不敢服也。此谁非王之亲姻，其俘之也！乃出其民。"《史记·樗里子传》："秦惠王八年，伐曲沃，尽出其人，取其城，地入秦。"《索隐》："《年表》云：十一年，拔魏曲沃，归其人。"周赧王之入秦，献其邑三十六、口三万也，周民遂东亡。《周本纪》。则得地而不能因其民者多矣。宜太史公叹《司马兵法》，

"闳廓深远,虽三代征伐,未能竟其义,如其文也。"《司马穰苴列传》。然《自序》曰:"《司马法》所从来尚矣,太公、孙、吴、王子能绍而明之,切近世,极人变。"《律书》。此即《六国表》所谓"近己而俗变相类,议卑而易行",而讥举秦而笑之,不敢道,为与耳食无异者也。则《穰苴列传》谓"穰苴区区为小国行师,何暇及《司马兵法》之揖让"者,又非笃论矣。《自序》又云:"自古王者而有《司马法》,穰苴能申明之。"《司马穰苴列传》。则穰苴之书,阐明旧说者亦不少。古人著书,多述成说,罕申己见,故《史记》一书,论穰苴之语,亦若彼此歧异也。

太史公称《司马兵法》之揖让,盖其所言多军礼,故《班志》出之兵家,入之礼家。魏绛之戮扬干也,曰:"臣闻师众以顺为武,军事有死无犯为敬。"晋悼公曰:"吾子之讨,军礼也。"《左氏》襄公三年。古兵书既多礼家言,魏绛之所闻,亦未必非《军志》中语矣。

〔一四九〕骑　射

《日知录》曰:"春秋之世,戎翟之杂居中夏者,大抵皆在山谷之间,兵车之所不至。齐桓、晋文仅攘而却之,不能深入其地者,用车故也。中行穆子之败翟于大卤,得之毁车崇卒;而知伯欲伐仇犹,遗之大钟以开其道;其不利于车可知矣。势不得不变而为骑。骑射,所以便山谷也;胡服,所以便骑射也;是以公子成之徒,谏胡服而不谏骑射。意骑射之法,必有先武灵而用之者矣。"卷二十九《骑》条。今案武灵王之所欲者,曰继简、襄之业;简、襄之所欲者,则并代以临胡貉而已。此骑寇,非山戎也。武灵王之攻中山,虽使赵希将胡代之兵,牛翦将车骑,然特五军之二,非恃是以攻取。兵书言车骑步之长短者,莫古于《六韬》。大抵车利平地,忌险阻山泽污下沮洳;骑虽不尽然,亦虑敌为深沟坑阜;惟徒兵则依丘陵险阻以抗车骑,无则为行马木蒺藜以自固;三者之长短可知,岂有攻山国而可用骑者哉?

《容斋四笔》云:崇宁中,李复为熙河漕使。时邢恕经略泾原,纳许彦圭之说,欲用车战,朝廷委复造战车三百两。复疏言:"古者征战有礼,不为诡遇,多在平原广野,故车可行。今尽在极边,戎狄乘势而来,虽鸷鸟飞骞,不如是之迅捷,下塞驻军,各以保险为利。其往也,车不及期,居而保险,车不能登;归则敌多袭逐,争先奔趋,不暇回顾,车安能收?"此车易而骑之理,乃以与匈奴、突厥等驰逐于广漠之乡，非与苗、瑶等争尺寸之得失于山谷之间也。古山戎多，骑寇少。《管子》言桓公"禽狄王，败胡貉，破屠何，而骑寇始服"，《小匡》。乃战国时语，非当时实事。《战国·赵策》言："赵武灵王破原阳，以为骑邑。牛赞进谏曰：国有固籍，兵有常经。变籍则乱，失经则弱。今王破原阳，以为骑邑，是变籍而弃经也。且习其兵者轻其敌，便其用者易其难。今民便其用而王变之，是损君而弱国也。故利不百者不变俗，功不什者不易器。今王破卒散兵，以奉骑射，臣恐其攻获之利，不如所失之费也。王曰：今重甲循兵，不可以逾险。"此其欲变服之由。盖古者师行不远，非如武灵之斥土于无穷之门也。然则胡服非徒以便骑射也。而观牛赞之言，则赵之诸臣亦非徒谏胡服矣。

《左氏》隐公九年："北戎侵郑，郑伯御之，患戎师，曰：彼徒我车，惧其侵轶我也。"然则古车徒亦互有短长，不必恃骑也。《周官》大司马曰："险野，人为主；易野，车为主。"《周官》亦战国时书，然犹不言骑，知骑非六国所深尚也。苏秦言六国之兵皆有骑，然不皆胡服，知胡服非徒便骑射也。古建国必依山溪，故傅国都不利车战。《左氏》隐公四年："诸侯之师，败郑徒兵。"《注》曰："时郑不车战。"盖以其地不利出车也。故宣公十二年，楚子围郑，郑人卜巷出车。文公十二年秦晋河曲之战，"秦行人夜戒晋师曰：两军之士皆未憖也，明日请相见也。臾骈曰：使者目动而言肆，惧我也，将遁矣。薄诸河，必败之。胥甲、赵穿当军门呼曰：不待期而薄人于险，无勇也。乃止。"此可见偏战必于平地，此古之所以上车也。鞌之战，"齐师败绩，逐之，三周华不注"；鄢陵之战，"楚师薄于险"。盖兵败乃依山林以自固。

《管子·兵法》：九章："三曰举龙章则行水，四曰举虎章则行林，五曰举鸟章则行陂，六曰举蛇章则行泽，七曰举鹊章则行陆，八曰举狼章则行山，九曰举韐章则载食而驾。"此七者，惟举韐章是用车耳。《左氏》定公六年："子期以陵师败于繁阳。"《注》曰："陵师，陆军。"《疏》曰:"南人谓陆为陵,此时犹然。《释地》云:高平曰陆,大陆曰阜,大阜曰陵,是陵、陆,大小之异名耳。"《管子·地图》曰:"凡兵,主者必先审知地图。镮辕之险,滥车之水,名山通谷经川,陵陆丘阜之所在,苴草林木蒲苇之所茂,必尽知之。"凡此皆与易野异,车固不可用,骑亦非所宜也。

《史记·廉颇蔺相如传》:"李牧居代雁门,备匈奴。习射骑。具选车千三百乘,选骑万三千匹,百金之士五万人,彀者十万人。"此用骑特多,亦以所备者为骑寇故也。

〔一五〇〕象　魏

　　《左氏》哀公三年："司铎火。季桓子至，御公立于象魏之外。命藏《象魏》，曰：旧章不可亡也。"杜《注》："《周礼》，正月县教令之法于象魏，使万民观之，故谓其书为《象魏》。"案此注未审。魏，阙名；象，乃刑典之名。象县于魏，因称魏为象魏，古有之矣；以此而称象为象魏，未之前闻，即后世语法，亦无是也。必欲释之，只可援足句圆文之例耳。窃疑"命藏象魏"之魏字实衍，杜乃随文曲释之也。象之始当为刑象，盖画刑人之状，以怖其民，《尧典》所谓"象以典刑"也。其后律法寖繁，文字之用亦广，则变而县律文，《周官》所谓治象、教象、政象、刑象也。《周官》六官，其荐者五，惟《春官》无县象之事，其余皆有之。《诗抑疏》。冬官掌度地居民，实不掌工事，其与人民关涉甚多，《冬官》之文而存，亦必有县象之事矣。

　　　　　　　　　原刊《光华大学半月刊》第五卷第六期，
　　　　　　　　　一九三七年三月十六日出版

〔一五一〕 五刑之属三千

《吕刑》云："墨罚之属千，劓罚之属千，剕罚之属五百，宫罚之属三百，大辟之罚，其属二百，五刑之属三千。"《周官》司刑："墨罪五百，劓罪五百，宫罪五百，刖罪五百，杀罪五百。"虽减于《吕刑》，犹二千五百。古代风气诚朴，简策繁重，法文之烦，安得如是？苟如是，李悝撰诸国法为《法经》，又安得止于六篇也？曰：三千若二千五百云者，乃辜较之辞，非实数也。古者出于礼则入于刑，而礼之节目，殊为繁碎。故曰："礼仪三百，威仪三千。"夫威仪至于三千，而出于礼者咸入于刑，则固可云五刑之属三千。抑威仪三千，亦辜较之辞，非审谛之数也。古言多则云三，以其数之繁，不可以百计，则云千；以千计而犹觉其多，则曰三千云尔。云墨罚之属千，劓罚之属千，剕罚之属五百，宫罚之属三百，大辟之罚其属二百者，约计五刑之属，墨、劓当各居都数三之一；剕、宫、大辟合三之一；其中剕之属又居其半，宫与大辟，又当若三比二云尔。皆非实数也。《周官》五刑之属各五百，岂有罪之轻重悬殊，而施于人，其数顾相等者邪？益知其以意言之而非实录也。

《司刑注》曰："夏刑大辟二百，膑辟三百，宫辟五百，劓墨各千，周则变焉；所谓刑罚世轻世重者也。"《疏》云："夏刑以下，据《吕刑》而言。案《吕刑》剕辟五百，宫辟三百，今此云膑辟三百，宫辟五百，此乃转写者误，当以《吕刑》为正。"案郑此《注》，不得别有所据，《疏》言是也。

原刊《光华大学半月刊》第五卷第六期，
一九三七年三月十六日出版

〔一五二〕象　刑

象刑之说，荀子深非之，《正论》。此未达于古今之变者也。荀子曰："杀人者死，伤人者刑，是百王之所同也，未有知其所由来者也。"其实肉刑之原，出于战陈，乃行于部族与部族之间；在本部族中，固无操兵刃以断割人者也。

五刑之名，昉见《尧典》，然未尝列举其名。其见于《吕刑》者，为墨、劓、剕、宫、大辟。见于《周官》司刑者，为墨、劓、宫、刖、杀。《注》言"周改膑作刖"，未知何据。恐即据《周官》与《吕刑》不同而言之，凡郑《注》固多如是。案《国语·鲁语》：臧文仲言："刑五而已，无有隐者。大刑用甲兵，其次用斧钺；中刑用刀锯，其次用钻笮；薄刑用鞭扑。大者陈之原野，小者致之市朝。五刑三次，是无隐也。"三次，即《尧典》之三就，可见《尧典》之五刑，与《鲁语》是一。大者陈诸原野，指战陈言，又可见肉刑原于兵争，始仅施诸异部族也。

《吕刑》曰："苗民弗用灵，制以刑，惟作五虐之刑曰法。"《墨子·尚同中篇》亦曰："圣王制五刑以治天下，苗民制五刑以乱天下。"五刑始于苗民，说当可信。苗民者，九黎之君，蚩尤之后。蚩尤乃始作兵者，盖尝威行于南方。南方之民，本以雕题为俗，蚩尤盖得其人以为奴隶。其后本族有罪者，亦以为奴隶而侪诸异族，因亦如异族雕其题以别之，是为黥。又其后，则并制膑、宫、劓、杀之法。古代铸兵，南胜于北。故春秋时，郑伯朝于楚，楚子赐之金，既而悔之，与之盟，曰：无以铸兵；《左氏》僖公十八年。而吴以干将莫邪之利闻天下。微江、淮、荆州，蚩尤固无所取是。《周官》五隶：蛮、闽、夷、貉皆异族，而罪隶为罪人。《尧典》："帝曰：皋陶，蛮夷猾夏，寇贼奸宄，女作士，五刑有服。"五刑初施诸异族，后乃迤及罪人，亦隐隐可见也。司刑郑注："今东西夷或以墨劓为俗，古刑人亡逃者之世类与？"不悟五刑之制放自异族，而转谓异族效中国之刑人，可谓因果颠倒矣。《后汉书·西羌传》：羌无弋爰剑，"与劓女遇于野，遂成夫妇。女耻其状，被发覆面，羌人因以为俗。"此劓女之劓，实其饰也，盖康成所谓西夷以墨劓为俗者。至东夷之文身者，则不可胜举矣。

　　《周官》司刑之为刑，与《吕刑》仅剕刖小异。掌戮则曰："墨者使守门，劓者使守关，宫者使守内，刖者使守囿，髡者使守积。"《注》："郑司农云：髡当为完，谓但居作三年，不亏体者也。玄谓此出五刑之中，而髡者，必王之同族不宫者。宫之为翦其类，髡头而已。"案《说文·而部》："耏，罪不至髡也。"《汉书·高帝纪》：七年，"令郎中有罪，耐以上请之。"应劭曰："轻罪不至于髡，完其耏鬓，故曰耐。"《礼运疏》云："古者犯罪，以髡其须，谓之耐罪。"段懋堂《说文注》云："髡者，鬀发也。不鬀其发，仅去须鬓，是曰耐，亦曰完。谓之完者，言完其发也。"《刑法志》：有司之议废肉刑也，曰："诸当髡者，完为城旦舂；当劓者，髡钳为城旦舂。"《列女·辨通·齐大仓女传》曰："自是之后，凿颠者髡，抽胁者笞，刖足者钳。"然则耐轻于髡；髡所以代劓，非以代宫。汉初去古近，刑之相代，必有所受之。司农读髡为完；康成谓髡施诸王族不宫者；殆非是。然不改髡字则是矣。掌戮之意，盖并举刑人所职，耐名为完，古人殆不以为刑也。髡之初，盖亦施诸奴隶。《少牢馈食礼》："主妇被锡。"《注》："被锡，读为髲鬄。古者或剔贱者刑者之发，以被妇人之紒为饰，因名髲鬄焉。"《诗·采綦》："被之僮僮。"《毛传》："被，首饰也。"《笺》引《礼记》"主妇髲鬄"。《周官》追师"掌为副编次"，《注》亦曰："次，次第发长短为之，所谓髲鬄。"《诗疏》云："主妇髲鬄，在《少牢》之经，《笺》云《礼记》，误也。""《少牢注》读被锡为髲鬄者，以剔是鬄发之名，直云被锡，于用发之理未见，故读为髲鬄。鬄，剔发以被首也。"案"鬄剔发以被首也"，疑当作"髲鬄，剔发以被首也"。《疏》引《左氏》哀公十七年：卫庄公登城望戎州，见己氏之妻发美，使髡之，以为吕姜髢。后卒以是见弑。盖无故而刑人，故为人所怨。髡之始，盖以蛮隶断发，因而施诸本族之奴隶者也。蛮隶断发雕题，吾族之犯罪，侪异族为奴隶者，重则凿其颠，轻则剔其发。虽轻重不同，其缘起则一，故掌戮以髡与墨、劓、宫、刖并举，而汉有司犹议以髡代黥也。

古于刑人，畏恶特甚，后世则稍衰。《曲礼》曰："刑人不在君侧。"《祭统》曰："古者不使刑人守门。"而《周官》墨、劓、宫、刖者，咸有所守，是其征也。《公羊》曰："君子不近刑人；近刑人，则轻死之道也。"《穀梁》曰："礼：君不使无耻，不近刑人，不狎敌，不迩怨。贱人非所贵也，贵人非所刑也，刑人非所近也。"襄公二十九年。《公羊》又曰："盗杀蔡侯申。弑君贱者穷诸人，此其称盗以弑何？贱乎贱者也。贱乎贱者孰谓？谓罪人也。"《解诂》曰："罪人者，未加刑也。"哀公四年。则当刑而未刑者，亦不敢近矣。《王制》曰："公家不畜刑人，大夫弗养，士遇之涂，弗与言也。屏之四方，不及以政，示弗故生也。"则不近刑人者，又不独人君矣。其畏恶之至于如是，知其初必与异族相杂，虑其蓄怨而报复也。《吕览·音初》曰："夏后氏孔甲，田于东阳蕡山，天大风晦盲，孔甲迷惑，入于民室。主人方乳。或曰：后来，是良日也，之子是必大吉。或曰：不胜也，之子是必有殃。后乃取其子以归，曰：以为予子，谁敢殃之？子长成人，幕动坼橑斧斫斩其足，遂为守门者。孔甲曰：乌乎！有疾，命矣夫！乃作为《破斧之歌》。实始为东音。"据此，则刖者守门，由来旧矣。然或偶行之，未以为法。抑古书述事多不审，此未必果夏时事也。然云东音，说当不诬。古东夷、南蛮，仅因居处不同而异其名，其种族实是一，亦足为五刑始于南方之征也。

　　刑皆施诸异族,则其施诸本族者如何? 曰:笞挞而已,放流而已。语曰:教笞不可废于家。古者一部族之民犹一家,上之施于下者,固不过如是。即其罪大恶极,不可与处者,亦不过屏之部族之外而止,犹子放妇出也。操兵刃以断割人,部族中固无是事。旧时云南彝族人,无不佩刀者。然皆以御野兽,同族相争,莫或拔刀相向。彼岂无暴戾者? 故无是事,则莫敢作是想也。皇古风俗之淳,奚翅今之彝族哉? 《尧典》曰:"流宥五刑,鞭作官刑,扑作教刑,金作赎刑。"盖本族之丽于刑者,或宥之以流,或许其纳赎;其未丽于刑者,则止于鞭扑而已,此肉刑初用犹未至于滥之情形也。

　　《尧典疏》引《周官》条狼氏誓大夫曰敢不关,鞭五百;《左氏》鞭徒人费、圉人荦,子玉使鞭七人,卫侯鞭师曹三百。此皆所谓"鞭作官刑"者也。《学记》曰:"夏楚二物,收其威也。"此则所谓"扑作教刑"者也。季氏负捶于鲁昭公;见《公羊》昭公三十一年《解诂》。《疏》云:"《春秋说》文。"廉颇负荆于蔺相如;魏齐使舍人笞击范雎,折胁折齿;皆见《史记》本传。可见古者鞭扑之刑,行用甚广。《穀梁》宣公十八年:"邾人戕鄫子于鄫。戕,犹残也。挩,杀也。"《注》:"挩,谓捶打残贼而杀。"案鄫子之死,《公羊》但云"残贼而杀之"。《解诂》曰:"支解节断之。"盖先挩杀之,后又支解之以为徇,参看《轘》条。《公羊》言之不具也。《新序·节士》云:"掠服无罪,百姓怨。"盖官刑至后来,浸以施诸讯鞫,如路温舒所谓"捶楚之下,何求不得"者矣。然其初当无是也。

　　《尧典》又曰:"流共工于幽州,放驩兜于崇山,窜三苗于三危,殛鲧于羽山。"此所谓"流宥五刑"者邪? 幽州、崇山、三危、羽山,究在何处,殊难质言,然必不能甚远。《大学》曰:"惟仁人放流之,屏诸四夷,不与同中国。"一似放流之刑,必极之四海者。然《周官》大司寇之职曰:"凡害人者,置之圜土而施职事焉,以明刑耻之。其能改过,反于中国,不齿三年。"此圜土岂在四夷乎？然则中国犹言国中。不与同中国者,亦如《王制》移之郊,移之遂,终乃屏之远方耳。所谓远方,亦郊遂之外,非真在夷蛮戎狄之地也。不然,放流者何以自达？而放流之者,亦将何以致之邪？《史记·五帝本纪》曰:"流共工于幽陵,以变北狄；放驩兜于崇山,以变南蛮；迁三苗于三危,以变西戎；殛鲧于羽山,以变东夷。"其说盖出《书传》,乃后之人侈言之耳。抑四凶皆贵人,放流虽远,犹足自达,若平民则必无以达矣。《左氏》昭公元年,郑放游楚于吴。子产数之曰:"宥女以远,勉速行乎,无重而罪。"则春秋时,放大夫者犹不甚远。郑之放游楚,及楚放陈公子招于越,齐放高止、卢蒲嫳于北燕,皆罕有之事也。《周官》又曰:"其不能改而出圜土者杀。"杀之盖以其逃亡。《周官》晚出之书,用刑稍酷；抑置之圜土者,亦几侪于奴隶,故逃亡而即杀之。若《王制》则屏之远方止矣。然《周官》于圜土嘉石,犹皆不遽施刑,此可见古昔刑人,其难其慎,亦可想见其本不施诸同族也。

　　刑至后来,虽亦施于本族,然仍限于平民可侪异族为奴隶者,贵族则否。何者？贵族终不可侪异族为奴隶也。故其有罪,止于放流。《公羊》宣公元年《解诂》曰:"古者刑不上大夫,有罪放之而已。"尧之于共工,得毋名曰流,其实放邪？《周官》小司寇:"以八辟丽邦法,附刑罚：一曰议亲之辟,二曰议故之辟,三曰议贤之辟,四曰议能之辟,五曰议功之辟,六曰议贵之辟,七曰议勤之辟,八曰议宾之辟。"《疏》云:"案《曲礼》云：刑不上大夫。郑《注》云：其犯法则在八议,轻重不在刑书。若然,此八辟为不在刑书。若有罪当议；议得其罪,乃附邦法而附于刑罚也。"案以《周官》牵合《曲礼》非是。然议而后可丽邦法,附刑罚,则大夫之无刑可知。《周官》之法,盖刑上于大夫之渐也。《文王世子》曰:"公族：其有死罪,则磬于甸人。其刑罪,则纤刭,亦告于甸人。公族无宫刑。"《注》:"缢杀之曰磬。纤读为鍼。鍼，刺也。刋，割也。刺割、膑、墨、劓、刖。"然则公族之异于平民者，死罪不殊其体，刑罪无宫而已，余皆与庶民同矣。此刑法画一，等级平夷之渐也。

然则所谓象刑者，可知已矣。象刑者，风俗寖薄，等级稍平，刑将施于本族，而犹未忍遽施，乃立是法以耻之者也。《周官·秋官》司圜曰："掌收教罢民。凡害人者，弗使冠饰，而加明刑焉。"明刑者，大司寇之职曰："凡害人者，置之圜土而施职事焉，以明刑耻之。"《注》曰："明刑，书其罪恶于大方版，著其背。"司救之职云："凡民之有衺恶者，三让而罚，三罚而士加明刑，耻诸嘉石，役诸司空。"《注》曰："加明刑者，去其冠饰，而书其衺恶之状，著之背也。"又掌囚之职曰："及刑杀，告刑于王，奉而适朝。士加明梏，以适市而刑杀之。"《注》："乡士加明梏者，谓书其姓名及其罪于梏而著之也。"此亦明刑之类，皆所以戮之也。《司圜注》曰："弗使冠饰者，著墨幪，若古之象刑与？"案《书大传》云："唐虞之象刑，上刑赭衣不纯，中刑杂屦，下刑墨幪。"又《尸子》言："有虞氏之诔，以幪巾当墨，以草缨当劓，以菲屦当刖，以艾鞸当宫，以布衣无领当大辟。"此皆刑将施于本族，而犹未忍遽施之遗迹。《墨子·尚贤下》曰，"昔者傅说，居北海之洲，圜土之上，衣褐带索，庸筑于傅岩之城。"则圜土嘉石皆古法，或唐，虞已有之。明刑虽若无所苦，而囚系其身，苦役其力，亦足以惩之矣，而荀子讥其杀人不死，伤人不刑，惠暴宽贼而非恶恶，何其暗于事也？司圜曰："凡圜土之刑人也不亏体，其罚人也不亏财。"不亏体即象刑。不亏财者，金作赎刑。本无刑，焉用赎？知其为古之遗制也。《玉藻》曰："垂缕五寸，惰游之士也。《注》："惰游，罢民也。"玄冠缟武，不齿之服也。"《注》："所放不帅教者。"此亦象刑之意。《玉藻》所述，多王居明堂礼，可知其为古制，知象刑为古之所有也。

《礼经·乡射·大射》，司射皆搢扑。乡射升堂告宾，大射告公则去之,降,搢扑反位。《乡射礼》云:"射者有过则挞之。楚扑,长如笴,刊本尺。"此即《尧典》所谓"扑作教刑";亦即《皋陶谟》所谓"侯以明之,挞以记之"者也。《皋陶谟》又曰:"书用识哉,欲并生哉。"书识,盖明刑所由昉。《周官》司市:"小刑宪罚,中刑徇罚,大刑扑罚。"宪罚亦明刑之类。徇罚所以戮之,意亦与明刑同。其附于刑者归于士,知亏体之刑,与鞭扑明刑,迥然异物也。

《新唐书·吐蕃传》曰:"重兵死,以累世战殁为甲门。败懦者垂狐尾于首示辱,不得列于人。"案此古所谓不齿也。《回鹘黠戛斯传》曰:"临陈桡、奉使不称、妄议国若盗者,皆断首;子为盗,以首著父颈,非死不脱。"此亦明刑之意,华夷浅演之世,法俗可以参观。

《孝经纬》云:"三皇无文,五帝画象,三王肉刑。"《司圜疏》引。《孝经说》云:"三皇设言民不违,五帝画象世顺机,三王肉刑揆渐加,应世黠巧奸伪多。"《公羊》襄公二十九年《解诂》。此汉人之言,盖并缘《尧典》"象以典刑"之文而附会。其实《尧典》之"象以典刑",当即《周官》之县法象魏,谓所用之刑,当以县象所有为限,非谓画衣冠异章服以为戮也。然汉师之言,亦有所本。《淮南王书》曰:"神农无制令而民治,唐虞有制令而无刑罚。"《氾论》。此即三皇无文、五帝画象之说。《管子》曰:"倍,尧之时,其狱一踦腓一踦屦而当死。今周公断指满稽,断首满稽,断足满稽而死,民不服。"《侈靡》。此即五帝画象、三王肉刑之说。知旧有是言也。象刑固古所可有,谓必在唐虞时,初无确据,然《书》始《尧典》,而因于是著其说,亦《春秋》托始之义尔。儒家初不讲史学,不容以后世考据家之见绳之也。

刑之用于家者,止于教笞,极于放逐,此自情理宜然,古今一揆。然古者国法未立,家长之权无限,亦有滥杀其家人者。《左氏》昭公二十一年,司马叹曰:"吾有谗子而弗能杀,吾又不死,抑君有命,可若何?"可见父之杀子,当时视之,恬不为怪矣。其后人权稍尊,则国法以立。《白虎通义·诛伐》篇曰："父杀其子当诛何？以为天地之性，人为贵，人皆天所生也，托父母气而生耳；王者以养长而教之，故父不得专也。"《说苑·建本》："曾子芸瓜，而误斩其根。曾晳怒，援大杖击之。曾子仆地。有顷苏。孔子闻之，告门人曰：参来，勿内也。曾子自以无罪，使人谢孔子。孔子曰：女闻瞽叟有子名曰舜？舜之事父也，索而使之，未尝不在侧；求而杀之，未尝可得。小棰则待，大棰则走，以逃暴怒也。今子委身以待暴怒，立体而不去，杀身以陷父不义，不孝孰是大乎？女非天子之民邪？杀天子之民罪奚如？"即设说以明《白虎通》所言之义者也。董仲舒说汉武帝"去奴婢，除专杀之威"，见《汉书·食货志》。知古家庭之中，专杀之事多矣。然以大体言之，施于本族者，终不能甚酷。故肉刑之原，非溯诸战陈不可也。士师为战士之长，实司刑杀，亦可见其原于战陈。见《郑铸刑书上》条。

汉文帝废肉刑之诏曰："盖闻有虞氏之时，画衣冠异章服以为戮，而民弗犯。"《武帝纪》元光元年。《哀帝纪》永光二年诏，亦称是语。所称即今文《书说》也。《论衡·四讳》曰："俗讳被刑为徒，不上丘墓。古者用刑，形毁不全，乃不可耳。方今象刑。象刑重者，髡钳之法也。若完城旦以下，施刑，施，疑当作弛。采衣系躬，冠带与俗人殊，何为不可？"然则象刑之法，汉固颇行之矣。汉刑罚固不中，奸固不得，然非以行象刑故也。抑行象刑，刑罚虽不中，奸虽或不得，然民之刻肌肤，断支体，终身不息者究少焉。然则汉文不诚仁君？而缇萦之上书，不亦仁人之言其利溥哉？自汉文废肉刑后，屡有议复之者。终以其事酷虐，莫之敢尸。民之获宥者，盖不知凡几矣。信经术之有益于治道也。而荀子之言，则何其刻急也？其或者汉人托之与？

原刊《光华大学半月刊》第五卷第六期，

一九三七年三月十六日出版

〔一五三〕投畀豺虎

《诗·巷伯》:"取彼谮人,投畀豺虎。豺虎不食,投畀有北。有北不受,投畀有昊。"案野蛮之世,往往有狱不能听,而质诸不可知之神。《南史·林邑传》:"国不设刑法,有罪,使象蹋杀之。"又《扶南传》:"于城沟中养鳄鱼,门外圈猛兽。有罪者,辄以馁猛兽及鳄鱼,鱼兽不食为无罪,三日乃放之。"兽为唐人避讳之字,猛兽即猛虎也。投畀豺虎,疑亦古之刑法。有北似指地言之,与有昊相对。投畀有北,投畀有昊,盖诅诸天地,求其降罚也。《毛传》云"北方荒凉而不毛",则以为流放,恐未是。

《说文·廌部》:"廌,解廌,兽也。似山牛,一角。古者决讼,令触不直者。"段《注》删山字,云:"《玉篇》、《广韵》及《太平御览》所引皆无山也。"然又引《论衡》云:"獬豸者,一角之羊,性识有罪。皋陶治狱,有罪者令羊触之。"案《墨子·明鬼下》云:"齐庄君之臣,有王里国、中里徼者,讼三年而狱不断。乃使人共一羊,盟齐之神社。读王里国之辞,既已终矣,读中里徼之辞。未半也,羊起而触之,殪之盟所。"此羊即解廌。羊本无知,共之神社乃有知,后遂傅会,谓其性识有罪,且亿言其形一角,谓非凡羊耳。山牛二字,盖羊之误分,《玉篇》、《广韵》、《御览》所据,盖已为误本,因亿删山字,而段从之,似为未谛。

有狱不能断，顾听诸不可知之神，自后世之人观之，将无不笑其拙。然而未可笑也。古之听讼者，悉其聪明，致其忠爱以尽之，疑狱，氾与众共之。古之人固淳朴而少讼，其舆论又皆直道而行。夫如此，罪犹不能得，而狱犹有所怨者，盖亦寡矣。如是而犹不能断，是诚疑狱也。人力既尽，而听诸不可知之天，又何责焉？而岂如后世：吏莫肯求狱之情，或且以恩怨贿赂桡法；舆论亦无复直道，明知有罪，莫肯证举，明知冤枉，莫肯申理哉？嗟乎！民之生于古，与其生于后世者，其幸不幸之相去，盖不可以道里计矣！而顾笑古人之愚，哀其无告，而自幸其生于文明之世也，岂不哀哉？

《说文·豸部》："犴，胡地野狗。从豸，干声。"其或体从犬。引《诗》曰：宜犴宜狱。今《毛诗》亦作犴。《释文》云："《韩诗》作犴，云乡亭之系曰犴，朝廷曰狱。"案《说文·㹜部》："狱，从犬从言。二犬所以守也。"则犴自当从犬。盖古之狱，以犬守之也。社会学家言："人之好狗者，每易犯罪。以猎人性最残忍，狗常与猎人为伍，好狗者性必近于猎人也。"以犬守人，必田猎之群之遗俗也。弃人用犬，虽猛何为？

原刊《光华大学半月刊》第五卷第五期，
一九三七年一月九日出版

〔一五四〕九　刑

《左氏》昭公六年，叔向诒子产书曰："夏有乱政而作《禹刑》，商有乱政而作《汤刑》，周有乱政而作《九刑》，三辟之兴，皆叔世也。"而文公十八年，季文子曰："先君周公制周礼曰：则以观德，德以处事，事以度功，功以食民。作誓令曰：毁则为贼，掩贼为藏，窃贿为盗，盗器为奸。主藏之名，赖奸之用，为大凶德，有常无赦，在《九刑》不忘。"杜《注》曰："誓令以下，皆《九刑》之书。"人因疑季文子之言，与叔向不合。其实誓令之文，止于"盗器为奸"；自"主藏之名"以下，皆文子之言也。《周书·尝麦》："令大正正《刑书》九篇。"疑即所谓《九刑》者。郑注《尧典》，以正刑五，加之流、宥、鞭、扑、赎为九刑；贾、服以正刑一，加之以八议为九刑，见《周官·司刑疏》，附会不足据。

"主藏之名，赖奸之用"，为《九刑》所不赦，则贼盗之有常审矣。"毁则为贼"四语，虽誓令之辞，度《九刑》之文，亦必相类也。昭公十四年，叔向曰："己恶而掠美为昏，贪以败官为墨，杀人不忌为贼。《夏书》曰：昏、墨、贼杀，皋陶之刑也。"《大戴记·千乘》："作于财贿六畜五谷曰盗。诱居室家及幼子曰不义。子女专曰娱。饬五兵及木石曰贼。以中情出，小曰间，大曰讲。交构之构。利辞以乱属曰谗。以财投长曰货。"其辞亦与叔向、季文子所举相类，此最古之律文也。《夏书》之文，盖即所谓《禹刑》。汤之《官刑》，见《墨子·非命上篇》，殆亦所谓《汤刑》者也。

《晋书·刑法志》，言李悝撰次诸国法，著《法经》。云撰次，则是集诸国之法次序之，而非悝之所自为也。叔向言子产制参辟。参辟，当即上文之三辟。然则郑刑书中，实有《禹刑》、《汤刑》、《九刑》之文矣，而惜乎其不可考也。

《周官》朝士："凡盗贼军乡邑及家人，杀之无罪。"《注》："郑司农云：谓盗贼群辈若军，共攻盗乡邑及家人者。杀之无罪，若今时无故入人室宅庐舍，上人车船，牵引人欲犯法者，其时格杀之无罪。"《疏》："家人者，先郑举汉《贼律》云：牵引人欲犯法，则言家人者，欲为奸淫之事，故攻之。"此当即《戴记》所谓"诱居室家"者也。云及幼子者，盖诱其母并及其子；亦或有但诱其子者，盖欲以为奴也。

原刊《光华大学半月刊》第五卷第五期，
一九三七年一月九日出版

〔一五五〕郑人铸刑书上

《左氏》昭公六年,郑人铸刑书。叔向诒子产书深讥之。子产复书曰:"吾以救世也。"铸刑书何以可救世? 后人之说,不过谓风俗日薄,圣哲之上,明察之官,忠信之长,慈惠之师,不可必得,不得不明著其文,俾众周知,使不敢以意出入而已。此固其一端,然而未尽也。读书贵通观前后,观于后世刑法之敝,而子产之所为铸刑书者可知;而吾国法典之所由成,亦可知矣。

《晋书·刑法志》言:秦汉旧律,起自魏文侯师李悝。悝撰次诸国法,著《法经》,所著六篇而已,商君受之以相秦。汉承秦制,萧何益《兴》《厩》《户》三篇,合为九篇。叔孙通益律所不及傍章十八篇,张汤《越宫律》二十七篇,赵禹《朝律》六篇,合六十篇。又汉时决事,集为《令甲》以下三百余篇。及司徒鲍公,撰《嫁娶辞讼决》为《法比》,都目凡九百六卷。世有增损,错糅无常。后人生意,各为章句。凡断罪所当由用者,遂至二万六千二百七十二条,七百七十三万二千二百余言。文书盈于几阁,览者不能遍睹,奸吏之得上下其手,盖由此也。然陈群等《魏律序》,谓"旧律难知,由于篇少;篇少则文荒,文荒则事寡,事寡则罪漏;是以后人稍增,更与本体相离"。然则错乱之弊,虽生于繁,实原于简。盖缘人事日繁,律文不能与之相应,徒咎用法者之不善,实耳食之谈也。本此以上观春秋,其弊殆如出一辙。

叔向曰:"先王议事以制,不为刑辟。"又曰:"夏有乱政而作《禹刑》,商有乱政而作《汤刑》,周有乱政而作《九刑》;三辟之兴,皆叔世也。"然则三代盛时,果刑错不用乎?抑法也者,设于此以待彼。世可百年无犯法之人,而国不可一日无法,不为刑辟,果何以为治乎?盖刑之所诛,有两大端:一为俗所不容,所谓出于礼者入于刑也。一则上有所求,而下不能副,凡令不行禁不止者皆是。俗固众所周知,无待于教。所恶于不教而诛者,则上之所求耳。故古所谓法者,皆力求人之周知。其原于俗者,谓之礼,不谓之法。凡县象布宪之事皆是。然此等事,果能使人周知法律乎?县象之说,始见于《尧典》之"象以典刑",盖画刑人之状,以恐怖人。后乃改县律文,《周官》所谓县法者是也。夫区区魏阙,所县几何?虽又有宪禁及徇以木铎之事,布宪及属民读法之举,然法文既繁,终非此等事所能尽;抑法有待于读,则其为人民所不易晓,又可知矣。读为绅绎之义,盖如今之讲解也。《周官》州长:以正月之吉,属民读法,正岁又读焉,岁时祭州社又读焉。党正:以四时孟月吉日,属民读法,正岁又读焉,春秋祭禜又读焉。族师:以月吉属民读法,春秋祭酺亦如之。间胥。凡春秋祭祀、役政、丧纪之数,聚众庶,既比则读法。其读之甚繁,知其法之不易晓也。于此而随之以刑,虽曰教之,犹不教也,况于议事以制,听其高下在心乎?其不得不明著其文,使知某罪当某刑,而据之以诤于其上者,势也。然则刑法之公布,一由于俗之日薄,一亦由于政之日苛,而其大原,则尤在于社会演进,人事日益繁复也。夫岂为治者所能逆?叔向曰:"民知有辟,则不忌于上。"又恶知夫子产之所求者,正在于是乎?

然如子产之所为,遂足使民皆晓然于法,而吏不得上下其手乎?吾又知其不能也。何也?以当时之法既繁,而如子产之所为,其所能著者亦甚少也。古之所谓法者,实分守于诸官。凡犯法者,皆为有罪，然犯法与否，及其所犯何法，则非守其法之官不得知。以除诸官成法之外，别无如后世之所谓律者也。《周官》大司寇："凡诸侯之狱讼，以邦典定之；凡卿大夫之狱讼，以邦法断之；凡庶民之狱讼，以邦成弊之。"邦典、邦法，即大宰之六典、八法；邦成即小宰之八成。一曰听政役以比居，二曰听师田以简稽，三曰听闾里以版图，四曰听称责以傅别，五曰听禄位以礼命，六曰听取予以书契，七曰听卖买以质剂，八曰听出入以要会，皆关涉人民之事也。别有所谓士之八成者，掌于士师。一曰邦汋，二曰邦贼，三曰邦谍，四曰犯邦令，五曰挢邦令，六曰为邦盗，七曰为邦朋，八曰为邦诬，则施诸战士之法。士师之初，盖战士之长，故治战士之法属焉。此可见古者治人之法，分属诸官，不统于一也。是诸侯、卿大夫、庶民犯法与否，司寇不能知，必有待于大宰、小宰也。又大司寇以五刑纠万民：一曰野刑，上功纠力；二曰军刑，上命纠守；三曰乡刑，上德纠孝；四曰官刑，上能纠职；五曰国刑，上愿纠暴。官刑见于大宰。乡八刑见于大司徒：一曰不孝之刑，二曰不睦之刑，三曰不姻之刑，四曰不弟之刑，五曰不任之刑，六曰不恤之刑，七曰造言之刑，八曰乱民之刑。自一至六，盖不修六行者。考察德行道艺之责，属于族党州乡之师。则官刑乡刑，又当质诸天地二官也。又大司徒以荒政十有二聚万民，三曰缓刑，十有二曰除盗贼。而士师之职："若邦凶荒，则以荒辩之法治之，令移民，通财，纠守，缓刑。"缓刑文同大司徒。纠守，《注》曰"备盗贼"，亦即其所谓除盗贼也。《注》又曰："辩当为贬。"引朝士"若邦凶荒札丧寇戎之故，则令邦国都家县鄙虑刑贬。"则一荒政也，司徒、士师、朝士实兼守其法矣，然则士师者，行刑之官，非司法之官也。盖古者政简而刑清，诸官各司其事，有犯其法者，皆为有罪，轻者自治之，重者则归诸士师，所谓附于刑者归于士也。不虞耳目之淆乱也。后世则事日繁而法亦随之，寖至为人民所不能晓，诸官各据其法以治民，安得不纷然淆乱？况又一事兼属诸官，权限不清乎？如是而使之各率其意以治民,民尚有所措手足乎?

"议事以制"之议,与义通,谓度其宜也。制者,折也,断也。议事以制,谓临事度其宜而断之也。《表记》曰:"义者,天下之制也。"与此制同,皆动字。此等释法任情之举,纵得其人,犹不免于轻重出入,况人不可必得乎?昭公二十九年,赵鞅、荀寅铸刑鼎,著范宣子所为刑书焉。仲尼非之曰:"晋其亡乎?失其度矣。夫晋国,将守唐叔之所受法度,以经纬其民,卿大夫以序守之。民是以能尊其贵,贵是以能守其业。贵贱不愆,所谓度也。文公是以作执秩之官,为被庐之法,以为盟主。今弃是度也,而为刑鼎。民在鼎矣,何以尊贵?贵何业之守?贵贱无序,何以为国?"其意亦谓民犯法者,当各由其官议之,而不当著之刑鼎,而不知其事之不可行也。

仲尼又訾赵鞅、荀寅曰:"宣子之刑,夷之蒐也,晋国之乱制也,若之何以为法?"夷之蒐,事在文公六年。左氏以为赵宣子,而是年又云范宣子。《注》云:"范宣子所用刑,乃夷蒐之法。"其信否姑弗论。要之赵鞅、荀寅之前,晋已尝一改刑法矣。而据叔向之言,则三代已有《禹刑》、《汤刑》、《九刑》。知刑书之作,由来已久,《左氏》所载叔向、仲尼之言,特当时一派议论,未可据为是非之准也。《左氏》文公六年纪事,即于赵宣子无贬辞。

《韩非·定法》曰:"韩者,晋之别国也。晋之故法未息,而韩之新法又生;先君之令未收,而后君之令又下。申不害不擅其法,不一其宪令,则奸多故。"魏亦晋之别国,度其情形,亦必与韩相类,故李悝急为魏文侯制法,然其篇少文荒犹如是。子产、赵鞅又在悝前,其所定法,安得较悝为详,则亦著其大要而已。然其用意则一也。岂惟子产、赵鞅,制《禹刑》、《汤刑》、《九刑》者,其意盖亦如是也。则知法家之原起亦旧矣。

《韩非·八说》曰:"书约而弟子辩,法省而民讼简。是以圣人之书必著论,明主之法必详事。"顾千里曰:"民讼简,当作民萌讼,与弟子辩相对。"其说是也。知律之病简,由来旧矣。而李悝所著,伤于篇少,商君又沿而弗革,则作始者势有未皇,不得不有待于后人之弥缝匡救也。叔向顾非子产之所为,可谓泥古而不知变矣。

《曲礼》下曰:"入竟而问禁,入国而问俗。"此古人之文,所谓互相备者,非谓入竟可不问俗,入国可不问禁也。故孟子谓齐宣王曰:"臣始至于竟,问国之大禁,然后敢入。"《梁惠王》下。禁者上之所为,俗者民之所习,予所谓法所诛之两大端也。俗之未敝也,不待有以守之,民自率由而弗敢越,及其既敝,则有弁髦视之者矣。俗足以约束其民,虽无刑政民犹治;及其约束之力既衰,则虽日饬刑政而犹弗能胜,叔向所由虑民之弃礼而征于书也。然俗之变自有其由,又岂不为刑辟所能逆挽邪?

原刊《光华大学半月刊》第五卷第五期,
一九三七年一月九日出版

〔一五六〕郑人铸刑书中

《周官》士师之职云："以五戒先后刑罚，毋使罪丽于民。一曰誓，用之于军旅。二曰诰，用之于会同。三曰禁，用诸田役。四曰纠，用诸国中。五曰宪，用诸都鄙。"《墨子·非命上》亦曰："先王之书，所以出国家布施百姓者宪也，所以听狱制罪者刑也，所以整设师旅，进退师徒者誓也。"此五者，盖当时上所以约束其下之荦荦大端。誓与诰皆仅用诸一时；纠为司察矫正之名，其所纠者，盖亦众所共知，如大司徒以乡八刑纠万民是。无待诏告；惟禁与宪，皆上之所求，而非下所素习，故宪之布之，特为殷勤也。

宪禁之文，见于《周官》者．《天官》小宰，以官刑宪禁于王官。内宰，正岁，宪禁令于王之北宫。《地官》小司徒，令群吏宪禁令。乡大夫，正岁，令群吏考法于司徒，各宪之于其所治之国。司虣，掌宪市之禁令。《秋官》小司寇，令群士，乃宣布于四方，宪刑禁。案《春官》无布宪之事，以其所司与人民无涉也。《冬官》亡，《夏官》小司马文阙，否则亦当有布宪之事。士师，正岁，帅其属而宪禁令于国及郊野。布宪。掌宪邦之刑禁。正月之吉，执旌节，以宣布于四方。而宪邦之刑禁。以诘四方邦国，及其都鄙，达于四海。宪谓表而县之，《小宰注》。盖所以使众共见；又或徇以木铎，则所以使众共闻；小宰，正岁，帅治官之属，而观治象之法。徇以木铎，曰：不用法者，国有常刑。小司徒，正岁，则帅其属而观教法之象。徇以木铎，曰：不用法者,国有常刑。**小司寇**,正岁,帅其属而观刑象。令以木铎,曰:不用法者,国有常刑。又案小司马文阙。**士师**,掌国之五禁之法,以左右刑罚。一曰宫禁。二曰官禁。三曰国禁。四曰野禁。五曰军禁。皆以木铎徇之于朝,书而县于门闾。《秋官》**司烜氏**,中春,以木铎修火禁于国中。咸有其文。而《秋官》讶士,凡邦之大事,聚众庶,则读其誓禁,县士,若邦有大役,聚众庶,则各掌其县之禁令。方士,凡都家之大事,聚众庶,则各掌其方之禁令。当亦如讶士读之,特文有异同耳。则又非徒使之闻知,并进而教之矣。布宪之法,见于《管子》之《立政》。《立政》曰:正月之朔,百吏在朝,君乃出令,布宪于国。五乡之师,五属大夫,皆受宪于太史。大朝之日,五乡之师,五属大夫,皆身习宪于君前。太史既布宪,入籍于太府。宪籍分于君前。五乡之师,出朝,遂于乡官,致于乡属,及于游宗,皆受宪。宪既布,乃反致令焉,然后敢就舍。宪未布,令未致,不敢就舍。就舍谓之留令,罪死不赦。五属大夫,皆以行车朝。出朝,不敢就舍,遂行。至都之日,遂于庙。致属吏,皆受宪。宪既布,乃发使者致令,以布宪之日,蚤宴之时。宪既布,使者以发,然后敢就舍。宪未布,使者未发,不敢就舍。就舍谓之留令,罪死不赦。宪既布,有不行宪者,谓之不从令,罪死不赦。考宪而有不合于太府之籍者,侈曰专制,不足曰亏令,罪死不赦。《周官》大司徒,"施教法于邦国都鄙,使之各以教其所治民";乡大夫,"受教法于司徒,退而颁之于其乡吏,使各以教其所治";其布之之法,与《管子》不同,其用意则一也。禁专施于一事,故有宫禁、官禁、国禁、野禁、军禁之不同,宪则所该颇广。盖国之旧典,随时审正施行者。何以知其然?以布宪在岁首,《周官·天官》大宰,"正月之吉,始和,布治于邦国都鄙。乃县治象之法于象魏,使万民观治象,挟日而敛之。"《注》:"正月,周之正月,吉谓朔日。大宰以正月朔日,布王之治事于天下。至正岁,又书而县于象魏,振木铎以徇之,使万民观焉。小宰亦帅其属而往。"《疏》:"必知乃县是正岁建寅之月者,下小宰所以佐大宰,彼云正岁县之,与此乃县为一事。"《注》《疏》所言,未知确否,然布治在正月之吉,则《周官》本文明白也。而《月令》,天子与公卿大夫共饬国典,在季冬之月也。国典果属常行,何待岁饬?岁饬之,则必有异于旧者矣。盖成法甚繁,择其切于时用者而布之,否则格置之矣。《管子·小匡》所谓"修旧法,择其善者而严用之"也。然宣布所不及者,人民苟或触犯,是否举不论罪,亦殊可疑。何也?以上之所求于下者甚多,而布宪之所能及者必较少也。

宪据旧章增损,其随事临时制之者则曰令。《立政》所谓"凡将举事,令必先出"也。《墨子》言"古之圣王,发宪出令,设为赏罚以劝贤",《非命上》。《韩非》谓"宪令著于官府",《定法》。皆以宪令并举,足征其为上所施于下之两大端,盖犹后世言法令也。令仅施于一事,其赏罚,盖亦专为一事而设。《管子》曰:"凡将举事,令必先出。"又曰:"其赏罚之数,必先明之。"宪为旧章,则犯之者亦有旧法可援,所谓国有常刑也。著常刑者,其书亦曰刑,如《禹刑》、《汤刑》、《九刑》是也。亦或称为法。《左氏》昭公七年,陈无宇述楚文王《仆区之法》曰:"盗所隐器,与盗同罪。"《韩非·外储说右上》曰:"荆庄王有《茅门之法》,曰:群臣、大夫、诸公子入朝,马蹄践霤者,理斩其辀,戮其御。"皆有治罪之文。陈无宇又引周文王之法曰"有亡荒阅",未及治罪之方,盖言之不具耳。子产、赵鞅之所著,则是物也。令属临时所制,亦戒数变,故《韩非·亡征》,谓法禁变易,号令数下者可亡。

原刊《光华大学半月刊》第五卷第五期,
一九三七年一月九日出版

〔一五七〕郑人铸刑书下

范宣子所为刑书,《左氏》明言其著之刑鼎,至郑人之刑书,则未言其著之何物。然史墨讥荀寅"擅作刑器";士文伯亦讥子产"火未出而作火,以铸刑器";则晋郑所制,殆为同物。昭公六年杜《注》云:"刑器,鼎也。"虽出亿测,说当不误。襄公九年,宋乐喜使乐遄庀刑器,《疏》云:"当书于器物,官府自宰之,不知其在何器也。或书之于版,号此版为刑器耳。"案有所盛乃可称器,以版为器,似未必然,恐宋之刑书,亦著之于鼎也。定公九年,郑驷歂杀邓析而用其竹刑。竹刑当著之简策。然非以喻之人民也。

刑书必著于鼎,盖亦有由。《周官·秋官》司约:"凡大约剂书于宗彝。小约剂书于丹图。若有讼者,则珥而辟藏,其不信者服墨刑。若大乱,则六官辟藏,其不信者杀。"《注》:"大约剂,邦国约也。书于宗庙之六彝,欲神监焉。小约剂,万民约也。丹图,未闻。或有雕器簠簋之属,有图象者与?《春秋传》曰:斐豹,隶也,著于丹书,今俗语有铁券丹书,岂此旧典之遗言与?"案《左氏》载斐豹之言曰:"苟焚丹书,我杀督戎。"又载范宣子之言曰:"而杀之,所不请于君焚丹书者,有如日。"襄公二十三年。苟为铁券,如何可焚?明所著者为简牍之伦也。然俗语亦必有本,盖自有著之铁券者。盖欲其贞于久,故著之金石。丹书且然,而况刑书?大司寇之职曰:"凡邦之大盟约,莅其盟书,而登之于天府。"《注》:"天府,祖庙之藏。"司盟之职曰:"掌盟载之法。凡邦国有疑会同,则掌其盟约之载,及其礼仪。北面诏明神。既盟则贰之。盟万民之犯命者,诅其不信者,亦如之。"《左氏》定公十三年,荀跞言于晋侯曰:"君命大臣,始祸者死,载书在河。"即盟诸明神之事也。古之人笃于教,刑法之始,参以神权,刑书必著于鼎,盖由是昉,后遂习为故常也。

原刊《光华大学半月刊》第五卷第五期,
一九三七年一月九日出版

〔一五八〕戮　尸

古者刑人,盖以警众。故曰:"爵人于朝,与众共之;刑人于市,与众弃之。"《礼记·王制》。《周官·秋官》掌戮,凡杀人,踣诸市,肆之三日,意亦如是,又云:"刑盗于市。"非欲残其尸也。《左氏》襄公二十八年:"齐人迁庄公殡于大寝,以其棺尸崔杼于市。国人犹知之,皆曰:崔子也。"昭公二年:郑公孙黑缢,"尸诸周氏之衢,加木焉。"《注》:"书其罪于木,以加尸上。"其意之所在,显然可见。然杀机既启,亦有残贼已死之人以为快者。齐懿公掘邴歜之父而刖之,文公十八年。叔孙舒等伐卫,掘褚师定子之墓而焚之是也。哀公二十六年。是故仲尼恶始作俑者。

《左氏》宣公十年:"郑人讨幽公之乱,斫子家之棺而逐其族。"《注》曰:"斫薄其棺,不使从卿礼。"案古人视送终之礼甚重。《荀子·礼论》曰:"死之为道也,一而不可得再复也。臣之所以致重其君,子之所以致重其亲,于是尽矣。故事生不忠厚,不敬文,谓之野;送死不忠厚,不敬文,谓之瘠。君子贱野而羞瘠。故天子棺椁十重,诸侯五重,大夫三重,士再重。然后皆有衣衾多少厚薄之数,皆有翣菨文章之等,以敬饰之。使生死终始若一,一足以为人愿,是先王之道,忠臣孝子之极也。天子之丧,动四海,属诸侯;诸侯之丧,动通国,属大夫;大夫之丧,动一国,属修士;修士之丧,动一乡,属朋友;

庶人之丧，合族党，动州里。刑余罪人之丧，不得合族党，独属妻子；棺椁三寸，衣衾三领；不得饰棺，不得昼行，以昏殣；凡缘而往埋之。反，无哭泣之节，无衰麻之服，无亲疏月数之等；各反其平，各复其始；已葬埋，若无丧者而止。夫是之谓至辱。"其视饰终之礼之重如此，无怪郑人之欲追正子家也。然其意亦在于辱之而已，非欲残其尸也。

又襄公三年："晋侯之弟扬干乱行于曲梁，魏绛戮其仆。"《疏》曰："《周礼》司寇之属，有掌戮之官。郑玄云：戮，犹辱也。既斩杀，又辱之。其职云：掌斩杀贼谍而膊之。凡杀其亲者焚之。杀王之亲者辜之。杀人者踣诸市，肆之三日。郑玄云：膊，谓去衣磔之。焚，烧也。辜，谓磔之。踣，僵尸也。肆，犹申也，陈也。彼膊、焚、辜、肆，皆谓陈以示人，然则此言戮者，非徒杀之而已，乃杀之以徇诸军。昭四年，楚戮庆封，负之斧钺，以徇于诸侯，先徇乃杀之也。成二年，韩献子既斩人，郤子使速以徇，是杀之而后徇也。此戮即彼徇之谓也。文十年，楚申舟抶宋公之仆以徇。或曰：国君不可戮也。彼抶以徇，亦称为戮。下云至于用钺，当是杀之乃以徇也。"案《左氏》成公二年，"齐侯伐我北鄙，围龙。顷公之嬖人卢蒲就魁门焉。龙人囚之。齐侯曰：勿杀，吾与而盟，无入而封。弗听，杀而膊诸城上。"意盖亦以辱齐，故齐侯怒而亲鼓也。襄公六年："宋子荡以弓梏华弱于朝。子罕曰：专戮于朝，罪孰大焉。"则徒辱之而已。此戮之本义也。《论语·宪问》："子服景伯曰：夫子固有惑志于公伯寮，吾力犹能肆诸市朝。"亦谓杀而后戮之。

〔一五九〕轘

古有轘刑,其意,盖欲裂其体以为徇。观《左氏》襄公二十二年,楚"轘观起于四竟"可见也。《史记·商君列传》:"秦发兵攻商君,杀之于郑黾池。秦王车裂商君以徇。"《苏秦列传》:"秦且死,乃谓齐王曰:臣即死,车裂臣以徇于市。"其车裂皆在死后,可见其意在于徇。

《左氏》桓公十八年:"齐人杀子亹而轘高渠弥。"《疏》云:"《周礼》条狼氏,誓仆右曰杀,誓驭曰车轘,然则周法有此刑也。"案《墨子·号令》:"归敌者,父母妻子同产皆车裂。"《周官》用诸誓驭,《墨子》用诸守御,疑其初亦军刑。《左氏》宣公十一年:楚杀陈夏征舒,轘诸栗门。此与《墨子》之法,疑皆徇诸四门也。

《韩非子·人主》:"昔关龙逢说桀而伤其四支。"言伤四支,似膑刖之刑,然诸书皆言桀杀关龙逢,则亦轘刑也。盖徇之以拒谏也。

《公羊》宣公十八年:"邾娄人戕鄫子于鄫。戕鄫子于鄫者何?残贼而杀之也。"《解诂》曰:"支解节断之,故变杀言戕。"岂亦徇之以立威邪?

原刊《光华大学半月刊》第五卷第七期,
一九三七年三月三十日出版

〔一六〇〕妇人无刑

《吕刑》云："苗民弗用灵，制以刑，惟作五虐之刑曰法，杀戮无辜，爰始淫为劓、刵、椓、黥。""劓、刵、椓、黥，"《书疏》云：欧阳大小夏侯作"膑、宫、劓、割头、庶剠。"见卷二《虞书》标目下。案庶字未详。案《说文·支部》："敤，去阴之刑也。《周书》曰：刵劓敤黥。"《说文》所称，当系古文，则今本之刵乃误字。改膑为刵，苗民所制，遂与穆王所训不合矣。予因此悟《康诰》之刑人、杀人、劓刵人，刵亦当作刖。杀指大辟，刑指宫，黥罪最轻，故不之及。《康诰》曰："汝陈时臬司师，兹殷罚有伦。"又曰："汝陈时臬事，罚蔽殷彝。"《荀子》亦曰："刑名从商。"《正名》。然则五刑之名，盖自唐迄周，未之有改。何者？《尧典》言"五刑有服，五服三就"，而《国语·鲁语》言："刑五而已。大刑用甲兵，其次用斧钺；中刑用刀锯，其次用钻笮；薄刑用鞭扑。大者陈之原野，小者致之市朝，五刑三次。"三次即三就，知《尧典》之五刑，与《鲁语》之五刑是一。《国语》韦《注》曰："割劓用刀，断截用锯，亦有大辟。钻，膑刑；笮，黥刑。"《周语》：内史过言："有斧钺刀墨之民。"《注》曰："斧钺，大刑也。刀墨，谓以刀刻其额而墨涅之。"与《鲁语注》自相违异。窃疑斧钺指大辟；《周语》所谓刀，《鲁语》所谓刀锯者，指宫、劓、刖；《周语》所谓墨，《鲁语》所谓钻笮者，指黥。知《鲁语》之五刑，与《吕刑》之五刑亦合。所异者，《尧典》又言："流宥五刑。鞭作官刑，扑作教刑，金

〔一六〇〕妇人无刑

作赎刑。"其所谓五刑者,与《吕刑》皆仅指《鲁语》之中刑;而《鲁语》则兼苞大刑与薄刑为五耳。然所苞虽有广狭之殊,所用实无古今之异。唐法当为虞夏所沿,殷周又无二致,则五刑自苗民始制以来,历代实未之有改也。

《左氏》襄公十九年:"妇人无刑;虽有刑,不在朝市。"案《韩非子·内储说下》,载荆王劓其美人,《外储说左下》,又载梁车刖其姊。则妇人非无刑。抑古者刑人于市,与众弃之,惟公族而后刑于隐者,妇人无刑则已,苟有刑,安得不在朝市乎?且既曰"妇人无刑",又曰"有刑不在朝市",语亦自相矛盾。予反覆思之,乃知"妇人无刑"为古语,"虽有刑不在朝市",则为《左氏》者所加以非齐庄公者,其言实无所据;而古谓妇人无刑,则因其所谓刑者专指宫,而妇人宫刑,止于幽闭故也。

刑之义为断。汉人恒言曰:"死者不可复生,刑者不可复属。"亦曰:"断者不可复属。"黥本仅刻其肌肤,劓刖虽断其体,所断亦小,惟宫刑受创较深,故初所谓刑者,乃专属之也。《周官·司刑》郑《注》曰:"宫者,丈夫则割其势,女子闭于宫中,若今宦男女也。"《吕刑》伪《孔传》亦曰:"宫,淫刑也,男子割势,妇人幽闭。"《疏》云:"汉除肉刑,除墨、劓、剕耳,宫刑犹在。近代反逆缘坐,男子十五以下不应死者皆宫之,大隋开皇之初,始除男子宫刑,妇人犹闭于宫。"《孝经·五刑章疏》略同。《周官·司刑疏》云:"宫刑至唐乃赦。"《校勘记》云:"闽本同,误也。《汉制考》及监、毛本唐作隋。"案《文献通考》言:景帝元年,诏言孝文皇帝除宫刑,出美人,重绝人之世也。知文帝并宫刑除之。至景帝中元年,赦徒作阳陵者死罪,欲腐者许之,而宫刑乃复用。则谓文帝未除宫刑者非是。然自文帝十三年除宫刑,下逮景帝中元年,仅十有八年,官刑之复,或尚不始是岁,特可考者始于是岁耳。旧法不得遂亡。《左氏》僖公十五年:"穆姬闻晋侯将至,以太子罃、弘,与女简璧,登台而履薪焉。"《注》曰:"古之宫闭者,皆居之台以抗绝之。"《疏》引哀八年《传》,称邾子又无道,吴子囚诸楼台,栫之以棘,谓"以此二文,知古之宫闭者,皆居之于台以抗绝之"。《正义》虽唐世所修,实多沿隋旧,故并大隋字样,亦未刊落。《尧典》"鞭作官刑"。《疏》亦曰:"大隋造律,方使废之。"康成、元凯,及造《伪传》、作《义疏》者,皆亲见幽闭之刑,则妇人无刑,决非虚语。盖肉刑原于战陈,古于异族丁男,多施杀戮,而于妇女则多原宥邪? 抑阉割女子之术,非古人所知也?

《周官》大司马:"以九伐之法正邦国,暴内陵外则坛之。"《注》:"坛,读如同埠之埠。《王霸记》曰:置之空埠之地。玄谓置之空埠,以出其君,更立其次贤者。"此即吴人之所以待邾子,与《左氏》杜《注》,亦可参观也。

《书疏》引郑注《尚书》曰:"刵,断耳。劓,截鼻。椓谓椓破阴。黥谓羁黥人面。"《伪传》亦曰:"截人耳鼻,椓阴,黥面。"知所据本刖虽误刵,犹在劓上。以此知《说文》所据本,必不误。《诗》曰:"矫矫虎臣,在泮献馘。"《泮水》。《左氏》僖公二十二年:"郑文夫人芈氏、姜氏劳楚子于柯泽,楚子使师缙示之俘馘。"知馘亦战陈之际,施诸敌人。后来施诸本族以否不可知,要未尝为五刑之一。郑玄注书,每沿误本,妄为之说。且如四始,《史记·孔子世家》曰:"《关雎》之乱,以为《风》始;《鹿鸣》为《小雅》始;《文王》为《大雅》始;《清庙》为《颂》始。"盖《鲁诗》说也。今《诗序》曰:"《关雎》,《风》之始也",既已同于三家矣,则《雅》、《颂》之始亦必同。下文"是谓四始"之上,盖有夺文。而郑即随文说《风》、《小雅》、《大雅》、《颂》为四始,不亦支离灭裂之甚邪?王鸣盛《尚书后案》引王钰《啸堂集古录》载周侯铸钟。亦有刖劓之文,足征《说文》之是,乃反指为传写之误。王氏一生佞郑不足责,陈朴园固搜讨今文书说者,乃亦欲改三家之说以从郑,见

《今文尚书经说考》。抑何不思之甚也！

《山海经·东山经》："凡《东山经》之首，自樕螽之山以至于竹山，凡十二山，三千六百里。其神状皆人身龙首。祠：毛用一犬祈，聊用鱼。"郭《注》："以血涂祭为聊也。《公羊传》云：盖叩其鼻以聊社。音钓饵之饵。"郝氏《笺疏》云："《玉篇》云：以牲告神，欲神听之曰聊。说与郭异。据郭《注》，聊疑当为衈。《玉篇》云：耳血也。《礼记·杂记》：衈皆于屋下。郑《注》云：衈，谓将封割牲以衅，先灭耳旁毛荐之。郭引《公羊传》者，僖十九年文；然《传》云盖叩其鼻以血社，不作衈字。《穀梁》正作叩其鼻以衈社。范宁《注》云：衈者，衅也。是郭此注当由误记，故竟以《穀梁》为《公羊》耳。"愚案《穀梁》之文，多袭《公羊》。窃疑《公羊》之血社，实衈社之误。《左氏》僖公三十三年，孟明视曰"君之惠，不以累臣衅鼓"，知古衅鼓用敌俘。衈社盖亦其类。此本非刑，亦不以施诸异族之为奴者，故亦无缘贻及本族也。入之五刑之中，其误不足疑矣。

原刊《光华大学半月刊》第五卷第七期，
一九三七年三月三十日出版

〔一六一〕赎　刑

《吕刑》曰："苗民弗用灵。制以刑。惟作五虐之刑曰法。"知五刑之制，昉自苗民，而中国效之，赎刑疑亦如是。奚以言之？案《管子·中匡》曰："甲兵未足也，请薄刑罚，以厚甲兵。于是死罪不杀，刑罪不罚，使以甲兵赎。死罪以犀甲一戟，刑罚以胁盾一戟。过罚以金钩。无所计而讼者，成以束矢。"又《小匡》曰："齐国寡甲兵，吾欲轻重罪而移之于甲兵。制重罪人以兵甲犀胁二戟，轻罪人兰盾鞈革二戟，小罪人以金钧。分宥薄罪，入以半钧。无坐抑而讼狱者，正三禁之而不直，则入一束矢以罚之。美金以铸戈剑矛戟，试诸狗马；恶金以铸斤斸夷锯梮，试诸木土。"《淮南·氾论》."齐桓公将欲征伐，甲兵不足，令有重罪者出犀甲一戟，有轻罪者赎以金分，讼而不胜者，出一束箭。百姓皆说。乃矫箭为矢，铸金而为刃，以伐不义而征无道，遂霸天下。"观此，知《周官》大司寇束矢钧金之法，实与《尧典》之金作赎刑、穆王之训夏赎刑是一。盖皆为足兵起见也。《管子·地数》曰："葛卢之山发而出水，金从之。蚩尤受而制之，以为剑铠矛戟。是岁，相兼者诸侯九。雍狐之山发而出水，金从之。蚩尤受而制之，以为雍狐之戟、芮戈。是岁，相兼者诸侯十二。"《吕览·荡兵》曰："未有蚩尤之时，民固剥林木以战矣。"知以金为兵，实始蚩尤。《左氏》僖公十八年："郑伯始朝于楚，楚子赐之金。既而悔之。与之盟，曰：无以铸兵。"知春秋时铸兵之技，北方犹不逮南，赎刑之法，固非蚩尤莫之能制矣。

《管子》赎刑之法，小罪以金钧，薄罪半钧。钧三十斤，是薄罪亦十五斤也。《吕刑》之制，墨辟百锾，劓辟惟倍，剕辟倍差，宫辟六百锾，大辟千锾。锾六两，则墨辟逾于《管子》之小罪，而大辟十倍之也。古二十四铢为两，十六两为斤，则周大辟之罚，以金之重计之，当秦半两钱万，汉五铢钱二万三千余。钱币之价，诚不必与金同，然当圜法初立时，民信未孚，往往计金之重，以定钱价，二者相去，亦不能甚远。《史记·货殖列传》言："籴二十病农，九十病末。上不过八十，下不减三十，则农末俱利。"然则周大辟之赎，直汉籴最上时谷三百石。《汉书·食货志》载李悝尽地力之教，言："一夫挟五口，治田百亩，岁收亩一石半，为粟百五十石。"若以粟一石当谷二石，则罄农夫一岁所得也，夫岂平民所能堪？故《淮南王》言齐桓制赎刑之法而百姓大说，此百姓必王之亲若有爵者，非凡民也。穆王之法亦当然。刑不上大夫，至此盖徒成虚语矣。

通工易事愈繁，则贸易愈广，而钱币之用亦愈溥，凡物皆可以之为代。《周官·秋官》："司厉，掌盗贼之任器、货贿，辨其物，皆有数量，贾而揭之，入于司兵。"注："郑司农云：任器、货贿，谓盗贼所用伤人兵器，及所盗财物也。"又职金："掌受士之金罚货罚，入于司兵。《注》："货，泉贝也。《管子·君臣下》："千里之内，束布之罚，一亩之赋，尽可知也。"《注》："束，谓帛也，布，谓钱也。"皆兵器与货贿并重，则寖失初意矣。然《书疏》言"古之赎罪者皆用铜，汉始改用黄金"，则究以足兵为重也。

《墨子·非乐上》："汤之《官刑》有之曰：其恒舞于宫，是谓巫风。其刑，君子出丝二卫。"卫盖纬之借。以物为罚，自古有之，盖北方本不饶金也。

原刊《光华大学半月刊》第五卷第七期，一九三七年三月三十日出版

〔一六二〕圜土即谪作

《周官》大司寇："以圜土聚教罢民。凡害人者，置之圜土而施职事焉，以明刑耻之。其能改过，反于中国，不齿三年。其不能改而出圜土者杀。"司圜："掌收教罢民。凡害人者，弗使冠饰而加明刑焉。任之以事而收教之。能改者，上罪三年而舍，中罪二年而舍，下罪一年而舍，其不能改而出圜土者杀。虽出，三年不齿。"云反于中国，则是圜土在边竟也。《墨子·尚贤下》："昔者傅说，居北海之洲，圜土之上，衣褐带索，庸筑乎傅岩之城。"云北海之洲者，古以夷、蛮、戎、狄为四海，语增以为真滨海，乃以其所居之地为洲，此不足信，然其在边竟则实矣。《正月》之诗曰："民之无辜，并其臣仆。"《毛传》曰："古者有罪，不入于刑，则役之圜土，以为臣仆。"即《周官》之制也。《管子·揆度》："力足，游荡不作，老者谯之，当壮者遣之边戍。"《史记·商君列传》："秦民初言令不便者，有来言令便者。卫鞅曰：此皆乱化之民也。尽迁之于边城。"游荡不作，即所谓罢民。乱化之民，则商君比之害人者尔。古征戍亦役之一，秦汉时用兵多，乃变谪作为谪戍耳。然亦非始皇所创也，圜土即谪作也。而晁错乃以是深罪始皇，若以为始作俑者，非其实也。

原刊《光华大学半月刊》第五卷第七期，

一九三七年三月三十日出版

〔一六三〕父子兄弟罪不相及

《左氏》昭公二十年，苑何忌引《康诰》曰："父子兄弟，罪不相及。"今《康诰》无其文。盖《传》辞也。案连坐之罪，古者无之。《甘誓》曰："予则孥戮女。"《汤誓》曰："予则孥戮女，罔有攸赦。"此已为军刑。然郑《注》引《周礼》："其奴男子入于罪隶，女子入于舂槀"，《汤誓疏》。则亦止于奴之而已，非杀其身也。《礼记·檀弓》："齐庄公袭莒于夺，杞梁死焉。其妻迎其柩于路而哭之哀。庄公使人吊之。对曰：君之臣不免于罪，则将肆诸市朝而妻妾执。"执即为奴之谓，非谓刑杀。《说苑·尊贤》："晋文侯行地登隧，大夫皆扶之。随会不扶。文侯曰：会，夫为人臣而忍其君者，其罪奚如？对曰：其罪重死。文侯曰：何谓重死？对曰：身死，妻子为戮焉。"以戮为死，非古义矣。盖缘秦以来有族诛之法，耳濡目染，忘其本来也。《牧誓》曰："勖哉夫子，尔所弗勖，其于尔躬有戮。"虽军刑，亦止及其身。祁奚之言叔向曰："犹将十世宥之，以劝能者。"《左氏》襄公二十一年。则以功德而宥其亲族者有之矣，以愆咎而戮及亲族，军刑外未之前闻，况于刑杀之乎？古有以谋叛而族诛者，此乃虑其复仇，非欲治其罪也，故出奔则可以免，如成虎是也。见《左氏》昭公十二年。

《史记·秦本纪》文公二十年，"法初有三族之罪"。《集解》引张晏曰："父母、兄弟、妻子也。"又引如淳曰："父族、母族、妻族也。"案费誓:"汝则有无余刑,非杀。"《疏》引王肃云:"父母、妻子,同产皆坐之,无遗免之者,故谓无余之刑;然入于罪隶,亦不杀之。"又引郑玄云:"无余刑非杀者,谓尽奴其妻子,不遗其种类,在军使给厮役,反则入于罪隶舂槀,不杀之。"案王肃之说,即张晏之说也。孥不兼父母兄弟言,恐不如郑说之确。伪《大誓》:"罪人以族。"《伪传》云:"一人有罪,刑及父母、兄弟、妻子",与肃说同。《商君书·赏刑》:"守法、守职之吏,有不行王法者,罪死不赦,刑及三族。"此刑字,亦当兼奴戮言之,不必皆为亏体之刑也。

《史记·廉颇蔺相如列传》:赵括之母,请赵王毋用括,赵王不听。括母因曰:"王终遣之,即如有不称,妾得无随坐乎?"王许诺。其后括败,赵王以母先言,竟不诛也。《三国·魏志·武帝纪》:建安八年五月己酉令,引此事,为"古之将者,军破于外,而家受罪于内"之征,盖军刑之连及亲族,由来旧矣。孔子曰:"射不主皮,为力不同科,古之道也。"况于军之出,不必皆有可胜之道乎?而以一切之法劫之,至于戮及无辜,亦可哀矣,固知争夺相杀者,不能复顾仁义也。

《荀子·荣辱》论斗者忘其身云,"室家立残,亲戚不免乎刑戮。"此似内政,与军法无关,然事势之流,相激使然。后虽用诸内政,溯其始,要不能谓不出于军刑也。

《吕览·开春论》:"晋诛羊舌虎,叔向为之奴而胥靡。"《注》:"奴,戮也。律坐父兄,没入为奴。《周礼》曰:其奴男子入于罪隶,此之谓也。胥靡,系也。"《汉书·楚元王传》:申公、白生谏王戊不听,"胥靡之。"《注》:"应劭曰:《诗》云:若此无罪,沦胥以铺。胥靡,刑名也。晋灼曰:胥,相也。靡,随也。古者相随坐轻刑之名。"师古曰:"联系使相随而服役之,故谓之胥靡。犹今之役囚徒,以锁联缀耳。"此正《吕览》所谓胥靡者也。《叙传》曰:"呜乎史迁,薰胥以刑。"《注》:

"晋灼曰:《齐》、《韩》、《鲁诗》作薰。薰,帅也。从人得罪相坐之刑也。"《后汉书·蔡邕传》:"下获熏胥之辜。"《注》:"《诗·小雅》曰:若此无罪,勋胥以痡,勋,帅也;胥,相也;痡,病也。言此无罪之人,而使有罪者相帅而病之,是其大甚。见《韩诗》。"然则《诗》之所刺,亦仅相随苦役耳。《左氏》昭公二十七年:"子常杀费无极与鄢将师,尽灭其族。"《左氏》战国时书,疑所言不尽实也。

原刊《光华大学半月刊》第五卷第七期,
一九三七年三月三十日出版

〔一六四〕救父杀夫,助夫杀父

《左传》桓公十五年,"祭仲专,郑伯患之,使其婿雍纠杀之。将享诸郊。雍姬知之,谓其母曰:父与夫孰亲?其母曰:人尽夫也,父一而已,胡可比也?遂告祭仲曰:雍氏舍其室,而将享子于郊,吾惑之,以告。祭仲杀雍纠,尸诸周氏之汪。"是雍姬杀其夫以救其父也。襄公二十八年,"卢蒲癸、王何卜攻庆氏,……卢蒲姜谓癸曰:有事而不告我,必不捷矣。癸告之,姜曰:夫子愎,莫之止,将不出,我请止之。癸曰:诺。十一月乙亥,尝于大公之庙,庆舍莅事,卢蒲姜告之,且止之,弗听,曰:谁敢者?遂如公",卒见杀。是卢蒲姜助其夫以谋杀其父也。又定公十四年,蒯聩使戏阳速杀南子,则为子欲杀其母者。

〔一六五〕父为子隐,子为父隐

《论语·子路》:"叶公语孔子曰:吾党有直躬者,其父攘羊,而子证之。孔子曰:吾党之直者异于是,父为子隐,子为父隐,直在其中矣。"古之为法者,上之所求于下,不必其有利于民,或且贼民以自利焉;纵不如是,民之恃法以自安者浅,恃其以情相联系以为安者深,故圣人不肯求法之必行,而使其民相纠告,知其所获者小,所丧者大也,圣之至也。

《宋书·何尚之传》:"义熙五年,吴兴武康县民王延祖为劫,父睦以告官。新制:凡制,身斩刑,家人弃市。睦既自告,于法有疑,时尚之父叔度,为尚书,议曰:设法止奸,本于情理。非一人为劫,阖门应刑;所以罪及同产,欲开其相告,以出为恶之身。睦父子之至,容可悉共逃亡,而割其天属,还相缚送,螫毒在手,解腕求全,于情可愍,理亦宜宥。睦既纠送,即余人无应复告。并全之。"立法以劫其民,至于如是,亦可哀矣。《蔡廓传》:"宋台建为侍中,建议以为鞫狱不宜令子孙下辞,明言父祖之罪,自今家人与囚相见,无乞鞫之诉,使民以明伏罪,不须责家人下辞。朝议咸以为允,从之。"此即颇有合乎恕之理矣。廓少子兴宗,"为廷尉卿,有解士先者,告申坦昔与丞相义宣同谋。时坦已死,子令孙,时作山阳郡,自系廷尉。兴宗议曰:若坦昔为戎首,身今尚存,累经肆眚,犹应蒙宥。令孙天属,理相为隐。况人亡事远,追相诬讦,断以礼律,义不合关。若士先审知逆谋,当时即应启闻,包藏积年,发因私怨;况称风声路传。实无定主,而干黩欺罔,罪合极法。"此则不徒平恕,且足以大畏奸狡矣。

原刊一九四七年五月十二日天津《民国日报》副刊"史与地"

〔一六六〕比伍相及

比伍相及之法,其初盖亦军刑。《康诰疏》谓"子弗祗服厥父事"云云,即父子兄弟,罪不相及。案此数语绝无罪不相及之意,《疏》言非也。自当如予说谓系《传》文为是,参看《传说记》条。又言子非及父,理所当然,而《周官》邻保,以比伍相及,赵商疑而发问。郑答云:《周礼》大平制,此居殷乱。《周官·大司寇疏》:"赵商问族师职曰:四闾为族,八闾为联,使之相保相受,刑罚庆赏相及。在《康诰》曰:父不慈,子不孝,兄不友,弟不恭,不相及也。族师之职,邻比相坐;《康诰》之云门内尚宽,不知《书》、《礼》是错,未达指趣。答曰:族师之职,周公新制礼,使民相拱勒之法;《康诰》之时,周法未定,天下又新诛三监,务在尚宽,以安天下。先后量时,各有云为,乃谓是错也?"说殊不然,《墨子·尚同下》:"圣王皆以尚同为政,故天下治。何以知其然也? 于先王之书也。《大誓》之言曰:小人见奸巧,乃闻不言也,发,罪钧。"魏默深谓此乃纣创之以监谤,《书古微·太誓补亡中》。说亦无据。《繁露·王道》云:"梁内役民无已,其民不能堪,使民比地为伍,一家亡,五家杀,刑。"《公羊解诂》亦云:"梁君隆刑峻法,一家犯罪,四家坐之。"僖公十九年。《疏》云:《春秋说》有此文。盖连坐之制,由来旧矣。《周官》族师职云:"五家为比,十家为联;五人为伍,十人为联;四闾为族,八闾为联;使之相保相受,刑罪庆赏,相及相共。"比长职云:"五家相受相和亲,有罪奇衺则相及。"邻长职云:

"掌相纠相受。"士师职云:"掌乡合州党族闾比之联,与其民人之什伍,使之相安相受,以比追胥之事,以施刑罚庆赏。"《周官》虽战国时书,其所祖述,固皆古制。即《管子》之轨里连乡,亦属此制。《小匡》。特时会晚则操之者愈蹙,故《管子》仅言祭祀相福,死丧相恤,祸福相忧,居处相乐,行作相和,哭泣相哀。《周官》已以相纠与相受并举,《商君》尤专重相司耳。《韩非·制分》曰:"去微奸之道奈何?其务令相窥其情者也。使相窥奈何?曰:里相坐而已。告过者免罪受赏,失奸者必诛连刑,如此,则奸类发矣。奸不容细,私告任坐使然也。"其言尤为峻急。《商君书·赏刑》云:"周官之人,知而讦之上,自免于罪;无贵贱,尸袭其官长之官爵田禄。"则又推诸什伍之外矣。古之居民,盖有二法:一如《周官》之比闾族党,《管子》之轨里连乡,与什伍之制相应,盖军人更屯聚者也。一如《尚书大传》所述:八家而为邻,三邻而为朋,三朋而为里,与井田之制相应,盖农耕之民,不入行伍者。相司连坐之制,皆起于什伍,故知其初亦军刑也。

原刊《光华大学半月刊》第五卷第七期,
一九三七年三月三十日出版

〔一六七〕与于青之赏必及于其罚

《左氏》昭公二十年：卫侯告宁于齐，且言子石。齐侯将饮酒，遍赐大夫，曰：二三子之教也。苑何忌辞曰："与于青之赏，必及于其罚。在《康诰》曰：父子兄弟，罪不相及。况在群臣？臣敢贪君赐，以干先王？"罪不相及，人人知之。赏不可相及，闻者或不能无疑，而不知以法家之义言之，则二者之不可惟钧也。《荀子·君子》曰："古者刑不过罪，爵不逾德，故杀其父而臣其子，杀其兄而臣其弟。刑罚不怒罪，爵赏不逾德，分然各以其诚通。是以为善者劝，为不善者沮。刑罚綦省，而威行如流。乱世则不然。刑罚怒罪，爵赏逾德。以族论罪，以世举贤。故一人有罪，而三族皆夷。德虽如舜，不免刑均，是以族论罪也。先祖当贤，后子孙必显，行虽如桀纣，列从必尊，此以世举贤也。虽欲无乱，得乎哉？"以族论罪，以世举贤，其失维钧，此《左氏》苑何忌语之注脚也。

原刊《光华大学半月刊》第五卷第七期，
一九三七年三月三十日出版

〔一六八〕命夫命妇不躬坐狱讼

《周官》小司寇:"凡命夫命妇,不躬坐狱讼。"此与"刑不上大夫"同意。盖古者平民贵族,界限森严,命夫命妇,固非狱吏小人之所得而治也。《左氏》僖公二十八年,卫侯与元咺讼,鍼庄子为坐;襄公十年,王叔之宰与伯舆之大夫瑕禽坐狱于王庭;昭公二十三年,晋人执叔孙婼,使与邾大夫坐,叔孙曰:"列国之卿当小国之君,固周制也。邾又夷也,寡君之命介子服回在,请使当之,不敢废周制故也。"乃得不坐。并《周官》之注脚。

贵族与平民,界限甚严;然同为贵族,则不以其位之高下,而有所左右袒;故上下之讼,上不必胜,下不必负。卫侯与元咺、王叔与伯舆之讼,其明征也。郑之放子南也,子产曰:"直钧,幼贱有罪。"《左氏》昭公元年。不曰不论曲直,罪在幼贱也。瑕禽曰:"下而无直,则何谓正矣。"《左氏》襄公十年。尤觉言之侃侃。

《小司寇注》曰:"不身坐者,使其属若子弟。"此今诉讼之代理人也。卫侯之与元咺讼也,既使鍼庄子为坐,又使甯武子为辅,士荣为大士。《疏》云:"以其主狱事,故亦使辅之。"盖以其习于法律之故,则似今之律师矣。卫侯不胜,杀士荣,刖鍼庄子;盖以尊者不可加刑,犹商君治秦,太子犯令,而刑其师傅,非以其为坐为辅也。然犹执卫侯,归之京师,置诸深室,则尊者仅得免刑,拘系之罪,亦在所不免矣。

〔一六八〕命夫命妇不躬坐狱讼

僖公二十八年杜《注》并引王叔之宰与伯舆之大夫坐狱事,曰:"各不身亲,盖今长吏有罪,先验吏卒之义。"案卫青之责李广也,史云大将军长史急责广之幕府对簿,然广曰:"诸校尉无罪,乃我自失道,吾今自上簿。"则长史实未尝责广自行。贾生曰:"古者大臣,有坐不廉而废者,不谓不廉,曰簠簋不饰;坐污秽淫乱,男女亡别者,不曰污秽,曰帷薄不修;坐罢软不胜任者,不曰罢软,曰下官不职。"盖其后仅为逊辞,其初则所验问者,诚皆其下执事也。"成王有过,则挞伯禽",义亦如是。

《尚书·立政》曰:"文王罔攸兼于庶言、庶狱、庶慎,惟有司之牧夫。是训用违,庶狱庶慎,文王罔敢知于兹。"崔东壁曰:"文王之不兼庶狱,谓庶人之轻狱,非士大夫之大狱也。孟子曰:讼狱者不之尧之子而之舜,不之益而之启。是古者诸侯之狱,皆天子自治之也。王叔陈生与伯舆争政,王叔之宰与伯舆之大夫瑕禽,坐狱于王庭;叔孙昭子朝而命吏曰:婼将与季氏讼,书辞无颇;是古者卿大夫之狱,皆其君自治之也。邢侯与雍子争鄐田,叔鱼蔽罪邢侯,邢侯杀叔鱼与雍子于朝;梗阳人有狱,魏戊不能断,以狱上;是古者位相埒则不能治其狱,必尊者而后能治卑者之狱也明矣。自秦始重狱吏之权,无论丞相大臣,皆使治之,而李斯以谋反诬服矣。唐高宗时,人告长孙无忌谋反,许敬宗文致而上之,高宗犹以元舅之故,不忍杀,而敬宗不可;夫元舅诚不可以谋反贷死,顾无忌实未尝谋反,高宗何不亲鞫之乎?至明置锦衣狱,其祸尤烈,杨涟、左光斗诸人皆忠直大臣,一入狱中,覆盆莫告,榜掠至无完肤,卒以狱毙。若此者,岂非人主不自理之过与?"《丰镐考信别录》。案古者卑不治尊,实由平民贵族等级森严之故。汉武论魏其、武安之狱曰:"俱宗室外家,故廷辩之。不然,一狱吏所决耳。"谓此也。自秦以降,阶级渐夷,虽丞相亦知狱吏之尊,实有平夷之美;然上下之隔绝愈甚,而冤狱益多,亦其远不逮古者;故古今之刑法,亦互有得失也。

〔一六九〕狱之迟速

《书·康诰》曰:"要囚,服念五六日,至于旬时,丕蔽要囚。"此古者政简刑清之世之遗法也。《史记·匈奴列传》曰:"狱久者不满十日;一国之囚,不过数人。"盖风气诚朴之世恒如此。《周官》小司寇:"以五刑听万民之狱讼,附于刑,用情讯之,至于旬乃弊之。"朝士之职:"凡得获货贿人民六畜者,委于朝,告于士,旬而举之。"《周官》固晚出之书,然其弊狱及举得获之物,皆以旬为限,犹是古之遗制也。

风俗弥薄,疆理弥恢,则有司之治狱益难,而人民之赴诉愈远,狱讼遂有稽留之弊。《周官》乡士之辨狱讼,旬而职听于朝;遂士二旬;县士三旬;方士则三月而上狱讼于国:此皆因其地之远,而其断弊不得不迟者也。夫法不出于一,不可也。然地既大,路既远,举狱讼之大且难者,而欲悉听诸中朝,则其事不得不迟;而稽延之弊,遂自兹而起矣。《周官》讶士,"掌四方之狱讼,谕罪刑于邦国,凡四方之有治于士者造焉。四方有乱狱,则往而成之。"《注》曰:"如今郡国遣吏诣廷尉议","吕步舒使治淮南狱。"夫如是,尚安能守其旬时而蔽之旧,使狱囚不过数人哉?然吏之舞文弄法者则少矣。谕罪刑于邦国,盖告以犯何罪当用何刑也,则各地错杂之法,渐趋于一矣。此亦有画一之美也。故曰:后世之刑法,与古者互有得失也。

《周官》朝士:"凡士之治有期日:国中一旬,郊二旬,野三旬,都三月,邦国期。期内之治听,期外不听。"盖以阅时久则事状不明,情伪不易悉,故限之以期日也。然国中限以一旬,而邦国至于期月,其事状尚可考,而情伪尚可悉乎?然欲举邦国之狱,而悉成诸士,势固有不得不然者;后世远年疑狱,久悬而莫能决,亦由地大而最高审断不能以时举行故也。故任各地方各自为政,则虑下吏之弄法舞文,而法律亦各徇其俗而不画一。一统之于中朝,则不免执一切之法,以御不齐之俗,而法遂不厌于人心,而久延而冤曲不得伸,凶暴莫能惩,其弊尤难遍疏举也。故曰:古今之法,互有得失也。

《论语·颜渊》:"子曰:片言可以折狱者,其由也与?"亦贵其速也。故与"无宿诺"并举。《集解》引孔,谓不须两辞,可以偏信一言,其缪甚矣。

《月令》孟夏:"断薄刑,决小罪,出轻系。"仲夏:"挺重囚,益其食。"可见狱有留系矣。乡士、遂士、县士之职:司寇断狱、弊讼,既成,士师协日而刑杀。可见诛戮之不可久稽。然《月令》以孟秋戮有罪;仲秋命有司,申严百刑,斩杀必当;季秋乃趣狱刑,毋留有罪。《管子》亦曰"始寒尽刑",《幼官》。则刑有不能协日而行者矣。司马法曰:"赏不逾时,虽为善者之速得利也。"夫为善者不可不速得利,则为恶者不可不速受惩。自狱有淹系,刑或逾时,而为恶者之受惩缓矣,尚何以快人心而收惩一儆百之效也?故狱之淹滞,终非美事也。然非至各地方风俗画一,政治之情形大变,司法之制,有不易即改者,故法之弊亦风俗为之也。《小司寇》:"岁终,则令群士计狱弊讼,登中于天府。"盖立程限,今年之事,不得延至明年也。

《公羊》宣公元年:"古者大夫已去,三年待放。"《解诂》曰:"古者疑狱三年而后断,自嫌有罪当诛,故三年不敢去。"《墨子·明鬼下》"昔日齐庄君之臣,有所谓王里国、中里徼者,讼三年而狱不断",盖即所谓疑狱也。此乃罕有之事,寻常狱讼,不得援以为例。

〔一七〇〕舜为天子皋陶为士瞽瞍杀人

《孟子·尽心》:"桃应问曰:舜为天子,皋陶为士,瞽瞍杀人,则如之何?孟子曰:执之而已矣!然则舜不禁与?曰:夫舜,恶得而禁之?夫有所受之也。然则舜如之何?曰:舜视弃天下,犹弃敝蹝也。窃负而逃,遵海滨而处,终身䜣然乐而忘天下。"此儒家斟酌于公私之间,恩义曲尽之道也。《记》曰:"门内之治恩掩义,门外之治义断恩。"《丧服四制》。善言治者,不以门内之恩,害门外之义;亦不以门外之义,夺门内之恩。盖人群之公义,不得不信;而世运未至于大同,则各亲其亲之心,亦为人人所同具,故以是斟酌于二者之间,而求其曲当也。此章读者或疑之,其实以其义推之群经,均无不合。《论语》:"叶公语孔子曰:吾党有直躬者,其父攘羊,而子证之。孔子曰:吾党之直者异于是,父为子隐,子为父隐,直在其中矣。"《子路》。夫以子证父则不可,人或证其父,则非其子所得而为之讳矣。《公羊》曰:"父母之于子,虽有罪,犹若不欲其服罪然。"文公十五年。不欲其服罪者,其心,非能使之不服罪也。此舜之所以窃负而逃,而不能禁皋陶之执也。《公羊》又曰:"郑伯克段于鄢,克之者何?杀之也。杀之则曷为谓之克?大郑伯之恶也。"《解诂》曰:"明郑伯为人君,当如《传》辞,不当自己行诛杀,使执政大夫当诛之。《礼》:公族有罪,有司谳于公,公曰:宥之。及三宥,不对。走出,公又使人赦之。以不及反命。公素服,不举,而为之变,如其伦之丧;无服,亲哭之。"隐公元年。三宥而有司不对,此即所谓皋陶执之者。《王制》曰:"三公以狱之成告于王,王三又,然后致刑。"三宥之文,亦见《周官》司刺,盖古之遗法。人君之于其族,亦依成法宥之耳,非能特赦之也。此亦所谓舜不得而禁之者也。季子之于公子牙也,不以为国狱,不欲其服罪之心也。其于庆父也,缓追逸贼,归狱邓扈乐而不变,窃负而逃之义也。然以君臣之义,诛不得辟兄,则又舜之不得禁皋陶也。《公羊》庄公三十二年,闵公元年、二年。故曰:孟子之言,推之群经而无不合也。

抑不独经义。石碏之杀石厚也,使其宰獳羊肩莅焉,此即何君所谓"使执政大夫当诛之"者也。然卒不得不杀厚,则犹季子之诛不避兄也。《左氏》隐公四年。叔向治国制刑,不隐于亲,三数叔鱼之恶,不为末减,而仲尼称为古之遗直。《左氏》昭公十四年。当官而行,势不得隐,亦季子之诛不辟兄也。《史记·循吏列传》曰:"石奢者,楚昭王相也。行县,道有杀人者,相追之,乃其父也。纵其父而还自系焉。使人言之王曰:杀人者,臣之父也。夫以父立政,不孝也;废法纵罪,非忠也;臣罪当死。王曰:追而不及,不当伏罪,子其治事矣。石奢曰:不私其父,非孝子也;不奉主法,非忠臣也。王赦其罪,上惠也;伏诛而死,臣职也。遂不受令,自刎而死。"夫其纵父,则舜之窃负而逃也。然孟子谓舜可遵海滨而处,而石奢必还自系、不受令、伏剑而死者,其所处之位异也。《史记》又曰:"李离者,晋文公之理也。过听杀人,自拘当死。文公曰:官有贵贱,罚有轻重;下吏有过,非子之罪也。李离曰:臣居官为长,不与吏让位;受禄为多,不与下分利;今过听杀人,傅其罪下吏,非所闻也。辞不受令。文公曰:子则自以为有罪,寡人亦有罪邪?李离曰:理有法:失刑则刑,失死则死。公以臣能听微决疑,故使为理,今过听杀人,罪当死。遂不受令，伏剑而死。"李离自以为有罪，而不谓其君有罪者，君故不以弊狱为责，然则皋陶之父而杀人，苟纵之，亦必如石奢之自系，而不得如舜之遵海滨而处矣。然则群经之义，亦当时贤士大夫所共知，盖孔子亦因俗之合于义者，著之于经尔，非必有所创也。

《左氏》襄公二十二年："楚观起有宠于令尹子南，楚人患之，王将讨焉。子南之子弃疾为王御士，王每见之，必泣。弃疾曰：君三泣臣矣，敢问谁之罪也？王曰：令尹之不能，尔所知也，国将讨焉，尔其居乎？对曰：父戮子居，君焉用之？泄命重刑，臣亦不为。王遂杀子南于朝，轘观起于四竟。子南之臣谓弃疾：请徒子尸于朝，曰：君臣有礼，唯二三子。三日，弃疾请尸。王许之。既葬，其徒曰：行乎？曰：吾与杀吾父，行将焉入？曰：然则臣王乎？曰：弃父事仇，吾弗忍也。遂缢而死。"夫康王之欲杀子南，犹皋陶之欲执瞽瞍也，而何以弃疾不窃负而逃也？曰：观子南既死，其徒犹欲犯命取殡，则其力能抗王可知，劝其行，必不从矣，此弃疾之所以弗告也；自杀以全臣子之义也。亦可哀矣。

〔一七一〕毋　赦

儒家之言曰："眚灾肆赦。"《书·尧典》。又曰："赦小过。"《论语·子路》。而法家之言曰："小忠必赦。"《韩非子·饰邪》。二者果孰是？曰：皆是也。儒家之言，就犯罪者一人言之也。法家之言，则为公众言之也。就犯罪者一人而言之，凡有过者，不必其皆恶；即恶矣，亦或迫于势不得已；又或偶然失足，后知悔悟；凡若此者，以情理言之，固可哀矜；舍之，使得改过自新，持法者固应尔也。然若其持法也，乃以警众为重，而不暇为一二人计，则法家之言，有可深长思者。《管子》曰："民无重罪，过不大也。民无大过，上无赦也。上赦小过，民多重罪，积之所生也。"《法法》。《商君书》曰："行刑重其轻者，轻者不生，则重者无从至矣，此谓治之于其治也。行刑重其重者，轻其轻者，轻者不止，则重者无从止矣，此谓治之于其乱也。"《说民》。为公众计，不为一二人计，则所谓"凡赦者，小利而大害者也，故久而不胜其祸；毋赦者，小害而大利者也，故久而不胜其福"者，确有至理。《管子·法法》。夫岂不知其有小害，势有所不暇顾也。《礼记·王制》曰："凡执禁以齐众，不赦过。"夫执禁齐众时之过，与平时之过，有何异焉？然而不赦之者，为齐众计，势固不得不然也。此言可以通儒、法之邮。

《周官》大司寇："掌建邦之三典，一曰刑新国用轻典，二曰刑平国用中典,三曰刑乱国用重典。"视所施而异其轻重,盖亦度齐众之宜。《荀子》曰:"刑称罪则治,不称罪则乱。故治则刑重,乱则刑轻。犯治之罪固重,犯乱之罪固轻也。《书》曰:刑罚世轻世重,此之谓也。"《正论》。不度时势之殊,而以罪之轻重固尔,失其义矣。

原刊一九四七年五月九日上海《益世报》副刊"史苑"

〔一七二〕以吏为师

《史记·秦始皇本纪》：李斯焚书之议曰："若有欲学法令，以吏为师。"《集解》引徐广曰："一无法令二字。"案《李斯传》亦无之，疑此二字乃注语，诸本或夺，或阑入正文也。此语为史公元文与否不可知，要不失李斯之意。或谓若有欲学，指凡学问言；又或谓吏即博士，以此为秦未尝灭学之征，则翩其反而矣。

"欲学法令，以吏为师"，说见《商君书·定分》篇。此篇之意，欲置官吏知法令之谓者，以为天下正。诸官吏及民，有问法令之所谓者，皆明告之。不告，以其所问法令之罪罪之。其言曰："一兔走，百人逐之。卖者满市，盗不敢取，由名分已定也。今法令不明，其名不定，天下之人得议之。其议人异而无定，是法令不定，以下为上也。先圣人为书而传之，后世必师受之，乃知所谓之名；不师受之，而人以其心意议之，至死不能知其名与其意，故圣人必为法令置官也。置吏也，为天下师，所以定名分也。"盖欲收解释法令之权，归之于上耳。

《礼记·王制》曰："析言破律，乱名改作，执左道以乱政，杀；作淫声、异服、奇技、奇器以疑众，杀；行伪而坚，言伪而辩，学非而博，顺非而泽以疑众，杀；假于鬼神、时日、卜筮以疑众，杀；此四诛者，不以听。"《荀子·宥坐》曰："孔子为鲁摄相，朝七日而诛少正卯。门人进问曰：夫少正卯，鲁之闻人也，夫子为政而始诛之，得无失乎？孔子曰：居，吾语女其故。人有恶者五，而盗窃不与焉。一曰心达而险，二曰行辟而坚，三曰言伪而辩，四曰记丑而博，五曰顺非而泽。此五者有一于人，则不得免于君子之诛；而少正卯兼有之。故居处足以聚徒成群，言谈足以饰邪营众，强足以反是独立，此小人之桀雄也，不可不诛也。是以汤诛尹谐，文王诛潘止，周公诛管叔，太公诛华仕，管仲诛付里乙，子产诛邓析、史付。此七子者，皆异世同心，不可不诛也。"《说苑·指武》篇略同，此即《王制》之注脚也。《吕览·离谓》曰："郑国多相县以书者，子产令无县书，邓析致之；子产令无致书，邓析倚之；令无穷，则邓析应之亦无穷，是可不可无辨也。"又曰："子产治郑，邓析务难之。与民之有狱者约：大狱一衣，小狱襦袴。民之献衣襦袴而学讼者，不可胜数；以非为是，以是为非，是非无度，而可与不可日变；所欲胜因胜，所欲罪因罪；郑国大乱，民口讙哗。子产患之，于是杀邓析而戮之。民心乃服，是非乃定，法律乃行。"夫是非可否，明著于法律者，岂邓析所能违？邓析所为，亦贸其名实，以法之所诛为无罪，法所不问者为有诛耳。此正所谓"析言破律，乱名改作"者也。以此傅诸邓析不必实，然春秋战国时，必有此等事，则无疑矣。故儒、法二家，同以为患也。

商君之意，欲"天子置三法官：殿中置一法官，御史置一法官及吏，丞相置一法官。诸侯郡县皆各为置一法官及吏。皆此秦一法官，郡县诸侯，一受宝来之法令学问并所谓吏民知法令者，皆问法官。故天下之吏民无不知法者。吏明知民知法令也，故不敢以非法遇民。遇民不修法，则问法官，法官即以法之罪告之，民即以法官之言正告之吏。吏知其如此，故吏不敢以非法遇民，民又不敢犯法"。此所谓法官，非躬行法，而为行法之吏所禀承，故曰为天下正。今之论者，但知司法与行政当分，而解释法律，则悉由司法官，司法官犹得上下其手。若如《商君书》所言,则行政官虽兼司法,而亦不能自恣,而遇民不法者,民得告之法官,则又不啻今之平政院矣。其法虽与欧西立宪之国异,其用意固相通也。李斯所谓"欲学法令,以吏为师"者,不知其吏亦如此否? 然即谓其意如是,其事亦必未行,故《史记》不载,他书亦无及之者也。汉世法令之弊,在于郡国承用者驳,或罪同而论议,奸吏因缘为市,惜乎未有以商君之说正之者也。然曹魏之世,因诸家章句大繁,而诏专用郑氏,虽未尝收解释之权于上,亦有一其解释之意矣。

《周官·天官》大宰:"掌建邦之六典,以佐王治邦国。以八法治官府,以八则治都鄙。"《春官》大史:"掌建邦之六典,以逆邦国之治,掌法以逆官府之治,掌则以逆都鄙之治。凡辨法者考焉,不信者刑之。"御史:"掌邦国都鄙及万民之治令,以赞冢宰,凡治者受法令焉。"此即商君欲于殿中、御史、丞相各置一法官之意;讶士谕罪刑于邦国,亦即其为诸侯郡县各置法官之意。盖考核诸司是否守法,其权固操之自上,而于法律或有不明,亦当问之于上,故战国时之成法;《商君书》与《周官》,同为六国时物,故其用意亦颇同也。

商君欲使人人皆知法令,与叔向之诤刑书,仲尼之非刑鼎,用意大异。然其言曰:"吏不敢以非法遇民,民又不敢犯法,如此,天下之吏民,虽有贤良辨慧,不能开一言以枉法;解释法律之权,操之于吏,而邓析之徒绝迹矣。虽有千金,不能以用一铢。故知诈贤能者,皆作而为善,皆务自治奉公,民愚则易治也。此所生于法明白易知而必行。"又曰:"夫微妙意志之言,上知之所难也。夫不待法令绳墨而无不正者,千万之一也。故圣人以千万治天下。故夫知者而后能知之,不可以为法,民不尽知。贤者而后知之,不可以为法,民不尽贤。故圣人为法,必使之明白易知。名正,愚知遍能知之。为置法官,置主法之吏,以为天下师,令万民无陷于险危。故圣人立而天下无刑死者,非不刑杀也,行法令明白易知,为置法官,吏为之师,以道之知,万民皆知所避就;避祸就福,而皆以自治也。"然则刑期无刑之意,实儒、法二家之所同,特其所由之路异耳。以时势揆之,则法家之言为切矣。《吕览·淫辞》:"惠子为魏惠王为法,已成,以示诸民人。民人皆善之。"则战国时之为法,无不求人民能知之者,与春秋时人见解大异矣。然仍有其不可行者,法家之所恃以致无刑者,曰人能知法;其所恃以使人能知法者,曰法明白易知。然群治演进,则人事随之而繁;人事既繁,而法令随之而杂,其势有不得不难知者。试观今之法令,夫岂人人所能知,而亦曷尝有一章一篇之可省乎?故法令如牛毛,而非人人所能知,而不足以餍人心,而不能收劝惩之效,皆世变为之,非为法者之过也。

李悝撰次诸国法,为《法经》六篇,商君受之以相秦。六篇者:《盗》、《贼》、《网》、《捕》、《杂》及加减。其后萧何益以《兴》、《厩》、《户》三篇,叔孙通益律所不及旁章十八篇,张汤有《越宫律》二十七篇,赵禹有《朝律》六篇。汉律至此,遂有六十篇矣。益以汉时决事,集为《令甲》以下三百余篇,及司徒鲍公《嫁娶辞讼决》为《法比》,都目凡九百六卷。《晋书·刑法志》。文书盈于几阁,典者不皆遍睹,此汉世之有心人,所由无不以删定律令为急者也。张汤、赵禹之属不足论,萧何以清净为治,叔孙通亦儒者,岂肯使法令如牛毛?然于秦律皆有所增益,明《法经》原出李悝以前,悝撰次诸国法为之,而非悝所自为。已不足周当时之用,增益者亦出于势不得已也。增益则文繁;文繁,众必不能尽省矣,又况其不易知乎?

〔一七三〕复 仇

《礼记·檀弓》:"子夏问于孔子曰:居父母之仇如之何?夫子曰:寝苫,枕干,不仕,弗与共天下也。遇诸市朝,不反兵而斗。曰:请问居昆弟之仇如之何?曰:仕弗与共国,衔君命而使,虽遇之不斗。曰:请问居从父昆弟之仇如之何?曰:不为魁,主人能,则执兵而陪其后。"《周官·地官》调人:"凡和难,父之仇,辟诸海外;兄弟之仇,辟诸千里之外;从父兄弟之仇不同国。君之仇眡父,师长之仇眡兄弟,主友之仇眡从父兄弟。"《疏》云:"赵商问:天下尚不反兵,海内何为和之?郑答曰:仇在九夷之东,八蛮之南,六戎之西,五狄之北,虽有至孝之心,能往讨不乎?"案古所谓天下者,非真谓普天之下,乃谓中国政教所及耳。秦始皇分天下为三十六郡,桂林、南海、象、闽中,初不在其内也。明当时所谓天下,限于四海之内也。《诗》曰:"普天之下,莫非王土。"夷蛮戎狄亦非疆理所及也。

《礼记·曲礼》:"父之仇,弗与共戴天,兄弟之仇不反兵,交游之仇不同国。"《注》:交游,或为朋友。《大戴记·曾子制言上》:"父母之仇,不与同生;兄弟之仇,不与聚国;朋友之仇,不与聚乡;族人之仇,不与聚邻。"《公羊》庄公四年《解诂》:"《礼》:父母之仇,不同戴天;兄弟之仇,不同国;九族之仇,不同乡党;朋友之仇,不同市朝。"所言大致略同。《二戴记》、《解诂》所谓国,盖指郭以内言,较市朝乡党为广。《周官》晚出,其时交通较便,声闻所及益广,故兄弟之仇,所不同者,扩及千里;从父昆弟之仇,则同于昔者之兄弟也。世运愈进,交通愈便,声闻所及愈广,报仇者有虽数千里而弗释者矣,若范雎之于魏齐是也;而如汉高之于田横,则虽亡之海外,亦弗获免矣。

弗仕者,仕则有公事,不得专顾其私以复仇为事也。《檀弓》曰:滕成公之丧,使子叔敬叔吊,进书,子服惠伯为介。及郊,为懿伯之忌不入。惠伯曰:政也,不可以叔父之私,不将公事。遂入。亦见《左氏》昭公三年。此所谓衔君命而使,虽遇之不斗者也。伍子胥之干阖庐也,阖庐将为之兴师,子胥曰:"诸侯不为匹夫兴师。且臣闻之:事君犹事父也,亏君之义,复父之仇,臣不为也。"《公羊》定公四年。《穀梁》同。盖君非一臣之君,势不得举一国以殉一人。故臣仕于君有不得资其力以复仇者。若枉道而资其力,则亏君之义矣,又古之义士所不为也。此有父母之仇者所以弗仕也。然如伍子胥者,其所仇乃为万乘之君;范雎之所仇,则千乘之君蔽之,有非资国君之力不能报者。此亏君之义以释私怨者,所由接迹于后世与?伍子胥不肯亏君之义,以复父之仇;范雎以一人之私怨,挟秦力以穷魏齐,而秦王亦举国以殉之,可以觇世变矣。

葛伯仇饷之事,《孟子·滕文公下》。论者恒疑之;然大同之世,力恶其不出于身也,不必为己,代耕之事,固古之遗俗,不足疑也;即为匹夫匹妇复仇,亦不足怪,何者?古代部族林立,部族与部族之交涉,犹今日国与国之交涉也。今日此国之人,有见杀于彼国者,岂不亦责诸其国,而不问其人与。特不能皆为之兴师耳。此则时异势殊,利害交错,不能专殉一事,使之然也。然而匹夫匹妇,含愤而不获申者众矣。然后知伊尹思天下之民,匹夫匹妇,有不与被尧舜之泽者,若己推而内之沟中,《孟子·万章上》。非徒存虚愿也;当时之时势,诚可使匹夫匹妇,无不被其泽也,何也?其群小,其事简,利害关系未甚错杂,为君相者诚可以顾及其人民,使之生得其养,死得其葬。苟有冤屈,无不获理也。至于后世,牧民者虽有无穷之心,而为事势所限,可若何。禹思天下有溺者,由己溺之也;稷思天下有饥者,犹己饥之也;《孟子·离娄下》。亦当时之事势,可以振天下之饥溺者。张子见饿殍辄咨嗟,对案不食者累日。其心,禹稷之心也;欲买田一方,试井之,卒不可得,尚何以振天下之饥溺者哉?

子胥之复仇,处心积虑,则可谓深矣。艰难其身,则可谓甚矣。抑如白公者,以子西不为之复仇,而至于作难,《左氏》哀公十六年。虽曰亏君之义,亦不可谓之不烈。严仲子求匹夫以报国相;秦昭王以万乘之力,为范雎穷魏齐,平原君身见止而不肯出之,虞卿解相印而与之亡,侯嬴缓颊,信陵怀惭,魏齐犹以其初难见之也,怒而自刭。当时游侠之徒,意气之盛,可以想见。如姬父为人杀,资之三年,《史记·信陵君列传》。《索隐》:"旧解资之三年谓服齐衰也。今案:资者,畜也。谓欲为父报仇之资畜于心已得三年也。"愚按旧解是也。三年言其久尔,亦不必三年而遂释也。终以信陵君为之报仇,冒死为窃兵符,其视庞娥,亦何多让焉?此借交报仇者之所以满于天下与!盖自侠累见杀,而刺万乘之君若刺褐夫,而诸侯有不足严者矣。然如白公、严仲子者,不恤一身之忿,险危大人,虽微二子者楚不国,不之恤也。而如范雎、虞卿、平原、信陵、侯嬴、如姬之徒,其所行不同,而不免于亏君之义则同。事势之流相激使然,曷足怪乎?然而复仇之风,有不可长者矣。

复仇之风,初皆起于部落之相报,虽非天下为公之义,犹有亲亲之道存焉。至于范雎,一饭之德必偿,睚眦之怨必报,《史记》本传。则徒以一身之私矣。郑伯将以高渠弥为卿,昭公恶之,固谏,不听。昭公立,惧其杀己也,弑昭公而立公子亹。公子达曰:"高伯其为戮乎,复恶已甚矣。"《左氏》桓公十七年。则并以除害而弑君矣。此亦所谓事势之流相激使然者也。至此而复仇之风，益不可长矣。

以复仇之风之不可长也，而限制之法渐生。"父不受诛，子复仇可也；父受诛，子复仇，推刃之道也。"此以义之是非为正者也。"复仇不除害，朋友相卫而不相阋。"《公羊》定公四年。《解诂》："迿，出表辞，犹先也。不当先相击刺，所以伸孝子之恩。"案亦所以限制为人复仇者，使不得逾其分也。《檀弓》之"不为魁"亦此义。此限止其事，使不得过当者也。国君一体，故贤齐襄复九世之仇，而家则不得援以为例，犹必以上无天子、下无方伯为限，则几于尊国法而绝私报矣。《公羊》庄公四年。此《春秋》之义也。《周官》所著，盖当时所行之法，"调人掌司万民之难而谐和之"，其意本在防其相报，故"凡过而杀伤人者，以民成之，郑司农云："以民成之，谓立证佐成其罪也。一说：以乡里之民，共和解之。"案一说是也。鸟兽亦如之"。凡和难者，皆使之辟。"弗辟，然后与之瑞节而以执之。凡杀人，有反杀者，邦国交仇之。凡杀人而义者，不同国，令弗仇，仇之则死。凡有斗怒者成之，不可成者则书之，先动者诛之。"郑司农云："成之谓和之也。和之犹今二千石以令解仇怨，后复相报移徙之。"此调人遗法存于汉世者。又朝士，"凡报仇仇者，书于士，杀之无罪。"皆以其时复仇为难之风方盛，《左氏》文公二年，"狼瞫见黜，其友曰：吾与女为难。"古人不恤逞一朝之忿者，往往如此。不能绝，不得已而姑为之限，以去其太甚者也。

《论语·宪问》："或曰：以德报怨，何如？子曰：何以报德？以直报怨，以德报德。"或谓此或人为老氏之徒，此深求而反失之者也。此或人之言，不过指当时复仇之事耳。然则孔子亦不主不报怨也，此自当时事势使然。《颜渊》："樊迟问辨惑，子曰：一朝之忿，忘其身以及其亲，非惑与？"此即孟子所谓"好勇斗狠，以危父母"者。《万章》下。孟子又曰："吾今而后知杀人亲之重也，杀人之父，人亦杀其父；杀人之兄，人亦杀其兄；然则非自杀之也，一间耳。"《尽心》下。

《集注》谓:"言吾今而后知者,必有所为而感发也。"其实此亦当时风气如此,不必特指一事也。

《史记·范雎蔡泽列传》:郑安平进雎于王稽,诈言其人有仇,不敢昼见。可见复仇风气之盛,所谓不反兵者,非虚言也。聂政不肯受严仲子百镒之金,即《礼记》所谓"父母存,不许友以死"者。

《左氏》襄公二十二年:"郑游眅将归晋,未出竟,遭逆妻者,夺之以馆于邑。其夫攻子明,杀之,以其妻行。子展废良而立大叔。求亡妻者,使复其所。使游氏勿怨,曰:无昭恶也。"此以政令禁止民相仇报者也。文公六年:"贾季奔狄,宣子使臾骈送其帑。夷之蒐,贾季戮臾骈,臾骈之人欲尽杀贾氏以报焉。臾骈曰:不可,吾闻敌惠敌怨,不在后嗣,忠之道也。夫子礼于贾季,我以其宠报私怨,无乃不可乎?介人之宠,非勇也;损怨益仇,非知也;以私害公,非忠也。释此三者,何以事夫子?尽具其帑,与其器用财贿,亲帅扞之,送致诸竟。"敌惠敌怨,不在后嗣,复仇不除害之义也。不肯介人之宠,朋友不相迿之义也。不肯损怨益仇,不以一朝之忿忘其身以及其亲也。不肯以私害公,不亏君之义也。臾骈几于能以德报怨矣。臾骈之人以贾季一人之失,而欲尽杀贾氏,何其甚也?孟子曰:"仁者以其所爱及其所不爱,不仁者以其所不爱及其所爱。梁惠王以土地之故,糜烂其民而战之,大败,将复之,恐不能胜,故驱其所爱子弟以殉之,是之谓以其所不爱及其所爱也。"《孟子·尽心》下。亦不过一念之推耳,是以君子贵惩忿窒欲也。

《周官》:"凡杀人而义者。"郑《注》谓:"父母兄弟师长尝辱焉而杀之者。"此臾骈之人,所以以骈见戮而欲尽杀贾氏也。夏侯惇年十四,就师学,人有辱其师者,惇杀之。汉魏间人犹时有此事。

《管子·大匡》:"君谓国子,凡贵贱之义,入与父俱,出与师俱,上与君俱,凡三者,遇贼不死,不知贼,则无赦。"以此义推之,则复仇不徒非所禁，不复仇者且犯义当诛矣。《春秋》之义，君弑，贼不讨，不书葬，以为无臣子也。《公羊》隐公十一年。子沈子曰："君弑，臣不讨贼，非臣也；不复仇，非子也。葬，生者之事也。《春秋》君弑，贼不讨，不书葬，以为不系乎臣子也。"案不系乎臣子者，犹言非其君父也，乃绝之于君父云尔。又隐公四年："卫人杀州吁于濮，其称人何？讨贼之辞也。"《解诂》云："明国中人人得讨之，所以广忠孝之路。"《檀弓》："邾娄定公之时，有弑其父者。公曰：寡人尝学断斯狱矣：臣弑君，凡在官者杀无赦；子弑父，凡在宫者杀无赦。"盖古之为群也重统率。君也，父也，师也，皆一群统率之人，故其尊之也如此；犹后世军行失主将者，部曲重诛也。

《曲礼疏》："《异义》：《公羊》说：复百世之仇。古周礼说：复仇之义，不过五世。许慎谨按：鲁桓公为齐襄公所杀，其子庄公与齐桓公会，《春秋》不讥。又定公是鲁桓公九世孙，孔子相定公，与齐会夹谷，是不复百世之仇也。从周礼说。郑康成不驳，即与许慎同。凡君非理杀臣，《公羊》说：子可复仇；故子胥伐楚，《春秋》贤之。《左氏》说：君命天也，是不可复仇。郑驳《异义》，称子思云：今之君子，退人若将队诸渊，无为戎首，不亦善乎？子胥父兄之诛，队渊不足喻，伐楚使吴首兵，合于子思之言也，是郑善子胥，同《公羊》之义也。"案郜之狩，《春秋》讳齐侯称"人"。《传》曰："前此者有事矣，后此者有事矣，则曷为独于此焉讥？于仇者将壹讥而已，故择其重者而讥焉，莫重乎其与仇狩也。于仇者则曷为将壹讥而已？仇者无时焉可与通；通则为大讥；不可胜讥，故将壹讥而已；其余从同。"《公羊》庄公四年。安得谓庄公与齐桓公会，《春秋》不讥？引夹谷之会，以非复百世之仇也。僖公元年："九月，公败邾娄师于缨。"《解诂》："有夫人丧，不恶亲用兵者，时恶邾娄人以夫人与齐，于丧事无薄故也。"哀姜且然，况桓公乎？抑《春秋》诛意不诛事，故乾时之战，复仇者在下，则不与公。庄公九年。桓公之书葬，《传》曰：贼未讨，何以书葬？

仇在外也。仇在外则何以书葬？君子辞也。《解诂》曰：时齐强鲁弱，不可立得报，故君子量力；且假使书葬，于可复仇而不复乃责之，讳与齐狩是也。《公羊》桓公十八年。《穀梁》义同。然则《春秋》虽贤复仇，亦未尝不量力，安得鲁与齐会，一一讥之乎？许慎疾今学如仇，康南海语。见《新学伪经考》。然其无识妄断率如此。至其从《左》义而非子胥，更不足辨也。

〔一七四〕决斗复仇

事有可行于古,不可行于今者,风俗之异也。西方两男争一女,往往以决斗定之,胜者取女以去,败者甘服无辞焉;心即不乐,不敢为枉道以求报也。夫斗者求胜而已,所由之道何择焉?然而莫肯为者,风气未开,人自不出于其途也。今中国以两男而争一女者亦多矣,使以决斗定其胜负,胜者取女以去,岂可一日安乎?此无他,风气之异也。然初守成法而不敢逾者,久而终必至惟胜之求。而所由之道,一切皆非所计而后已。此事势相激使然,虽有大力,莫之能遏者也。古之用兵,必守军礼,不斩祀,不杀厉,不重伤,不禽二毛。其后终至于禽狝草薙,系虏老弱,焚烧宫室,无所不为者以此。观于小,固可以知大也。

《春秋》之义,复仇不除害,此亦古代之风气,有以限止人,使不出于过当不直之途者也。然而其后亦有不能保守者矣,族诛之法,盖由是而起也。方□□□之肆意杀人也,所至必行其所谓清乡者,有谷五石者杀,有银三百元者杀,曾为官吏者杀,曾入军伍者杀,而卜筮巫祝之流无论矣。其杀人也,鼓励乡民以行之,已杀其家一人,必又鼓乡民尽杀其家而后已,曰将来彼谋报复,尔家将无噍类也。呜呼!复仇不除害之道,犹有存焉。而复仇之事,犹可行乎?君子观于此,而知风气之变迁之烈也。

〔一七五〕断狱重情

古之听讼,所以异于后世者何与?曰:古者以其情,后世则徒以其事而已矣。人之所以能相与群居而不乱者,以其相亲爱;其不然者,则以其相怨怒。而人之所以相亲爱相怨怒者,非以其利不利也,而特以其心之欲相利抑欲相贼。亲戚朋友,敝吾之物,虽若丘陵,弗怒也;苟有意欲相贼者,则虽箪食豆羹,或至于挺剑而起矣。夫人,不能无群居者也。利于群居者谓之善,不利于群居者谓之恶,此无待再计也。有相利之心,则足以使人相亲爱;有相贼之心,足以使人相怨怒。而无其情而有其事者不然。则刑罚之所诛,乃意而非事,亦昭昭矣。此《春秋》听狱之所以重志也。《大学》:"子曰:听讼吾犹人也,必也使无讼乎?此十四字亦见《论语·颜渊》。无情者不得尽其辞,大畏民志,此谓知本。"盖谓此也。

古之断狱,所以能重其情者,以其国小民寡而俗朴,上下之情易得而其诚意易相孚也。《左氏》庄公十年:"齐师伐我,公将战,曹刿请见。问何以战?公曰:衣食所安,弗敢专也,必以分人。对曰:小惠未遍,民弗从也。公曰:牺牲玉帛,弗敢加也,必以信。对曰:小信未孚,神弗福也。公曰:小大之狱,虽不能察,必以情。对曰:忠之属也,可以一战。"所谓"必以情"者,《王制》曰:"凡制五刑,必即天论,邮罚丽于事。凡听五刑之讼,必原父子之亲,立君臣之义以权之。意论轻重之序,慎测浅深之量以别之。悉其聪明,致其忠爱以尽之。"盖其推原其犯罪之由,而究度其究为罪与非罪如是其悉也。《论语》曰:"孟氏使阳肤为士师,问于曾子。曾子曰:上失其道,民散久矣。如得其情,则哀矜而勿喜。"《子张》。《孟子》曰:"邹与鲁哄,穆公问曰:吾有司死者三十三人,而民莫之死也。诛之,则不可胜诛;不诛,则疾视其长上之死而不救,如之何则可也?孟子对曰:凶年饥岁,君之民,老弱转乎沟壑,壮者散而之四方者,几千人矣;而君之仓廪实,府库充,有司莫以告,是上慢而残下也。曾子曰:戒之戒之!出乎尔者,反乎尔者也。夫民今而后得反之也。君无尤焉!"《梁惠王》下。深推其犯罪之由,而洞烛乎其不得已之故,所谓得其情也。得其情,哀矜之心必有惕然不能自已者矣,刑罚安得不中?然此惟国小民寡而俗朴之世为能。若如后世,敦朴既漓,诈伪百出,犯罪者不必穷民,或多大猾,微论其情不易得;即能得之,而以朽索驭六马,懔懔乎防其奔逸之不暇,虽明知其穷而可矜,安能恤之?而于大猾,则有孰视而莫敢谁何者矣,孰能治之!举世皆知法律之诛求,乃其事之表面,而非心之意也,在上者虽有哀矜之心,亦岂有详刑之效哉?

《周官·秋官》小司寇:"以五声听狱讼,求民情,一曰辞听,二曰色听,三曰气听,四曰耳听,五曰目听。"此所求其罪状,无或有枉。司刺:"掌三宥三赦之法。壹宥曰不识,再宥曰过失,三宥曰遗忘。壹赦曰幼弱,再赦曰老旄,三赦曰惷愚。"此皆确有其人,确有其事,既得其罪状之后,又深念其是否如是者也。《王制》曰"必察小大之比以成之",则虑蔽狱之人,性质或有宽严,又或有一时之喜怒,故必择前此之成案,以相比较也。此皆悉其聪明,致其忠爱之道也。《管子·霸形》:"孤幼不刑。"《戒》篇:"老弱勿刑,三宥而后弊。"夫一人之聪明,必不如万人之聪明也,是故"疑狱,氾与众共之,众疑,赦之"。《王

〔一七五〕断狱重情

制》。《周官》三刺之法，一曰讯群臣，二曰讯群吏，三曰讯万民。小司寇。又见司刺。《孟子》"左右皆曰可杀"，即所谓"讯群臣"；"诸大夫皆曰可杀"，即所谓"讯群吏"；"国人皆曰可杀"，即所谓"讯万民"。《梁惠王》下。盖古之遗制也。《南史·扶桑传》曰："贵人有罪，国人大会。坐罪人于坑，对之宴饮分诀若死别焉。以灰绕之，其一重则一身屏退，二重则及子孙，三重则及七世。"扶桑盖沙貉之族浮海而东者。沙貉法俗，类中国者极多，予别有考。抑人群演进之程度相同，其法俗亦往往相类，正不必论其渊源之所自而已足相证明矣。

听狱者之诛事而不诛意，果何自始哉？曰：一由风俗日漓，民思侥幸，《王制》所以云"凡作刑罚，轻无赦"也。一由是非利害，日益错杂而难明，《王制》所以有"不以听"之"四诛"也。《王制》曰："析言破律，乱名改作，执左道以乱政，杀；作淫声异服奇技奇器以疑众，杀；行伪而坚，言伪而辩，学非而博，顺非而泽以疑众，杀；假于鬼神时日卜筮以疑众，杀；此四诛者不以听。"《注》曰："为其为害大而辞不可明。"案犯法者有二：一不忍于社会之压力而悍然犯之，如《庄子·则阳》篇柏矩所哭之辜人是。此仅图苟免其身，乃寻常所谓犯罪。一不以社会之是非为然，而欲反之，则不逞之徒矣。《王制》此四诛，皆其流亚也。一由众心不同，不可理喻，而不得不取一切之法，《王制》所谓"凡执禁以齐众，不赦过"也。盖风气稍变，德与礼之用穷，而不得不专恃法。夫法之与德礼，其初本一也，而后卒至于分歧者，则以民俗渐漓，表里不能如一也。人藏其心，不可测度，何以穷之？其不得不舍其意而诛其事，亦势也。故人不能皆合乎礼，而必有刑以驱之，而法之为用由是起。其初犹兼问其意也，卒至于尽舍其意而专诛其事，而法之体由是成。

《王制》又曰："有旨无简，不听。"《注》："简，诚也。有其意，无其诚者，不论以为罪。"此谓明知其有犯罪之意，能得其犯罪之情。而不能得其犯罪之实据者，盖不徒诛意而兼重事矣。因民情不易得，而不敢专据之以蔽罪也,亦法律变迁之渐也。

民情不易得,则蔽狱不免失实,而不得不力求其轻,故曰:"附从轻,赦从重。"《王制》。《左氏》:声子谓子木曰:"善为国者,赏不僭而刑不滥。赏僭则惧及淫人,刑滥则惧及善人。若不幸而过,宁僭无滥。与其失善,宁其利淫,无善人则国从之。《诗》曰:人之云亡,邦国殄瘁。无善人之谓也。故《夏书》曰:与其杀不辜,宁失不经。惧失善也。《商颂》有之,曰:不僭不滥,不敢怠皇,命于下国,封建厥福。此汤所以获天福也。"襄公二十六年。"附从轻,赦从重",原不失祥刑之意,不幸而有过,势亦不得不然,然去不僭不滥者则远矣,终不得不谓为过也,此风气之漓为之也。语曰:"无赦之国,其刑必平。"予亦曰:"无轻附之国,其俗必朴。"

〔一七六〕龟兹刑法与中国类

　　肉刑之废也，欲复之者颇多，其所持议，亦有多端；而曰使淫者下蚕室、盗者刖其足，则永无淫放穿窬之患矣，亦其一说也。此似是而实不可通。《周书·异域传》：龟兹，其刑法杀人者死，劫贼则断其一臂，并刖一足。其用意正与中国古制相类。凡民族之初制，恒相类也，以其直情而径行也。

〔一七七〕扶桑国法

儒家说治古无肉刑,后人疑之,非也。古必亏体而后称刑,亏体必其创之不可复者,此惟兵刃足以致之,而兵刃惟用诸战陈,故曰:"大刑用甲兵,其次用斧钺;中刑用刀锯,其次用钻笮。"《国语·鲁语》。地治之官,所施诸民者,止于圜土嘉石,而附于刑者必归于士。士固战士之称,士师则士之长也。《梁书·诸夷传》:扶桑,"其国法有南北狱,若犯轻者入南狱,重罪者入北狱。有赦,则赦南狱,不赦北狱。在北狱者,男女相配,生男八岁为奴,生女九岁为婢,犯罪之身,至死不出。贵人有罪,国人大会,坐罪人于坑,对之宴饮分诀若死别焉。以灰绕之,其一重则一身屏退,二重则及子孙,三重则及七世。"其罚皆貤及子孙,可谓酷矣,然终无亏体之刑也。扶桑者,貉族之浮海而东者也,其法俗多类殷,予别有考,然足证治古无肉刑之说矣。

原刊一九四七年五月十二日天津《民国日报》副刊"史与地"

〔一七八〕地平线

《诗·周颂·噫嘻》:"终三十里。"《毛传》曰:"终三十里,言各极其望也。"疏引王肃云:"三十里天地合。"此即今所谓地平线也。天子种之离宫别馆旁极望焉,亦即《毛传》:"各极其望"之极望。

〔一七九〕地　图

《周官》地图有数种：大司徒之职："掌建邦之土地之图，与其人民之数。以天下土地之图，周知九州之地域广轮之数，辨其山林川泽丘陵坟衍原隰之名物，而辨其邦国都鄙之数，制其畿疆而沟封之。"职方氏："掌天下之图，以掌天下之地，辨其邦国都鄙四夷八蛮七闽九貉五戎六狄之人民，与其财用九谷六畜之数要，周知其利害。"此皆遍及天下，故郑《注》以司空郡国舆地图、司空舆地图相况。郑注大司徒云："土地之图，若今司空郡国舆地图。"注职方氏云："天下之图，如今司空舆地图。"《疏》云："职方兼主夷狄。夷狄中汉时不置郡国，惟置校尉掌之。"似凿。郑特措词偶异耳。其所重者，盖凡能生利之地，与其人民之数。土训："掌道地图，以诏地事。《注》："道，说也。说地图九州形势，山川所宜，告王以施其事也。若云荆扬地宜稻，幽并地宜麻。"道地慝，以辨地物，而原其生，以诏地求。《注》："地慝，若障蛊然也。辨其物者，别其所有所无，原其生，生有时也。以此二者告王之求也。地所无及物未生，则不求也。"谓此。遂人："以土地之图，经田野，造县鄙形体之法。五家为邻，五邻为里，四里为酂，五酂为鄙，五鄙为县，五县为遂，皆有地域沟树之。"则其一地域中之图。合若干地域，则成一国之图；合若干国，则成天下之图矣。小宰之职云："听闾里以版图。"《注》引郑司农云："版，户籍；图，地图也。听人讼地者以版图决之。司书职曰：邦中之版，土地之图。"小司徒云:"地讼,以图正之。"司会:"掌国之官府郊野县都之百物财用,凡在书契版图者之贰,以逆群吏之治,而听其会计。"司书:"掌邦中之版,土地之图,以周知出入百物,以叙其财。"亦皆注意于民生,故及生财用之地。司险:"掌九州之图,以周知其山林川泽之阻,而达其道路。设国之五沟五涂而树之林以为阻固,皆有守禁,而达其道路。国有故,则藩塞阻路而止行者,以其属守之,惟有节者达之。"此则专司道路者,掌固、司险所职,特一在国、一在野为异。《序官注》:"国曰固,野曰险。"司险有图,掌固可知;不言者,文不具,或举一以见两也。

古所谓地图者,未必其测量甚精、大小准确也,然于实用所资之事则必具。内宰之职:"掌书版图之法,以治王内之政令,均其稍食,分其人民以居之。"《注》:"版,谓宫中阉寺之属,及其子弟录籍也。图,王及后世子之宫中吏官府之形象也。"冢人:"掌公墓之地,辨其兆域而为之图。"墓大夫:"掌凡邦墓之地域,为之图。"卝人:"掌金玉锡石之地。若以时取之,则物其地图而授之。"是凡一极小之区域,皆有图也。据图可辨山林、川泽、丘陵、坟衍、原隰、冢墓及金、玉、锡、石所在,则其记载颇详正,不仅著其广轮,略备名山大川矣。遂人所造,小宰、小司徒所据以听讼者,当如后世鱼鳞册之图,内宰、冢人、墓大夫、卝人之所为,后世转无可比拟矣。

列国分主之世,一国所以得有他国之地图者,盖由臣伏之国之进献。《史记·燕世家》:"太子丹使荆轲献督亢地图于秦,因袭刺秦王。"《索隐》曰:"督亢之田,在燕东,甚良沃。"案古田地通言,凡言地图者,皆谓土田之图,非今所谓地图。《索隐》之言是也。有土田必有耕之之人,故版图恒连言。《史记·萧相国世家》:"沛公至咸阳,诸将皆争走金帛财物之府分之,何独先入收秦丞相御史律令图书藏之。汉王所以具知天下阨塞、户口多少、强弱之处、民所疾苦,以何具得秦图书也。"此图书即指版图言。曰"知天下阨塞"者，盖司险之所为，曰"知民所疾苦"者，盖即土训之所诏。诵训："掌道方志，以诏观事。掌道方慝，以诏辟忌，以知地俗。"《注》："说四方所识久远之事，以告王观，博古所识，若鲁有大庭氏之库、殽之二陵。方慝，四方言语所恶也。不辟其忌，则其方以为苟于言语也。知地俗，博事也。"此盖陈《诗》以观民风之流，亦有裨于知民疾苦。秦有天下，则天下之版图咸归之矣。苏秦之说赵肃侯曰："臣窃以天下之地图案之，诸侯之地，谓田也。五倍于秦。"张仪之说秦惠王曰："据九鼎，案图籍，挟天子以令于天下，天下莫敢不听。"皆见《史记》本传，下文说秦武王亦再言挟天子、按图籍。战国时之周未必能有天下之图籍，苏秦更未必有天下之地图可按，盖为纵横家之书者为之辞，未必当时之口语也。

《蔺相如传》："秦王恐其破璧，乃辞谢固请，召有司案图，指从此以往十五都与赵。"此指秦邦域内之图，虽未必当时情事，然在理则可有。

《逸周书·程典》："慎地必为之图，以举其物，物其善恶，度其高下，利其陂沟，爱其农时，修其等列，务其土实，差其施赋，设得其宜，宜协其务，务应其趣。"所谓地图，亦全以有裨农事为旨，可与《周官》参观。

〔一八〇〕五　岳

　　五岳之名，《尔雅》似有两说，然实系一说也。《释山》曰："河南华，河西岳，河东岱，河北恒，江南衡。"又云："泰山为东岳，华山为西岳，霍山为南岳，恒山为北岳，嵩高为中岳。"前说虽无五岳之名，《诗·崧高疏》谓"《释山》发首陈此五山，不复更言余山，明有为岳之理"，其说是也。衡山之名，盖由来已久，且所苞甚广。凡山之东西绵亘者，皆可称衡，不徒不必指今之衡山，并不必定指霍山也。然以霍山为衡山之主峰，为时必较早，以今之衡山当之，必较后。何者？淮南自古与北方交接多，湖南则至春秋时尚未开辟也。《诗疏》云："《传》言四岳之名，东岳岱，南岳衡，《尔雅》及诸经传多云泰山为东岳，霍山为南岳者，皆山有二名也。若然，《尔雅》云江南衡，《地理志》云衡山在长沙湘南县；张楫《广雅》云天柱谓之霍山，《地理志》云天柱在庐江潜县，则在江北矣。而云衡、霍一山二名者，本衡山一名霍山，汉武帝移岳神于天柱，又名天柱亦为霍，故汉魏以来衡、霍别耳。郭璞《尔雅注》云：霍山，今在庐江潜县西南，别名天柱山，汉武帝以衡山辽旷，移其神于此，今其土俗人，皆呼之为南岳。南岳本自以两山为名，非从近也。而学者多以霍山不得为南岳，又言从汉武帝始乃名之；如此言，为武帝在《尔雅》前乎？斯不然矣。窃以璞言为然，何则？孙炎以霍山为误，当作衡山，案《书传·虞夏传》及《白虎通》、《风俗通》、《广雅》并云霍山为南岳,岂诸文皆误？明是衡山一名霍也。"案《书传》明出武帝前,足征郭璞谓霍有岳名非始武帝之确,然谓衡一名霍则误矣。当云：衡山所苞甚广,前世以霍山为其主峰,后乃移其名于湘南也。然衡山之名可移,霍山之名则不可移。至疑潜在江北,与《尔雅》江南之说不合,则衡山所苞既广,《尔雅》之言,初不专指一峰,正无足疑也。

然以霍山为南岳,犹非其朔也。《汉书·郊祀志》曰："昔三代之居,皆河洛之间,故嵩高为中岳,而四岳各如其方。"可见五岳之名,随世而变。《尔雅·释地》云："中有岱岳。"《淮南·地形》云："东方之美者,有医母闾之珣玕琪焉；东南方之美者,有会稽之竹箭焉；南方之美者,有梁山之犀象焉；西南方之美者,有华山之金石焉；西方之美者,有霍山之珠玉焉；西北方之美者,有昆仑之球琳琅玕焉；北方之美者,有幽都之筋角焉；东北方之美者,有斥山之文皮焉；中央之美者,有岱岳以生五谷桑麻,鱼盐出焉。"高《注》释诸山之名,均未必与古合,而岱岳为今泰山,则无可疑。四岳缘起,盖由巡守,《白虎通》、《风俗通》皆以楅释岳,为考功德明黜陟之义。中岳则由祭天,《记》所谓因名山以升中于天也。《礼器》。巡守之制,后来以泰山为东岳,今之衡山或霍山为南岳,华山为西岳,恒山为北岳,则一岁之中,驰驱且不可遍,更无论省方观民矣。此实述经传者以当时地理附会古制之失。语其实,古所谓巡守者,必在邦畿之内；其时之邦畿,且未必有千里之广。夏谚所谓"一游一豫"者,乃正当时巡守之事耳。然则西岳之初,必在泰山之四面,距泰山不甚远也。《淮南》述九域之山,与《周官》职方同。五岳就五方言之,言四镇则兼四隅耳。四镇,其初亦不得如《周官》所言之远也。郑注大宗伯,与王肃注《书》,服虔注《左氏》,同取岱、衡、华、恒、崧高之说,见《诗疏》。而注大司乐,又据职方,可见郑意亦谓五岳随世而殊也。

郭璞云"谶纬皆以霍山为南岳",而《诗疏》引《孝经钩命决》云南岳衡,则其所谓衡者,亦指霍山而言也。谶纬虽不足据,然起哀、平之世,古文说尚未出,古谶辞虽多妖妄,纬说仍取今文,经说之亡佚者,赖之而可考焉。然则先汉经说,固皆以霍山为南岳也。

　　四岳既分主四方,其官似当以四人为之。《尧典》言四岳,恒若一人者,其时疆域小,主四方之官,不妨其皆在朝;抑《尧典》之言,亦出追述,不复能知尧之所咨及举鲧者为何人也。《崧高》毛《传》云"尧之时,姜氏为四伯,掌四岳之祀,述诸侯之职",亦浑言之。《疏》云:"《周语》说尧使禹治水,四岳佐之,帝嘉禹德,赐姓曰姒,氏曰有夏;祚四岳国为侯伯,氏曰有吕。此一王四伯,韦昭云:一王,谓禹也。四伯,谓四岳也。为四岳伯,故称四伯。是当尧之时,姜氏为四伯也。《周语》唯云四岳,不言名字,其名则《郑语》所云伯夷能礼于神以佐尧者也。《尧典注》云:尧之末年,庶绩多阙,羲和之子则死矣,于时分四岳置八伯,四岳四时之官,主方岳之事。然则尧时四岳,内典王朝之职,如周之六卿;外掌诸侯之事,如周之牧伯;故又述诸侯之职。然述职者,述其所主之方耳,其掌四岳之祀者,则四岳皆掌之,由掌四岳,故独得四岳之名。"韦、郑之说,固无确据,《疏》说似尤牵强也。

〔一八一〕弱水、黑水

　　《禹贡》诸水,最难解者,为弱水、黑水,读《淮南·地形》而知其说矣。《地形》说昆仑云:"疏圃之池,浸之黄水。黄水三周复其原,是谓丹水,饮之不死。河水出昆仑东北陬,贯渤海,入禹所导积石山。赤水出其东南陬,西南注南海,丹泽之东。赤水之东,弱水出自穷石,至于合黎,余波入于流沙;绝流沙,南至南海。洋水出其西北陬,入于南海,羽民之南。凡四水者,帝之神泉,以和百药,以润万物。"此篇述八殥,八纮,八极,皆自东北而东,而东南,而南,而西南,而西,而西北,而北,述四水当亦然。然则弱水必出西南。今本乃后人据《禹贡》所改也。"丹泽之东"、"羽民之南"皆注语,"赤水之东"则衍文。下文述八殥,西南方曰丹泽,注语盖明赤水入海处。又言海外三十六国,自西南至东南有羽民,则弱水出西南,东南流至南海也。饮之不死,以和百药,以润万物,乃荒诞之言。此四水本不当凿求所在。河虽实有其水,然《禹贡》云道河积石,则所知者殆积石耳,积石以上,无可言矣。此篇言入禹所道积石山,则所言者积石以上也,亦无可究诘矣。作《禹贡》者,于西南地理,本不审谛,盖据故记姑妄言之,而后人必欲指其实为何水,亦惑矣。上文云"水有六品",又云"何谓六水?曰河水,赤水,辽水,黑水,江水,淮水"。水有六品者,下文云"山为积德,川为积刑","丘陵为牡,溪谷为牝",阳数九,阴数六,故山有九而水有六也。六水盖于四水之外,益以江、淮,然而辽水即弱水,黑水即洋水也。下文云辽出砥石,知非高《注》所谓出碣石、直辽东西南入海之辽。砥石为昭明所居,穷石则后羿所迁,其地断不在《禹贡》冀州之东,雍州之西也。

〔一八二〕归　虚

《山海经·大荒东经》云："东海之外大壑，郝疏云：大壑上当夺有字，《艺文类聚》九卷引有。少昊之国。少昊孺帝颛顼于此。"案少昊乃西方之神，不应在东，盖经文简错，而大壑下说，则夺佚矣。郭《注》云："《诗含神雾》曰：东注无底之谷。谓此壑也。《离骚》曰：降望大壑。"案见《远游》篇。《庄子·天地》曰："谆芒将东之大壑，适遇苑风于东海之滨。苑风曰：子将奚之？曰：将之大壑。曰：奚为焉？曰：夫大壑之为物也，注焉而不满，酌焉而不竭，吾将游焉。"《列子·汤问》：夏革曰："渤海之东，不知几亿万里，有大壑焉，实惟无底之谷。其下无底，名曰归虚。"《山海经》之说，大致亦不外此也。

《大荒南经》曰："大荒之中，有山，名曰融天，海水南入焉。"又曰："大荒之中，有山，名曰天台高山，海水出焉。"《大荒北经》曰："大荒之中，有山，名曰先槛郝《疏》云：《藏经》本作光槛。大逢之山，河济所入，海北注焉。"又曰："大荒之中，有山，名曰北极天櫃，郝《疏》云：《藏经》本作櫍。海水北注焉。"又曰："大荒之中，有山，名不句，海水入焉。"郝《疏》云：《藏经》本水下有北字。大逢之山，郭《注》云："河济注海，已复出海外，入此山中也。"此语盖以《经》下文云"其西有山，名曰禹所积石"而致误。《海内西经》云："河水入渤海，又出海外，入禹所道积石山。"禹所道积石，非即禹所积石之山。即令是一，而河入积石,济则否,亦只得谓经文简错耳。古盖谓四方之水,皆有所归,不独东。然中国水皆东流,又惟东方之海,得诸目击,故言之尤亲切有味也。

大壑虽大,然举天地间水,穷日夜注之,终亦必有盈时。真无底,则将超乎对色明空之外,非古人之所知矣。《吕览·君守》曰:"东海之极,水至而反,夏热之下,化而为寒。"则亦以水为循环者矣。此哲学之兴,足弥神话之缺者也。

《楚辞·悲回风》云:"依风穴以自息兮,忽倾寤以婵媛。"则古谓风亦有穴,盖不知风为气之动,而谓其别为一物也。

《墨子·经说下》云:"无南者。"孙氏《闲诂》云:"古天官家不知有南极,故于四方,独以南为无穷。"《庄子·天下》篇:惠施曰:"南方无穷而有穷。"盖名家有持此义者。予案以南方为无穷,盖盖天家之说。盖天家以北极为中心,则四方皆南。如此,亦应四方之水,皆有所归也。

〔一八三〕泾洛诸戎

《史记·匈奴列传》所述北狄，匈奴、林胡、楼烦而外，居泾、洛者为一支，居圁、洛者为一支，东胡、山戎又为一支。居泾、洛者，以犬戎及义渠为大；居圁、洛者，以赤白狄为大；赤白狄及山戎，已有考，今考其居泾、洛之一支如下：

《史记》云："自陇以西，有绵诸、绲戎、翟獂之戎；岐、梁山、泾、漆之北，有义渠、大荔、乌氏、朐衍之戎。"绲戎即犬夷，上文所谓"周西伯昌伐畎夷氏"者也。《绵》之诗，"昆夷駾矣"，《说文·马部》駾字下引同今诗，《口部》㖃字下，则引作"犬夷㖃矣"。《皇矣》之诗曰："串夷载路。"《郑笺》：串夷即混夷。《正义》："《书传》作畎夷，盖畎混声相近，后世而作字异耳。或作犬夷，犬即畎字之省也。"《采薇序》："西有昆夷之患。"《正义》引《尚书大传注》：犬夷，昆夷也。又《史记索隐》引韦昭谓畎夷，"《春秋》以为犬戎"，《正义》引韦昭谓绲戎，"《春秋》以为犬戎"，又云："颜师古云：混夷也。"然则犬也，畎也，昆也，混也，绲也，串也，皆一音之异译。《山海经》谓："黄帝生苗，苗生龙，龙生融，融生吾，吾生并明，并明生白，白生犬，犬有二牡，是为犬戎。"《史记·索隐》引。《汉书·匈奴列传注》引，则作"黄帝生苗龙，苗龙生融吾，融吾生弄明，弄明生白犬，白犬有二牝牡，是为犬戎。"昆夷、猃狁，系一种人。犹汉时既称匈奴，亦称胡也。《孟子》"文王事昆夷"，"太王事獯粥",乃变文言之耳。《诗序》"文王之时,西有昆夷之患,北有猃狁之难",竟以为两族人,误矣。《出车》之诗曰:"赫赫南仲,猃狁于襄。"又曰:"赫赫南仲,薄伐西戎。"又曰:"赫赫南仲,猃狁于夷。"猃狁在西北,可称戎,亦可称狄,诗取协韵也。《笺》云:"此时亦伐西戎;独言平猃狁者,猃狁大,故以为始以为终。"已不免拘滞序析猃狁、昆戎而二之,益凿矣。

此族强盛最早,《尚书大传》谓文王因于羑里,散宜生之犬戎氏取美马以献纣;又谓文王受命一年伐混夷。见《绵诗笺》。《笺》云:"混夷见文王之使者将士众过己国,则惶怖惊走奔突,入柞棫之中而逃,甚困剧也。"《正义》:"《帝王世纪》云:文王受命四年,周正丙子,混夷伐周。一日三至周之东门,文王闭门修德而不与战。王肃同其说以申毛义。"案文王受命后征伐先后,诸书互有异同,今不必深考。郑、王是非,更可弗论。要之,混夷在当时,为周强敌也,则当周初已崭然见头角矣。《史记》云:"后十有余年,武王伐纣而营雒邑,复居于酆、鄗,放逐戎夷泾、洛之北,以时入贡,命曰荒服。其后二百有余年,周道衰,而穆王伐畎戎,得四白狼四白鹿以归。自是之后,荒服不至。于是周遂作《甫刑》之辟。"上云"命曰荒服",下云"荒服不至",则武王之所放,即穆王之所伐。《周本纪》载祭公谋父谏穆王之辞,曰:"先王之制,邦内甸服,邦外侯服,侯卫宾服,夷蛮要服,戎狄荒服。甸服者祭,侯服者祀,宾服者享,要服者贡,荒服者王。今自大毕、伯士之终也,犬戎氏以其职来王,天子曰予必以不享征之,且观之兵,毋乃废先王之训,而王几顿乎?吾闻犬戎树敦,率旧德而守终纯固,其有以御我矣。"古人轻事重言,所载言辞,类经后人润饰,不必当时情实。犬戎盖自武王时服于周,其后稍以桀骛,故穆王征之也。因此而作《吕刑》之辟者,金作赎刑,所以足兵也。周与犬戎之强弱,可以微窥矣。

穆王之后二百余年,而有骊山之祸。是役也,《周本纪》曰:"申侯与缯、西夷犬戎攻幽王。"《秦本纪》则云："西戎犬戎与申侯伐周。"然则是时西方戎甚多,而犬戎为大。案当时所谓西戎者,《周本纪》及《匈奴列传》述之皆不甚详,惟《秦本纪》载其情形最悉,以秦之先世与西戎为缘也。秦为伯益之后。伯益,舜妻之以姚氏之玉女,固遥遥华胄也。然伯益之子曰若木,其玄孙费昌,子孙已或在中国,或在夷狄,则其与西戎为缘旧矣,伯益又有子曰大廉,大廉玄孙曰中衍,中衍之后曰胥轩。申侯告周孝王之言曰:"昔我先郦山之女为戎胥轩妻,生中潏。以亲故,归周,保西垂。西垂以其故和睦。"案《左氏》言:"晋伐骊戎,骊戎男女以骊姬。"则骊戎实周同姓之国,中潏不啻周之所自出,故能为周保固西垂也。中潏之子曰蜚廉,虽与其子恶来俱事纣,然蜚廉又有子曰季胜,季胜生孟增,幸于周成王。孟增之孙曰造父,实为周穆王御而西巡守。古书言穆王、造父事,多诞谩不足信,亿其实则造父盖以其为中潏之后,能得西戎之和,故能御穆王以西征也。造父以宠,别封于赵城,自是其族与西戎少交涉。而恶来之玄孙曰大骆,有子曰非子,居犬丘,周孝王召使主马于汧渭之间,马大蕃息。孝王欲以为大骆適嗣。而申侯之女为大骆妻,生子成为適。申侯言于孝王,孝王乃分土,邑非子于秦,而亦不废申侯之女子为骆適者,以和西戎。观此知申与西戎关系之深,此其所以能搂犬戎以弑幽王也。自中潏至大骆父子为周保固西垂者,盖三百年,其根据地为犬丘,在今陕西兴平县,在泾、渭二水之间,此时之戎,盖犹在泾、洛以北。非子之曾孙曰秦仲,值周厉王时,西戎始叛,犬丘大骆之族,为戎所灭,则戎始渡泾水而南,非复武王放逐时之旧壤矣。自是大骆之適嗣灭,转借其支庶之分封于秦者,与戎相枝拄。秦仲为戎所杀,子庄公始破戎。宣王并与以犬丘之地,仍为西垂大夫,传子襄公。襄公之七年,而周幽王为犬戎所灭。案庄公三子,其长男世父。世父曰:"戎杀我大父仲,我非杀戎王,则不敢入邑。"遂将击戎,而让其弟襄公。《史记》云:"襄公二年,戎围犬丘世父,世父击之,为戎人所虏。岁余,复归世父。"又云:"周避犬戎难,东徙雒邑。襄公以兵送周平王,平王封襄公为诸侯,赐之岐以西之地。曰:戎无道,侵夺我岐、丰之地。秦能攻逐戎,即有其地。"窃疑当时世父居犬丘,襄公居秦,故称犬丘世父。世父之见获于戎而复归,不知仍归其犬丘之地否。然及骊山之祸作,则犬丘之地,必复入于戎。故《匈奴列传》谓其"遂取周之焦获而居于泾渭之间"也。且戎即复归世父地,世父亦必已弱而不克御戎;不然,犬戎之地,为周之藩篱者数百年矣,以世父之孝且勇,犬戎安能长驱至于骊山哉?且使犬丘而犹有嬴秦之族,平王必不仅以岐以西之地赐襄公也。以岐以西赐襄公,而曰"能攻逐戎即有其地",明东兵至于岐且不易也。自骊山之役以前,史皆但曰戎,不曰犬戎;至是役,乃曰西夷犬戎,曰西戎犬戎。盖前此戎无强部,故自大骆以后能抚绥之,至此而大毕、伯士树敦之后复强,为诸戎率,将遂非嬴、赵之族所能驭也。襄公十二年伐戎,至岐而卒。《年表》。《本纪》同。子文公立。文公十六年,伐戎,戎败走,始收周余民有之,地至岐,岐以东献之周。文公营邑于汧渭之间。孙宁公继立,居平阳,灭荡社。子武公伐彭戏氏,至华山下,伐邽、冀戎,初县之。又县杜、郑,灭小虢。武公卒,弟德公立,居雍。梁伯、芮伯来朝。德公三子,宣公、成公、穆公以次立。宣公与晋战河阳,胜之。穆公元年,自将伐茅津。其后再置晋君,虏惠公而归之,惠公献其河西地,而秦地始东至河。盖自文公以后,专意于东略,其于西戎似少宽。然《左氏》闵公二年,虢公败犬戎于渭汭,此所谓渭汭者,必不在渭水上流,则当时泾渭之域,殆全为犬戎所据,秦文公以后之东略,乃正所以挫戎势也。穆公三十四年,戎王使由余于秦,秦人间而降之。三十七年,用其谋伐戎王,益国十二,开地千里,此戎王不知其为何戎,然自此以后,则戎遂弱,其地仅限于陇以西,如上《史记》所云者矣。

《汉书·杨敞传》:"恽报孙会宗书曰:安定山谷之间,昆戎旧壤。"此即《史记》所谓"自陇以西,有绵诸、绲戎、翟豲之戎"之绲戎也。

《六国表》:厉共公六年,义渠来赂,緜诸乞援;二十年,公将师与绵诸战;惠公五年,伐诸緜。《本纪》皆不载。緜诸疑绵诸之误,诸緜则误而又倒也。

翟豲之戎,《汉书》作狄豲。师古曰:"皆在天水界,即绵诸道及豲道是也。"意以狄豲为一。《索隐》引《地理志》:"天水有绵诸道、狄道。应劭以豲戎邑。"则以翟、豲为二。《续汉书·郡国志》汉阳郡,陇州刺史治,有大坂,名陇坻;豲坻聚又有豲道。《注》:"《史记》秦孝公西斩戎王。"案事见《秦本纪》。孝公元年,"西斩戎之豲王。"

义渠者,诸戎之最强者也。试就《本纪》及《六国表》列其事如下:

厉共公六年,义渠来赂。《表》。《纪》无。

三十三年,伐义渠,虏其王。《纪》。《表》同。

躁公十三年,义渠来伐,至渭南。《纪》。《表》作侵至渭阳。

惠文王七年,义渠内乱,庶长操将兵定之。《表》。《纪》无。《周书·史记》:"嬖子两重者亡。昔者义渠氏有两子,异母皆重。君疾,大臣分党而争,义渠以亡。"案昭王时,义渠之亡,其君先为宣太后所诈杀,不以疾终,此所云疑指此时事也。

十一年,县义渠,《纪》。《表》无。义渠君为臣。《纪》。《表》同。

《张仪列传》:义渠君朝于魏。犀首闻张仪复相秦,害之。犀首乃谓义渠君曰:道远不得复过,请谒事情。曰:中国无事,秦得烧掇焚杆君之国;有事,秦将轻使重币事君之国。其后五国伐秦,会陈轸谓秦王曰:义渠君者,蛮夷之贤君也,不如赂之,以抚其志。秦王曰：善。乃以文绣千纯，妇女百人遗义渠君。义渠君致群臣而谋曰：此公孙衍所谓邪？乃起兵袭秦，大败秦人李伯之下。《索隐》云："按《表》：秦惠王后元七年，楚、魏、齐、韩、赵五国共攻秦，是其事也。"案此事采自《战国策》。《战国策》乃纵横家之书，多设辞，非事实。义渠当时未必能越秦而朝魏也。

后十年，伐取义渠二十五城。《纪》。《表》十一年：侵义渠，得二十五城。《匈奴列传》："其后义渠之戎筑城郭以自守，而秦稍蚕食，至于惠王遂拔义渠二十五城。"

武王元年，伐义渠。《纪》。《表》无。

《匈奴列传》："秦昭王时，义渠戎王与宣太后乱，有二子。宣太后诈而杀义渠戎王于甘泉，遂起兵伐残义渠。"案此事《纪表》皆不载。《范雎列传》载昭王谢雎之辞曰："寡人宜以身受命久矣，会义渠之事急，寡人旦暮自请太后；今义渠之事已，寡人乃得受命。"范雎之见秦王，《传》谓在昭王四十一年；其明年，宣太后亦薨矣。

自厉共公六年，至昭王四十一年，凡二百有七年，义渠与秦之相持，不可谓不久矣。

大荔，《汉志》谓在临晋，《续汉书·郡国志》、徐广、《括地志》皆因之，其地实不在岐、梁山泾、漆之北。案《秦本纪》：厉共公十六年，堑河旁，以兵二万伐大荔，取其王城。《六国表》作堑阿旁，伐大荔，补庞戏城。《集解》：徐广曰：临晋有王城。《续汉书·郡国志》：临晋有王城。《注》曰：《史记》曰：秦厉恭公伐大荔，取其王城，即此城也。《括地志》谓朝邑县东三十步故王城，大荔近王城邑。案王城为凡列国称王者所居之城，安知其必属大荔。《六国表》：孝公二十四年，秦、大荔围合阳。《表》。《纪》无。合阳诚近临晋，然是时劳师远役者甚多，不能以此谓大荔之必在临晋也。窃疑大荔本国亦当在义渠附近。

乌氏,汉为县,属安定。《货殖列传》云:"乌氏倮畜牧,及众,斥卖,求奇绘物,间献遗戎王;戎王什倍其偿,与之畜。畜至用谷量马牛。"此所谓戎王,盖即乌氏戎之君长也。

惟朐衍事无可考见。

〔一八四〕微卢彭濮考

《书·牧誓》:"及庸、蜀、羌、髳、微、卢、彭、濮人。"释地者多不能得其所在。今案庸即春秋时之庸。《左氏》杜注,在上庸县。今湖北竹山县。蜀亦即后世之蜀。羌族蔓延甚广,从武王伐纣者,当在陇蜀之间,别见予所撰《鬼方考》。微、卢、彭、濮,亦皆见于《左氏》。惟髳不能确知所在耳。《左氏》:桓公十二年,"伐绞之役,楚师分涉于彭。罗人欲伐之"。杜《注》:"彭水,在新城昌魏县。"今湖北之郧阳,即《牧誓》之彭也。明年,"楚屈瑕伐罗。及鄢,乱次以济。及罗,罗与卢戎两军之。大败之"。《释文》云:"庐如字,本或作卢,音同。"则德明所据本,卢戎作庐戎。文公十四年,公子燮、公子仪以楚子出,将如商密,卢戢黎及叔麇诱而杀之。十六年,楚大饥。庸人帅群蛮以叛楚。麇人帅百濮聚于选,将伐楚。自庐以往,振廪同食。使庐戢黎侵庸。杜《注》:"庐,今襄阳中庐县。戢黎,卢大夫。"此庐盖即卢戎旧地,是时属楚为邑。晋中庐故址,在今湖北南漳县东。鄢水,杜《注》谓在襄阳宜城县,今湖北之宜城。罗,《释例》谓是时在宜城山中。宜城南漳密迩,宜可合御楚师。《书》:"西旅献獒。"《正义》曰:"西方之戎,有国名旅者。"其说当有所本。旅卢音同,春秋时之卢戎,盖即从武王伐纣之卢,亦即献獒之旅也。《括地志》:金州,有古卢国,则在今陕西安康县。文十一年,楚子伐麇,熊大心败麇师于防渚。

潘崇复伐麇，至于锡穴。此麇当即十六年帅百濮将伐楚之麇。《十三州志》：房陵。即春秋防渚。今湖北房山县。锡穴，《释文》云："或作钖。"《十道志》：郧乡本汉锡县，古麇国也。《御览·州郡部》引。盖即锡穴，今湖北郧乡县也。《释例》谓麇在当阳，去防渚、锡穴太远。罗泌谓在当阳者为麏，在汉锡县者当作麇，其说盖是。麇麏形近易讹。哀公十四年，"逢泽有介麇焉"，《释文》谓麇又作麏，其证。《穀梁》庄公二十八年，"筑微"，《左氏》作郿，则麋微音同通用之证也。麇，亦即《牧誓》之微也。然则微、卢、彭三国，皆与庸相近。其地，皆在汉中、襄、郧一带，适当周人自武关东出之路。其能从武王以伐纣，亦固其所。濮为种族之名，散布之地甚广。《释例》谓建宁郡南有濮夷，晋建宁，今云南曲靖县。盖就当时种落言之，而牧野所从，则不在此。《左氏》昭公九年，王使詹桓伯辞于晋曰："自武王克商以来，巴、濮、楚、邓，吾南土也。"巴即春秋时之巴国，今四川之阆中县。邓，在今河南邓县。楚封丹阳，后人多误谓今秭归。据宋氏翔凤所考，地实在今商县之南，南阳之西，丹、析二水入汉处。《过庭录·楚鬻熊居丹阳武王徙郢考》。濮与此三国并举，其地亦必相近，故《国语》"楚蚡冒始启濮"，韦昭谓为"南阳之国"也。《论语》文王为西伯，"三分天下有其二，以服事殷"。三分有二，郑玄谓指雍、梁、荆、豫、徐、扬言之。而韩婴叙《诗》，谓周南之地，在南阳、南郡之间。则牧野之役，武王实合西南诸族以伐纣也。濮为种族之名，非指一国。故杜《注》谓庸亦百濮夷。然则微、卢、彭诸国，亦未必非濮矣。楚初封丹阳，熊绎徙荆山，在今南漳县。武王迁郢，其所启，盖皆濮地也。

写于一九三四年四月前

〔一八五〕 古匈奴居地

《史记·匈奴列传》备载自古北狄事迹，盖以匈奴亦北狄之一，故连类而并及之，以见古代北方之异族甚多，而匈奴亦其一，非谓此诸部落，皆即后来之匈奴也。诸部落有在今陕、甘境者，有在今山东西、河南北四省之交者，亦有在今河北省东北境者。匈奴则初在今河北、山西之腹部，后乃退居今绥远境内者也。

匈奴与猃狁、獯粥为同音异译，诸家皆言之。《史记》云："唐虞以上有山戎、猃狁、荤粥，荤粥字系注。居于北蛮。"《集解》、《索隐》引应劭《风俗通》曰："殷时曰獯粥，改曰匈奴。"又引晋灼曰："尧时曰荤粥，周曰猃狁，秦曰匈奴。"引韦昭曰："汉曰匈奴。荤粥其别名。"案《诗·采薇》毛《传》曰："狎狁，北狄也。"《笺》曰："北狄，今匈奴也。"《孟子·梁惠王》下赵《注》曰："獯粥，北狄强者，今匈奴也。"《吕览·审为》高《注》曰："狄人猃允，今之匈奴也。"又《汉书·韦贤传》载王舜、刘歆上议曰："臣闻周室既衰，四夷并侵，猃狁最强，于今匈奴是也。"异口同辞，必非无据矣。《史记·五帝本纪》谓黄帝北逐荤粥，邑于涿鹿之阿。涿鹿，《集解》引服虔云："山名，在涿郡。"盖是。又引张晏曰："在上谷。"则因汉时上谷有涿鹿县云然耳。黄帝之邑，恐不能远至今之察哈尔境也。此匈奴自古即在今河北省之征也。晋灼谓尧曰荤粥，周曰猃狁，秦曰匈奴，此特以大体言之，其实三者既系译音，即无正字，故古书亦有作匈奴者，《周书·王会》及《伊尹朝献》是也。《王会》：匈奴在北方台西。与之并列者：有大夏、犬戎；台东有高夷、独鹿、孤竹、不令支、不屠何、东胡、山戎；其正北方，则有义渠、央林、渠叟、楼烦。《献令》：匈奴在正北，与之并列者：有空同、大夏、莎车、豹胡、代翟、楼烦、月氏、孅犁、其龙、东胡。此等至后世事迹多有可考。高夷，孔云即高句骊，盖是。犬戎、义渠，后来在陕甘境。月氏在甘肃西北。渠叟即渠搜，如《禹贡》所列，当在今青海。莎车，汉世在西域，此时盖皆在河北、山西，古冀州之域，后世乃随汉族之开拓而迁徙也。孤竹、不令支、不屠何、东胡，后世犹在今河北、热河境。山戎亦在今河南北、山东西之间，予别有考。《史记》云："晋北有林胡、楼烦之戎。"林胡，盖即《王会》央林之林。央不可考。空同者，《五帝本纪》云：黄帝"西至于空桐"。《集解》引韦昭曰："在陇右。"然《史记·赵世家》谓襄子取于空同氏，则仍在今山西境内耳。豹胡，据孙诒让说，即不屠何之转音，见所撰《墨子闲诂》。代，盖即襄子所灭。《五帝本纪》之涿鹿，《索隐》云："或作浊鹿。"盖与此独鹿是一，居此山之族也。孅犁、其龙者，《汉书·匈奴传》谓冒顿"北服浑窳、屈射、丁零、隔昆、龙、新犁之国"。新犁，《史记》作薪犁，即孅犁；龙，即其龙之龙，《汉书》无"其"字，盖夺；浑窳一、屈射二、丁零三、隔昆四、龙五、新犁六，凡六国，师古曰"五小国"，误也。孅犁、其龙，此时当亦在今河北、山西境，后乃随汉族之开拓而北走者也。《孟子》云："太王事獯鬻。"《吴越春秋》亦云："古公积德行义，为狄人所慕，獯鬻戎妒而伐之。"钱君宾四撰《西周地理考》，谓周本居今山西，后乃西徙而入陕西。其说信否，予尚未敢断；如其信也，固可证予匈奴在古冀州境内之说；即谓不然，于予说亦无背。盖獯鬻之众，容有分支入陕，或盛强时曾侵略至陕，固无害于其本据之在晋也。匈奴本据虽在山西，然必在中国封略之外，非春秋时之所谓

〔一八五〕古匈奴居地

狄；盖春秋时之所谓狄，其程度颇高，见予所著《北狄考》。固远非匈奴所逮也。匈奴至战国时，始与中国有交涉。惠文君后七年，韩、赵、魏、燕、齐帅匈奴共攻秦，见《史记·秦纪》。而赵将李牧常居代、雁门备匈奴；《史记·李牧列传》。苏秦之说燕文侯曰："燕北有林胡、楼烦。"《史记·苏秦列传》。而鞠武谓太子丹：愿"疾遣樊将军入匈奴以灭口，请西约三晋，南连齐、楚，北购于单于"；《史记·刺客列传》。始足为中国患，亦足为中国重矣。《说苑·君道》：燕昭王问于郭隗曰："寡人地狭人寡，齐人削取(《乐毅列传注》引作取蓟)八城，匈奴驱驰楼烦之下。"

《史记》云："唐虞以上，有山戎、猃狁、荤粥居于北蛮，随畜牧而转移。"山戎未必事畜牧，参看予所撰《山戎考》。惟林胡、楼烦、孅犁等皆游牧之族，与匈奴最近，特大小不侔耳。

楼烦，汉为县，属雁门，地当在今代县之北。然战国时楼烦之地，初不止此。苏秦谓"燕北有林胡、楼烦"，《赵世家》武灵王谓楼缓曰："我先王因世之变，以长南藩之地，属阻漳滏之险，立长城，又取蔺、郭狼，败林人《正义》："即林胡也。"于荏，而功未遂。今中山在我腹心，北有燕，东有胡，西有林胡、楼烦、秦、韩之边。"又曰："今吾欲继襄主之迹，开于胡、翟之乡。"今案襄子灭代，又得霍泰山山阳侯天使朱书曰："余将赐女林胡之地。至于后世，且有伉王，赤黑，龙面而鸟噣，鬓麋髭顀，大膺大胸，修下而冯，左衽界乘，奄有河宗，至于休溷诸貉，南伐晋别，北灭黑姑。"所谓伉王，盖指武灵，左衽即指其变服事也。武灵王又谓公子成曰："吾国东有河、薄洛之水，与齐、中山同之，无舟楫之用。自常山以至代、上党，东有燕、东胡之境，而西有楼烦、秦、韩之边，今无骑射之备。故寡人无舟楫之用，夹水居之民，将何以守河、薄洛之水；变服骑射，以备燕、三胡、秦、韩之边。《索隐》："林胡、楼烦、东胡，是三胡也。"且昔者简主不塞晋阳以及上党，而襄主并戎取代以攘诸胡，此愚智所明也。"然则代以外为林胡、楼烦，乃襄子未竟之功也。武灵王胡服之后,二十年,西略胡地,至榆中,林胡王献马;二十六年,攘地北至燕、代,西至云中、九原;二十七年,传国惠文王,自号为主父,欲令子主治国,而身胡服将士大夫西北略胡地;惠文王二年,主父行新地,遂出代,西遇楼烦王于西河而致其兵。然则自代以北,云中、九原、榆中、西河,皆林胡、楼烦之地也。《匈奴列传》谓冒顿南并楼烦、白羊河南王,然元朔二年卫青出云中击楼烦、白羊王于河南,遂取河南地筑朔方,复缮蒙恬所为塞。则自头曼至元朔时,河南之地,虽迭经汉与匈奴之争夺,而楼烦部落故无恙也,故河南亦故楼烦地也。南并楼烦白羊河南王,《史记索隐》引如淳曰:"白羊王居河南。"意以白羊为楼烦诸王之一。《汉书》颜师古《注》曰:"二王之居在河南。"则以楼烦、白羊各为部落也。然白羊自古未闻有此部落,恐当以如说为得。

《匈奴列传》言:赵武灵王"北破林胡、楼烦,筑长城,自代并阴山下,至高阙为塞,而置云中、雁门、代郡",而《李牧传》言其"常居代、雁门备匈奴",则此三郡者,代与林胡、楼烦之地;此三郡以外,则匈奴地也。匈奴是时去中国较远,故未为赵所吞并,而后得以自强。

《李牧传》曰:"灭襜褴,破东胡,降林胡。"襜褴之褴,《集解》引徐广曰:"一作临。"又引如淳曰:"胡名也,在代北。"而《匈奴列传索隐》又引如淳曰:"林胡即儋林,为李牧所灭。"案诸篇不言林胡,即言林人,未有兼言儋者,明襜褴与林胡为二,合为一名非也。然此说与《李牧传》所引,亦相矛盾,盖传写有误,非如说本误也。

《淮南·原道》曰:"雁门之北,狄不谷食,贱长贵壮,俗尚气力,人不弛弓,马不解勒。"《淮南》虽汉时书,然多战国以前语,至此乃笔之于书,古人著书体例则然也。雁门以北,在战国以前,为林胡、楼烦之地,此数语盖即指此二族言之,可证其为游牧之族也。李斯《谏逐客书》曰:"乘纤离之马。"纤离即《王会》之孅犁,此族盖亦事畜牧,与匈奴同俗。

古人著述,有据相传诵习之辞笔之于书者,亦有以当时习熟之语易古人之言者,但取其意不失而已,不拘拘于其辞句也。《中庸》自为孔门相传之说,然其笔之于书则颇晚。昔人谓孔孟之书,言山多举泰岱,以为邹鲁之人所习见也;《中庸》独言华岳,以此知为秦汉时书,此可证其辞为秦汉人所为耳,亦不能谓为尽秦汉人所为,特其中有秦汉时人之辞耳。不能谓其说非孔门相传之旧也。然因此却可借《中庸》篇中语,以证战国时事。《中庸》:"子路问强。子曰:南方之强与?北方之强与?抑而强与?宽柔以教,不报无道,南方之强也,君子居之。衽金革,死而不厌,北方之强也,而强者居之。"此所谓南方,指中国;北方之强,则《淮南王书》所谓雁门以北之俗也。近人或谓南方之强指江域,北方之强指河域,则武断甚矣。当时河域,乃冠带之国,礼义之邦,安有所谓衽金革死而不厌者?而吴楚之俗,亦只闻其剽轻善用剑耳,曷尝有所谓宽柔以教不报无道者邪?衽金革,死而不厌,惟匈奴等游牧之族为然,居于腹地之戎狄,则已异于是矣。

〔一八六〕发、北发

《史记·五帝本纪》:"南抚交阯、北发,西戎、析支、渠搜、氐、羌,北山戎、发、息慎、东长、鸟夷。"《索隐》:"此言帝舜之德皆抚及四方夷人,故先以抚字总之。北发当云北户,南方有地名北户。又按《汉书》:北发是北方国名,今以北发为南方之国,误也。此文省略,四夷之名错乱,西戎上少一西字,山戎下少一北字,长字下少一夷字,长夷也,鸟夷也,其意宜然。今案《大戴礼》亦云长夷,则长是夷号;又云鲜支、渠搜,则鲜支当此析支也。"案谓"此文省略,四夷之名错乱",是也。谓北发当作北户,发当作北发,则非也。《周书·王会》,西面正北方有发人。《管子·轻重甲》:"发、朝鲜不朝,请文皮毤服而以为币乎?一豹之皮,容金而金也,然后八千里之发、朝鲜可得而朝也。"是北方确有国名发也。《大戴记·少间篇》云:"昔虞舜以天德嗣尧,布功散德制礼。朔方幽都来服。南抚交趾,出入日月,莫不率俾。西王母来献其白琯。粒食之民,昭然明视。民明教通于四海。海外肃慎、北发、渠搜、氐、羌来服。"海外以下,下述禹、汤、文之功并同。与此文互有详略。言海内,以《大戴记》为详,《史记》仅及交趾,而《记》尚有朔方幽都及西王母;言海外,则《史记》为详,析支、山戎、发、长、鸟夷,《大戴》均未之及。然《大戴》之意,自以肃慎在北,北发在南,渠搜、氐、羌在西,北发与发,实非一国也。《汉书·武帝纪》:

元光元年五月,诏贤良曰:"德及鸟兽,教通四海,海外肃眘、北发、渠搜、氐、羌来服。"文与《大戴记》同,绝未言北发为北方之国,未知《索隐》何所见而云然。以《大戴记》与《史记》互勘,似乎彼此均有夺误。《史记》云"南抚交阯",盖专指南方言之,其上下未必不有朔方幽都、西王母等句也。《索隐》云"以抚字总之",已嫌专辄。师古曰:"北发,非国名也,言北方即可征发渠搜而役属之。瓒说近是。"独以此四字为句,然则上文"海外肃眘"四字何解欤?亦可谓疏矣。臣瓒曰:"《孔子三朝记》云:北发渠搜,南抚交阯,此举北以南为对也。"案《困学纪闻》以《千乘》、《四代》、《虞戴德》、《诰志》、《小辨》、《用兵》、《少间》七篇当《三朝记》,则臣瓒所引,亦即《少间》篇之文,其误与师古同。又案《墨子·节用》中:"古者尧治天下,南抚交阯,北降幽都,东西至日所出入,莫不宾服。"《韩非子·十过》:"昔者尧有天下,其地南至交阯,北至幽都,东西至日月之所出入者,莫不宾服。"贾谊《新书·修政语上》:"尧抚交阯,北中幽都。"《淮南子·修务》:"尧北抚幽都,南道交阯。"《说苑·反质》:"尧地南至交阯,北至幽都,东西至日所出入。"咸与《戴记》大同小异。是彼此为相传诵悉之辞,《史记》独举交阯,必有夺误也。

古人所举四方地名,远近亦有次序。《尔雅·释地》:"东至于泰远,西至于邠国,南至于濮铅,北至于祝栗,谓之四极。觚竹、北户、西王母、日下,谓之四荒。"四极者,中国声教之所极;四荒,则荒忽无常矣。此北户与西王母,皆在海内,盖即《大戴记》及《史记》所云交阯者。举交阯,则不必言北户矣。必不能与海外之肃慎、北发、渠搜、氐、羌为伦也。《索隐》谓北发当云北户,亦不考之谈也。《吕览为欲》:"有一欲,则北至大夏,南至北户,西至三危,东至扶木,不敢乱矣。"大夏者,伶伦取竹之所;三危,则舜窜三苗之所也。其不在海,亦可知。

〔一八七〕越　裳

世之言越裳氏者,多以为在今越南之地,此为王莽所误也。贾捐之弃珠崖之对曰:"武丁、成王,殷、周之大仁也,然地东不过江、黄,西不过氐、羌,南不过蛮荆,北不过朔方,是以颂声并作,视听之类咸乐其生,越裳氏重九译而献。以至乎秦,兴兵远攻,贪外虚内,务欲广地,不虑其害。然地南不过闽越,北不过太原。"《汉书》本传。寻贾氏之言,越裳必尚较闽越为近。若谓在今后印度半岛,未免不近情理矣。

以越裳在今越南之地者,盖本于《后汉书》。《后汉书·南蛮传》曰:"交阯之南,有越裳国。周公居摄六年,制礼作乐,天下和平,越裳以三象重译而献白雉,曰:道路悠远,山川岨深,音使不通,故重译而朝。成王以归周公,公曰:德不加焉,则君子不飨其质;政不施焉,则君子不臣其人;吾何以获此赐也?其使请曰:吾受命吾国之黄耇,曰:久矣,天之无烈风雷雨,意者中国有圣人乎?有则盍往朝之。周公乃归之于王。"《注》曰:"事见《尚书大传》。"古人引用,多不尽仍原文。此事散见古书甚多,陈恭甫《尚书大传辑校》辑之甚备。《后汉书》而外,咸无"交阯之南"四字,知非伏生原文矣。《后汉书》上文曰:"《礼记》称南方曰蛮,雕题交阯。其俗男女同川而浴,故曰交阯。其西有啖人国,生首子辄解而食之,谓之宜弟。味旨,则以遗其君,君喜而赏其父。取妻美，则让其兄。今乌浒人是也。"引《礼记·王制》，杂以《注》文。其噉人之国，见《墨子·鲁问》篇，辞句亦有异同。不知为此辞者所据《墨子》与今本异，抑引用改易，然"今乌浒人是也"六字，则必为此辞者所加，"其西"二字，亦必其所改，承上文"故曰交阯"言之也。"交阯之南"四字，亦同一例。

《汉书·平帝纪》："元始元年春正月，越裳氏重译献白雉一，黑雉二，诏使三公以荐宗庙。群臣奏言：大司马莽功德比周公，赐号安汉公，及太师孔光等皆益封。"此事亦见《莽传》，但云"风益州令塞外蛮夷献白雉"而已，知越裳之名，必莽妄被之也。《后汉书·光武纪》：建武十三年，"日南徼外蛮夷献白雉、白兔"；《章帝纪》：元和元年，"日南徼外蛮夷献生犀、白雉"；《南蛮传》：建武十三年，"南越徼外蛮夷献白雉、白兔"；"肃宗元和元年，日南徼外蛮夷究不事人邑豪献生犀、白雉"，皆无越裳之名。《论衡·恢国》篇亦云越裳，盖东汉人已受其欺矣。

越裳之地，当不远乎鲁。何也？曰：其事傅诸周公，一也。其所贡者为白雉，而夏翟为《禹贡》徐州之贡，二也。《周颂谱正义》引《大传》，越裳作越常，陈恭甫谓旧本如此。窃疑《鲁颂》"居常与许，复周公之宇"，常即越裳。越为种族之名，常其邑名。以越冠裳，犹之《史记·楚世家》谓熊渠封少子为越章王，而其地后亦称故鄣耳。《左氏》越有常寿过，疑即此国人。《毛传》谓常为鲁南鄙，其地当近海滨，故以无别风淮雨，占中国之有圣人也。

别风淮雨，见《文心雕龙》。按《文心雕龙·练字》篇云："《尚书大传》，有别风淮雨；《帝王世纪》云列风淫雨。别列淮淫，字似潜移。淫雨义当而不奇，淮别理乖而新异。傅毅制诔，已用淮雨，固知爱奇之心，古今一也。"陈恭甫疑彦和见误本《大传》，此恭甫误也。别风即飑风，后人不知，乃易贝为具。凡风皆有定向，惟别风不然，一若东西南北，同时并作者。东与西相背，南与北相背，故曰别。名之曰具，义亦可通，但古无是语耳。《辑校》云："《御览·天部》一本引作天之无烈风，东西南北来也。下六字当是注文误入《传》。"是矣，而不悟此六字正是别风之义，转以彦和所见为误本，不亦千虑之一失乎？淮雨盖汇雨之省，言雨四面而至，意与别风之东西南北来同也。

越裳，《汉书注》引张晏曰："越不著衣裳，慕中国化，遣译来著衣裳，故曰越裳也。"附会可笑。师古曰："王充《论衡》作越尝，此则不作衣裳之字明矣。"《贾捐之传注》。《鲁颂》郑《笺》云："常或作尝，在薛之旁。六国时齐有孟尝君，食邑于薛。"《郑笺》果是，则其地距鲁甚近；而《御览》引《大传》云重译，《文选》应吉甫诗《注》引作重三译，王元长文《注》引作重九译，贾捐之亦云九译，则仲任所谓语增者耳。抑三与九亦但言其多，非如后世文字之必为实数，不能因此遂断为远国也。

〔一八八〕扬 越

《史记·南越尉佗列传》:"秦时已并天下,略定扬越。"《汉书》作粤。《集解》引张晏曰:"扬州之南越也。"颜师古亦曰:"本扬州之分,故曰扬粤。"案此说恐非也。《楚世家》云:"熊渠甚得江汉间民和,乃兴兵伐庸、扬粤,至于鄂。"此与《索隐》所引《战国策》,谓"吴起为楚收扬越"者,并非扬州之分。《楚世家索隐》云:"有本作扬雩,音吁,地名也。今音越。谯周亦作扬越。"案雩、吁、粤同从于声;古粤、越恒相假借。《方言》曰:"扬,双也。燕、代、朝鲜、洌水之间曰盱,或谓之扬。"《释言》曰:"越,扬也。"《礼记·聘义》郑《注》同。"叩之其声清越以长"《注》。《乐记注》则曰:"扬,越也。""非谓黄钟大吕弦歌干扬也"《注》。然则扬、越仍系一语。重言之,乃所以博异语,犹华、夏本一语而连言之耳。博异语见《礼记·内则》"卦之刲之"《注》。不特此也,即吴、越二字,亦系一音之转。吴,大也。《方言》十三。于,亦大也。《方言》一。《淮南·原道》:"于越生葛绨。"《注》:"于,吴也。"《荀子·劝学》:"于越夷貉之子。"《注》:"于越,犹言于越。"然则吴之与越,于越之与扬越,亦皆同言异字耳。《公羊》定公五年,"于越者,未能以其名通也;越者,能以其名通也。"《解诂》曰:"越人自名于越,君子名之曰越。"盖诸夏之与蛮夷,有单呼累呼之别耳。

又不特吴、越也,即虞、吴亦为一字。周之封虞仲与周章,非有二号,故《史记》分别言之曰:"自太伯作吴,五世而武王克殷,封其后为二:其一虞,在中国。其一吴,在夷蛮。十二世而晋灭中国之虞,中国之虞灭二世,而夷蛮之吴兴。"此中虞、吴字,非并作虞,则并作吴,故须分别言之。"其一处在中国,其一吴在夷蛮",虞、吴二字,当系后人所加,元文当作"其一在中国,其一在夷蛮"。若如今本,字形既有别异,尚何必如此措辞哉?《诗·丝衣》:"不吴不敖。"《史记·武帝本纪》引作"不虞不骜"。越字在古为民族之名。太伯、仲雍之居南方,盖即其所治之民以为号,而封之者因之。既以之封周章,则又变为国名,故其支派之受封于北方者,虽所君临者非越民,而亦以吴为号也。

《汉书·地理志》:"太伯初奔荆蛮,荆蛮归之,号曰句吴。太伯卒,仲雍立。至曾孙周章,而武王克殷,因而封之。又封周章弟中于河北,是为北吴。后世谓之虞。"案《吴越春秋》,虞仲作吴仲。《公羊》定公四年,晋士鞅、卫孔圉帅师伐鲜虞。《释文》:"虞本或作吴。"《尚书大传》曰:"西方者,鲜方也。"《诗·瓠叶》:"有兔斯首。"《郑笺》曰:"斯,白也。今俗语斯白之字作鲜。齐、鲁之间声近斯。"然则西方之名,原于鲜白。鲜、西一字。鲜虞独言西吴,疑本虞仲之后,为晋所灭,支庶播迁,君临白狄者,故《世本》谓鲜虞为姬姓也。中山武公初立,事在赵献侯十年,见《赵世家》及《六国表》。其时入战国已久。然《春秋》昭公十二年。晋伐鲜虞,《公》、《穀》皆责其伐同姓,则鲜虞之为姬姓旧矣,非以武公之立也。武公,徐广曰:"西周桓公之子。桓公者,考王弟而定王子。"《索隐》以《世本》不言,疑为无据。然徐广于此,不得凿空,盖自有所据,而小司马时已无考耳。窃疑西吴之胤,或先此而绝,而西周公之后入承其绪也。

《孟子》曰:"舜生于诸冯,迁于负夏,卒于鸣条,东夷之人也。"《离娄》下。而《史记·五帝本纪》曰:"舜,冀州之人。"下文"舜耕历山,渔雷泽,陶河滨,作什器于寿丘。就时于负夏",无一为冀州之地者。窃疑此语遭后人窜乱，非《史记》原文；否则与下文各有所本。冀州二字，但为中国之义，非《禹贡》所谓冀州也。《正义》云："越州余姚县，顾野王云：舜后支庶所封。舜，姚姓，故曰余姚。县西七十里，有汉上虞故县。《会稽旧记》云：舜上虞人；去虞三十里有姚丘，即舜所生也。周处《风土记》云：舜东夷之人，生姚丘。《孝经援神契》云：舜生于姚墟。"纬候之言，当有古据；汉世县名，亦必非无因。窃疑历山即汤放桀之处，与鸣条地正相近。说者或云在河东，或云在濮州，或云在妫州，均无当也。有虞氏之虞，亦即吴耳。《墨子·尚贤》上："古者尧举舜于服泽之阳。"孙仲容《闲诂》曰："服泽疑即负夏。"案孙说近之，然则负夏亦泽名，郑云"卫地"，恐非是。

名有原同而流异者，夷、裔、华、夏、虞、吴、扬、越皆是也。扬、越既为一语，则扬州犹言越州，亦以民族之名为州名耳。然既为州名，即自有其疆理，不得谓越人所居之处，皆可称为扬州。《禹贡》所载，盖实东周时境域，然犹不及今闽广。故知以《南越传》之扬越为取义于扬州者必非。《货殖列传》曰："合肥受南北潮，皮革鲍木输会也，与闽中于越杂俗。九疑、苍梧以南，至儋耳者，与江南大同俗，而扬越多焉。"此扬越与于越，各有地分，截然不可相溷。盖其语原虽同，而自春秋以后，于越遂为封于会稽之越之专称耳。《自序》："汉既平中国，而佗能集扬越，以保南藩，纳贡职。"亦以扬越言之，不曰于越。按其地分，似自《禹贡》荆州而南者，皆称扬越；而在扬州分者，顾不然也。

〔一八九〕大九州考①

《史记·孟荀列传》言：邹衍"以为儒者所谓中国者，于天下乃八十一分居其一分耳。中国名曰赤县神州。赤县神州内自有九州，禹之序九州是也，不得为州数。中国外如赤县神州者九，乃所谓九州也。于是有裨海环之，人民禽兽莫能相通者，如一区中者，乃为一州。如此者九，乃有大瀛海环其外，天地之际焉"。此亦有旧说为本，非衍新创也。《淮南·地形》曰："何谓九州？东南神州曰农土，正南次州曰沃土，西南戎州曰滔土，正西弇州曰并土，正中冀州曰中土，西北台州曰肥土，正北泲州曰成土，东北薄州曰隐土，正东阳州曰申土。"又曰："九州之大，纯方千里。九州之外，乃有八殥，亦方千里：自东北方，曰大泽，曰无通；东方曰大渚，曰少海；东南方曰具区，曰元泽；南方曰大梦，曰浩泽；西南方曰渚资，曰丹泽；西方曰九区，曰泉泽；西北方曰大夏，曰海泽；北方曰大冥，曰寒泽。凡八殥八泽之云，是雨九州。八殥之外，而有八纮，亦方千里：自东北方，曰和丘，曰荒土；东方曰棘林，曰桑野；东南方曰大穷，曰众女；南方曰都广，曰反户；西南方曰焦侥，曰炎土；西方曰金丘，曰沃野；西北方曰一目，曰沙所；北方曰积冰，曰委羽。凡八纮之气，是出寒暑，以合

---

① 曾改题为《邹衍大九州说》。

八正，必以风雨。八纮之外，乃有八极：自东北方，曰方土之山，曰苍门；东方曰东极之山，曰开明之门；东南方曰波母之山，曰阳门；南方曰南极之山，曰暑门；西南方曰编驹之山，曰白门；西方曰西极之山，曰阊阖之门；西北方曰不周之山，曰幽都之门；北方曰北极之山，曰寒门。凡八极之云，是雨天下；八门之风，是节寒暑；八纮八殥八泽之云，以雨九州而和中土。"此盖旧说。谓有大瀛海环其外者，陆地尽于此矣。邹衍则易其名为裨海，谓又有如是者八，陆地乃穷，有大瀛海环其外，而真为天地之际也。九州名义，多无可考，然沛州似以济水得名，弇州或即商奄之奄，则冀州当在济水之南、商奄之东也。九山曰会稽、泰山、王屋、首山、太华、岐山、太行、羊肠、孟门，九塞曰大汾、渑阨、荆阮、方城、殽阪、井陉、令疵、句注、居庸，此皆非其朔，盖后人沿其目而易其名。九山当布列在九州，九塞则为九州边界。九薮曰越之具区、楚之云梦、秦之阳纡、晋之大陆、郑之圃田、宋之孟诸、齐之海隅、赵之钜鹿、燕之昭余，则已在八殥之地矣，观具区大梦之名，列于九薮又列于八泽可知也。然则所谓九州者，乃在齐之西，燕赵之南，宋郑秦晋之东，楚越之北耳。邹衍所谓禹之序九州者盖如此。《禹贡》所述九州，已苞八殥八纮之地，当衍所谓如赤县神州者九而有余矣。《王制》曰："凡四海之内九州，州方千里。"《淮南》曰："九州纯方千里。"可见其所谓九州者，仅当《王制》之一州。然则举九州而九之，乃衍新创之说；谓中国外又有如赤县神州者八，合中国而九。则固旧说也。

纮，高《注》云："维也。维落天地而为之表，故曰纮也。"按《览冥训》云："往古之时，四极废，九州裂，天不兼覆，地不周载，火燫炎而不灭，水浩洋而不息。女娲炼五色石以补苍天，断鳌足以立四极。苍天补，四极正，淫水涸，冀州平。"四极即八极也。独言四正为四极，兼四隅言之，则曰八极耳。天下之雨，来自八极，故四极正则淫水涸也。

九州之地皆曰土,八殥之地有八泽,八纮亦曰土、曰野,是中国与夷狄,以泽为界也,此盖岛居之世之遗习。岛居时,以所居之土为州,此外为泽,又其外复为陆地,然为他人之地矣,于此可窥见九州之说之起原。古无岛字,洲即岛,洲、州本一字也。《汉书·地理志》云:"尧遭洪水,襄山襄陵,天下分绝为十二州。"注:"师古曰:九州之外,有并州、幽州、营州,故曰十二。水中可居者曰州。洪水泛大,各就高陆,人之所居,凡十二处。"宋祁曰:"《注》文,南本无九州以下十五字,景本无《注》末凡十二处四字。"然则所谓九州者,推原其朔,则岛居之民,分其众为九部耳。井田之法,以方里之地,画为九区,而明堂亦有九室,皆是物也。《周官》量人,掌建国之法,以分国为九州;《考工记》匠人,亦九分其国,皆九州古义也。

原刊《学术》第四辑,一九四〇年五月出版

〔一九〇〕南 交

郑康成曰："夏不言曰明都,三字摩灭也。"《尚书尧典疏》。案《大戴礼》："昔虞舜以天德嗣尧,朔方幽都来服,南抚交趾。"《少间篇》。《墨子》："昔者尧治天下,南抚交趾,北降幽都。"《节用》中。俱以交趾与幽都对举,则南方初无所谓明都可知。《尔雅》："觚竹、北户、西王母、日下,谓之四荒。"《史记·舜纪》："南抚交趾、北发。"《索隐》："北发当云北户,南方有地,名北户。"《淮南子·地形》篇作反户,高诱《注》："在日之南,皆为北乡户,故反其户也。"《南史·林邑传》："其国俗居处为阁,名曰干阑,门户皆北向。"可知北户之俗,南方确有之。而交趾在其北,羲叔所宅,必即今越南地矣。

〔一九一〕嵎夷即倭夷说

《尧典》"宅嵎夷"，《史记·五帝本纪》作郁夷；《毛诗·小雅》"周道倭迟"，《韩诗》作威夷，《汉书》作郁夷。说者因谓日本即古嵎夷。此说似怪，然实不尽诬也。人类学家言：日本种族，十之六为马来，二为虾夷，中国人与通古斯皆仅十之一。马来人古称越，亦作粤，有断发文身之俗，日人亦然。且日人言语，亦有与马来同者，其出于马来族无疑也。《礼记·大传》曰："系之以姓而弗别，缀之以食而弗殊，虽百世而昏姻不通者，周道然也。"楚则有妻妹之俗，见《公羊》桓公二年。日本古俗亦然。汉魏后，南洋群岛皆马来族所居，其程度殊不高于日本人，或且不逮焉，必不能启发日本。且日本与中国之交往，亦北方早而南方迟；则谓启发日本之马来人，自中国往而不自南洋往，又理之可信者也。《尚书正义》云："夏侯等书，宅嵎夷为宅嵎铁。"《说文·山部》："崵，首崵山也，在辽西。一曰嵎铁，崵谷也。"说经者因谓今文家谓嵎夷在辽西，此殊不然。"一曰"乃别列一说之辞，不与上文相蒙。不徒夏侯等家不谓嵎夷在辽西，即《说文》所列之或说，意亦未必谓然。何者？旸谷之旸，诸书或作汤，无作崵者；为此说者之意，盖谓旸谷之旸，亦当作崵，而非谓辽西之崵山即《尚书》之旸谷也。旸谷究在何处，虽难质言，谓在山东，情事颇近。自山东绝海至日本固不易，然冀、辽之地，久为华人繁殖之区，试观方言，自燕到朝鲜语言多同可知，自朝鲜至日本，则非难事矣。况民族之迁移，亦间有出于常理之外，而不可以测度者邪。

〔一九二〕天地之化百物之产

《礼记·郊特牲》曰:"万物本乎天,人本乎祖。"天之生物,乃使气成为物。《易》所谓"精气为物",物之相生,则以形更成是形,其为事不同。《周官·大宗伯》曰:"以礼乐合天地之化,百物之产。"化者,天之生物之名;产者,物之生物之名也。注曰:"能生非类曰化,生其种曰产。"物固非天地之类。疏引"田鼠化为䴥,雀雉化为蛤蜃之等"以释化,仍是物生物之事,非是。《乾·彖辞》曰:"乾道变化,各正性命。"疏曰:"变,谓后来改前,以渐移改。化,谓一有一无,忽然而改。"《月令》:"田鼠化为䴥。"疏曰:"《易》乾道变化,谓先有旧形,渐渐改者,谓之变。虽有旧形,忽改者谓之化。及本无旧形,非类而改,亦谓之化。"本无旧形,一有一无,即天地之化之化,与田鼠化为䴥之化,不同义也。

〔一九三〕形而上者谓之道、形而下者谓之器义

《易·系辞传》曰:"形而上者谓之道,形而下者谓之器。"近人每执此二语,谓中国人重空言而轻实事,此大缪也。道者,事物之所以然,《韩非·解老》曰:"道者,万物之所以然也,万理之所稽也。理者,成物之文也。道者,万物之所成也。"案然,成也。稽,同也。无形迹可见,故曰形而上,犹言成形之先;曰形而下,则犹言成形之后耳。此乃天事,非人事。《周易正义·八论》之一云:"易之三义,惟在于有,然有从无出,理则包无。故《乾凿度》云:夫有形者生于无形,则乾坤安从而生?故有太易,有太初,有太始,有太素。太易者,未见气也。太初者,气之始也。太始者,形之始也。太素者,质之始也。气、形、质具而未相离,谓之浑沌。浑沌者,言万物相浑沌而未相离也。视之不见,听之不闻,循之不得,故曰易也。是知《易》理备包有无。而《易》象惟在于有者,盖以圣人作《易》,本以垂教,教之所备,本备于有。故《系辞》云形而上者谓之道,道即无也;形而下者谓之器,器即有也。"此言最得《易》义。形而上,形而下,乃就物之可见、可闻、可循与否而锡之名,非意有所贵贱于其间也。不徒未尝贱器也,《系辞传》又曰"见乃谓之象,形乃谓之器,制而用之谓之法",且尽力于制器以共民用矣。

《左氏》僖公十五年,韩简曰:"物生而后有象。"其所谓象,亦即

《易》之所谓象也。象虽可闻见,犹不必其可循,《系辞传》曰"县象著明,莫大乎日月",则其征也。若此者皆在天,古天官家言,自地以上皆为天。在地者则不然。故曰:"在天成象,在地成形。"成形者皆可共用,共用之谓器。凡器,皆可如其形,制为范,以更作之时曰法。故曰:"成象之谓乾,效法之谓坤。"又曰:"法象莫大乎天地。"而包牺作卦,《易》称其"仰则观象于天,俯则观法于地"也。夫如器之形以制范,以更成是器,不过能使固有之器增多而已,不能更得新器也。能取法于天则不然。《礼记·郊特牲》曰:"地载万物,天垂象。取材于地,取法于天,是以尊天而亲地也。"取法于天者,依意想之所及,而制以为法;如是,则共用之器,日出而不穷。《韩子》曰:"诸人之所以意想者,皆谓之象。"《解老》。其理,观《系辞传》"盖取"一节可明。风行水上《涣》,制舟楫者取焉,不待言而喻也。服牛乘马取诸《随》,取其动而说也。臼杵取诸《小过》,《小过》上雷下山,上动,下任之以重也。弧矢取诸《睽》,《睽》上火下泽,火泽之行相违,犹射者引弦向己,矢激而外出也。上泽下天《夬》,夬者,决也,以五刚乘一柔,必决,决则殊矣,物之殊者仍可合之,知其故为一体,此书契之所由作也。要之如器以制,法器有限;因象而制,法器无穷。故曰:"以制器者尚其象。"又曰:"爻也者,效此者也,象也者,像此者也。"象者,物之所固有,像则人像之,故从人,非俗字也。

象之不可穷,犹形之不可穷也;于是能以一象广摄众义之说尚焉。《易》之始,不过占筮之书,而圣人有取焉,盖以是也。故曰:"书不尽言,言不尽意。然则圣人之意,其不可见乎?"又曰:"圣人立象以尽意";又曰:"圣人有以见天下之赜,而拟诸其形容,象其物宜,是故谓之象";又曰:"极其变,遂通天下之象"也。《易》道至广,皆摄诸象。故曰:"象也者,言乎象者也",又曰:"知者观其彖辞,则思过半矣。""其称名也小,其取类也大",则以一象广摄众义之谓也。象虽

〔一九三〕形而上者谓之道、形而下者谓之器义

若虚县无薄乎,器之成恒必由之。故曰"象事知器"。事不违理,知象则器寓焉。《管子》曰:"一者,本也,二者,器也。"《五行》。又曰:"原始计实,本其所生,知其象则索其器。"《白心》。太史公曰:"《易》本隐以知显,《春秋》推见至隐。"谓其合本末为一也。

《管子·七法》曰:"治民有器,为兵有数,胜敌国有理,正天下有分。则、象、法、化、决塞、心术、计数。根天地之气,寒暑之和,水土之性,人民、鸟兽、草木之生,物虽不甚多,皆均有焉而未尝变也,谓之则。义也,名也,时也,似也,类也,比也,状也,谓之象。尺寸也,绳墨也,规矩也,衡石也,斗斛也,角量也,谓之法。渐也,顺也,靡也,久也,服也,习也,谓之化。予夺也,险易也,利害也,难易也,开闭也,杀生也,谓之决塞。实也,诚也,厚也,施也,度也,恕也,谓之心术。刚柔也,轻重也,大小也,实虚也,远近也,多少也,谓之计数。"其言足与《易》相发明。则谓自然之理,其予人以可知者谓之象。人效法之,有所制作,谓之法。化者,使人与事习也。决塞者,上之所以使下也。心术,上之所以自处也。计数,上临事之所察也。法本于象,故曰:"不明于象,而欲论材审用,犹绝长以为短,续短以为长。"法出于象,故亦自然不可改易。《法法》之篇曰:"不法法,则事毋常,法不法,则令不行。"不法法者,谓不以法为法也。法不法者,谓其所法者非法也。不合乎则。《周书·大匡曰》:"明堂所以明道,明道惟法法。"与《管子》所谓法法者同。朱右曾《集训校释》依陆麟书改为"明道惟法,明法惟人",误矣。《孟子》曰:"离娄之明,公输子之巧,不以规矩,不能成方圆;师旷之聪,不以六律,不能正五音;尧舜之道,不以仁政,不能平治天下。"《离娄》上。此不法法则事毋常之义。又曰:"今有仁心仁闻,而民不被其泽,不可法于后世者,不行先王之道也。""为高必因丘陵,为下必因川泽,为政不因先王之道,可谓智乎?"此法不法则令不行之义。非谓法出于先王,谓先王之法

则法之法者也。虽荀子之法后王，意亦由是。《左氏》昭公四年，浑罕讥子产曰："政不率法，而制于心；民各有心，何上之有？"政之不可制于心，以法之出于自然之则也。

《洪范》五事，思曰睿，睿作圣。《周官》乡三物，一曰六德：知、仁、圣、义、忠、和。郑《注》曰："圣，通而先识也。"圣之本义，实以知识言，非以德行言。《荀子》曰："不先虑，不早谋，发之而当，成文而类，居错迁徙，应变不穷，是圣人之辩者也。"《非相》。又曰："道出乎一。曷谓一？曰执神而固。曷谓神？曰尽善浃洽之谓神。万物莫足以倾之之谓固。神固之谓圣人。圣人也者，道之管也。天下之道管是矣，百王之道一是矣。"《儒效》。又曰："多言则文而类。终日议其所以，言之千举万变，其统类一也。是圣人之知也。"《性恶》。又曰："所谓大圣者，知通乎大道，应变而不穷，辨乎万物之情性者也。大道者，所以变化遂成万物也。情性者，所以理然不取舍也。是故其事大辨乎天地，明察乎日月，总要万物于风雨。缪缪肫肫，其事不可循。若天之嗣，其事不可识。百姓浅然，不识其邻。若此则可谓大圣矣。"《哀公》。皆可见圣之本义。《论语·子罕》："太宰问于子贡曰：夫子圣者与？何其多能也？子贡曰：固天纵之将圣，又多能也。"显分圣与多能为两事。《雍也》："子贡曰：如有博施于民而能济众，何如？可谓仁乎？子曰：何事于仁！必也圣乎！尧舜其犹病诸！"盖寻常所谓相仁偶者，原不过及于与接为构之人，博施济众，为量弥恢，则非思无不过者不克济其事，故以圣言之。《孟子》曰："智，譬则巧也；圣，譬则力也。犹射于百步之外也，其至，尔力也；其中，匪尔力也。"《万章》下。力之深入而克竟其功，亦仍就思无不通之义引伸之也。古之言圣，虽非如后世之高不可攀，然其尊之亦甚至。而《系辞传》曰："备物致用，立成器以为天下利，莫大乎圣人。"其重之也如此，而曷尝有轻视制器之意哉？

〔一九四〕君子上达，小人下达；往者不可谏，来者犹可追

《春在堂随笔》云：戴子高尝为《论语注》，专以公羊家师说说《论语》，亦一家之学也。偶检旧箧，得手书一通，录《注》中义六十三事，质之于余，因择其尤平易者识之，所录者凡十条，曰：因不失其亲，因读曰姻，姻，外亲也。姻非五服之亲，然犹必不失其亲，以其亦有宗道。《杂记》曰："外宗为君夫人，犹内宗也。外宗为姑姊妹之女舅之女及从母。又曰：井有人焉，井穿之假字，又曰：君子上达，言作君作师，上通天道。小人下达，言务工作，力田野，下通物性而已。又曰：往者不可谏，来者犹可追。往，往世也。谏，犹正也。来，来世也，言来世之治，犹可追乎？明不可追。庄子述此歌曰：往世不可追，来世不可待。皆悇心贵当。下学言务工作，下学而上达，亦谓因事而悟道也。曲园云：余因子高解往者不可谏，而悟来者犹可追之义。《周官·追师·注》：追，犹治也。犹可追，言犹可治也。夫子删《诗》、《书》，定《礼》、《乐》，赞《周易》，修《春秋》，为后世法，皆所以治来世也。公羊子曰：制春秋之义，以俟后圣，以君子之为，亦有乐乎此也。深得孔子之意，而皆自楚狂一言发之，楚狂之功大矣。"予案曲园说追字之义是也，而其说犹可追之义则非。犹可追，言不可追也，乃反诘之辞。

〔一九五〕君子有勇而无义为乱，小人有勇而无义为盗

《论语·阳货》："子路曰：君子尚勇乎？子曰：君子义以为上，君子有勇而无义为乱，小人有勇而无义为盗。"古书语法，往往有互相备者，此言君子为乱则为盗亦在其中，小人为盗则为乱亦在其中是也。但此章则不然。盖古所谓作乱者，乃指干犯名分，杀逐在上者而夺其位，而盗之本义，为略取财物。古代等级森严，小人不易乘君子之位。君子虽不必皆富，然究与小人有别，略取财物，非其志之所存。即欲夺人之所有者，亦必代居其位而后可，其事即为乱而非盗矣。故作乱之事，小人殆不能为之，而君子亦无所谓为盗也。

《春秋》书盗杀者四：襄公十年，"盗杀郑公子骈、公子发、公孙辄"。《左传》曰："书曰盗，言无大夫焉。"昭公二十年，"盗杀卫侯之兄絷"，《左氏》于三十一年论之，谓"齐豹为卫司寇，守嗣大夫，……若艰难其身，以险危大人，……是以书之曰盗。……以惩不义"。然据二十年纪事，则齐豹之司寇与鄄，皆已为挚所夺，当杀挚时，豹固微者也。哀公四年"盗杀蔡侯申"，《左传》云："公孙翩逐而射之，入于家人而卒。"《杜注》曰："翩，蔡大夫。"《公羊》曰："罪人。"《公羊》盖得其实。十三年，盗杀陈夏区夫《公》、《穀》、《左》皆无传，而四年《穀梁》云："微杀大夫谓之盗。"范宁《集解》云："十三年冬，盗杀陈夏区

〔一九五〕君子有勇而无义为乱，小人有勇而无义为盗

夫是"，盖为夏区夫发。又定公八年，"盗窃宝玉大弓。"《公羊》曰："盗者孰谓？谓阳虎也。阳虎者，曷为者也？季氏之宰也。季氏之宰，则微者也。"此外急寿及子臧之死，《左氏》亦咸谓之盗。见桓公十六年，僖公二十四年。盖实使微者杀之。郑三卿及卫絷之死，其君皆为之出奔。又郑子产卒，子大叔为政，不忍猛而宽；郑国多盗，取人于萑蒲之泽，至兴徒兵以攻杀之，盗乃少止。见昭公二十年。吴之入郢也，楚子入睢济江，入于云中，盗攻之，至以戈击王，王奔郧。定公四年。其势力亦不可谓不大。古书记人民作乱之事甚鲜，或以为古者德化洽，生计饶，不至于乱也。又或以为古者设治密，兵力足，人民不易为乱，皆非也。古之史官主记贵族之事，民间之盗贼与贵族关系较少，故不之及耳。观郑所谓萑蒲及楚云中之盗，可知盗贼之徒党并不少，势力并不弱。《庄子·盗跖》述当时之富人谓其"内则疑劫请之贼，外则畏寇盗之害，内周楼疏，外不敢独行"，可知其无日不在戒备中也。而《左传》亦咸称为盗，盖当时言语如是也。

《论语·学而》："有子曰：其为人也孝弟，而好犯上者，鲜矣；不好犯上，而好作乱者，未之有也。"盖犯上者，作乱之履霜，而作乱其坚冰也。其与杀越人于货者，所志迥不相侔审矣。《泰伯》篇："子曰：勇而无礼，则乱。"又曰："好勇疾贫，乱也。人而不仁，疾之已甚，乱也。"《阳货》篇曰："好勇不好学，其蔽也乱。"其皆指君子言可知。《左传》文公二年，"狼瞫怒，其友曰：盍死之？瞫曰：吾未获死所。其友曰：吾与汝为难。瞫曰：周志有之：勇则害上，不登于明堂。死而不义，非勇也。……子姑待之。"今《周书·大匡》篇曰："勇如害上，如同而。则不登于明堂。"明堂非小人所登，其言亦为君子而发。狼瞫如听其友而为难，即有子之所谓犯上，更甚则为作乱矣。

古之人，盖贵贱莫不尚勇，故子贡问孔子："君子亦有恶乎？"子曰："恶勇而无礼者。"又曰："赐也亦有恶乎？"子贡曰："恶不孙以为

勇者。"《论语·阳货》。孔子戒樊迟，一朝之忿，忘其身以及其亲。《论语·颜渊》。而孟子告公都子，数世俗所谓不孝者五，好勇斗狠，以危父母，居其一焉。《离娄下》。夫如是，安得不尚逊顺。《祭义》称：虞、夏、殷、周，未有遗年者。又称：孝弟之道，发诸朝廷，行乎道路，至乎州巷，放乎搜狩，备乎军旅，于众义死之，而弗敢犯也。而大学又以是为教。又曰："天子有善，让德于天；诸侯有善，归诸天子；卿大夫有善，荐于诸侯；士庶人有善，本诸父母，存诸长老。"《坊记》言："善则称人，过则称己"；"善则称君，过则称己"；"善则称亲，过则称己"。岂好为是柔弱之道以靡其民气哉？当时之情势，固有不得不然者也。不然，其争夺相杀不可以一朝居也久矣。

〔一九六〕往者不悔，来者不豫

语曰："人所追悔者既往，所希冀者未来，所悠忽者见在。"又曰："勘破去来今，非佛无可做；不问去来今，随地皆成佛。"世皆以为名言。《礼记·儒行》曰："往者不悔，来者不豫。"《注》曰："虽有负者，后不悔也；其所未见，亦不豫备，平行自若也。"已具二谚之理矣。人之多悔多豫，皆由不能安于义命；不能安于义命，则患得患失之情生；患得患失之情一生，而往者不可胜悔，来者不可胜豫矣。其实往者已往矣，隳甑不可复完，悔之何益？而指穷于为，世事之变化无方，亦何可豫也，徒自苦焉而已。抑且患得患失，则神情眩惑，未有不措置乖方者，是以悔既往，豫未来，正所以失见在而又生将来之悔也。有所悔，必又有所豫，是使悔且豫者相引于无穷，而终不获一日之安也，不亦徒自苦乎？故曰："仁，人之安宅也；义，人之正路也；旷安宅而弗居，舍正路而弗由，哀哉！"

〔一九七〕释　仁

道之高者必通,通者必合人我,忘利害。苟犹有人我利害之见存,未有能合天道者也。

孔门之言道,莫高于仁。孔子曰:"道二,仁与不仁而已矣。"《孟子·离娄上》。又曰:"苟志于仁矣,无恶也。"《论语·里仁》。又曰:"君子而不仁者有矣夫,未有小人而仁者也。"《论语·宪问》。其言之决绝如此;然则所谓仁者,果何如哉?

子曰:"民之于仁也,甚于水火。水火,吾见蹈而死者矣;未见蹈仁而死者也。"《论语·卫灵公》。孟子曰:"不仁者可与言哉?安其危而利其菑,乐其所以亡者。不仁而可与言,则何亡国败家之有?"又曰:"三代之得天下也以仁,其失天下也以不仁,国之所以废兴存亡者亦然。今恶死亡而乐不仁,是犹恶醉而强酒。"《离娄上》。其言仁之有利无害,决然如此。然孔子又曰:"志士仁人,无求生以害仁;有杀身以成仁。"《论语·卫灵公》。则是为仁者不免于杀身也。然则非泯利害之见,不足以言仁也审矣。子曰:"仁者必有勇。"《论语·宪问》。言其能临利害而不惑也。又曰:"仁者不忧",《论语·子罕》。言其本不欲利,故无不利之时;无不利之时,自无可忧也。然则圣人非能教人得世俗之所谓利也,能教其祛欲利之心耳。《论语·颜渊》:"司马牛问君子,子曰:君子不忧不惧。曰:不忧不惧,斯谓之君子矣乎? 子曰:内省不疚,夫何忧何惧。"苟不仁,则不免损人以利己,损人以利己,则内省疚而忧惧随之矣。斯言看似平易,而行之实艰。

墨子言兼爱,而孟子诋为无父,似言仁不能无等差矣。然"仲弓问仁,子曰:己所不欲,勿施于人",《论语·颜渊》。恕之事也。孟子亦曰:"强恕而行,求仁莫近焉,"《尽心上》。此岂尚有人我可分乎?《中庸》曰:"仁者,人也,亲亲为大;义者,宜也,尊贤为大,亲亲之杀,尊贤之等,礼所生也。"所以不得不言亲亲,不得不言尊贤,且不得不有杀有等;乃各亲其亲,各子其子,以贤勇知,以功为己之世,事势不得不然,而岂道之本然哉?然则墨者夷之谓"爱无差等,施由亲始,"《孟子·滕文公上》。其说实不背于儒。儒墨之道,可通为一也。儒家辟墨千言万语,皆自小康之世言之,若大同之世,则荡荡平平,本无差等也。夫惟不分人我者,人莫能与之敌,何也?苟欲敌之,是自为敌也。故曰:"仁不可为众也夫!国君好仁,天下无敌!"《孟子·离娄上》。

孔子曰:"仁远乎哉?我欲仁,斯仁至矣!"《论语·八佾》。又曰:"有能一日用其力于仁矣乎?我未见力不足者。"《里仁》。其言之之易如此。然忘人我,泯利害,则人所视为至难者也。何哉?人之本心,本无人我之分,利害之见。所以有之者,皆事势使然也。故曰:"仁义礼智,非由外铄我也,我固有之也。"《孟子·告子上》。惟君子能全其仁于事势万难之际,亦惟君子能革易斯世,使事势无阻。凡人皆克全夫仁也,不知革易斯世,而欲望人人克全夫仁,则以贲育、乌获责孺子矣。此后世儒者之失,孔孟无此说也。

仁之道大如此,顾其言之,亦有时若甚浅近者。子曰:"巧言令色,鲜矣仁。"《论语·学而、阳货》两见。又曰:"刚毅木讷近仁。"《子路》。又曰:"仁者其言也讱。"《颜渊》。然则但谨于辞色之间,遂足以为仁矣乎?非也。仁者必无人我之见存,无人我之见,尚何自炫以取媚于人之有?务自炫以取媚于人,则其人我之见深矣,是则与于不仁之甚者矣。远不仁,斯近仁矣。故曰:"我未见好仁者,恶不仁者,好仁者,无以尚之。恶不仁者,其为仁矣,不使不仁者,加乎其身。"《里仁》。恶不仁不可遂云仁,然求仁之端也。抑以道仁与不仁之义言之,则又不可谓之不仁也。然则巧言令色之不仁,审矣。故《集注》谓"圣人辞不迫切。言鲜,则绝无可知"也,可不深自警哉!

〔一九八〕释　因

因之道，诸子百家言之详矣。虽儒家，亦不能不以此为务也。因之道，有施之天者，"作大事必顺天时，为朝夕必放于日月，为高必因丘陵，为下必因川泽"是也。《礼记·礼器》。《孟子·离娄上篇》亦曰："为高必因丘陵，为下必因川泽。"有施之治民者，"因民之所利而利之，择可劳而劳之"是也。《论语·尧曰》。有施之敌者，"因重而抚之"，"亡者侮之，乱者取之"是也。《左氏》襄公十四年："晋中行献子曰：史佚有言曰：因重而抚之。仲虺有言曰：亡者侮之，乱者取之，推亡固存，国之道也。"又三十年："子皮曰：仲虺之志云：乱者取之，亡者侮之，推亡固存，国之利也。"又案《周书·武称》："距险伐夷，并小夺乱，□强攻弱，而袭不正，武之经也。伐乱、伐疾、伐疫，武之顺也。贤者辅之，乱者取之，作者劝之，息者沮之，恐者惧者欲者趣之，武之用也。"与《左氏》所引史佚仲虺之言相出入，盖古兵家言。大抵人之力，至大而不可遂。故曰："以欲从人则可，以人从欲鲜济。"《左氏》僖公二十年臧文仲之言。又昭公四年，子产对楚灵王曰："求逞于人不可，与人同欲尽济。"韩子曰："使匠石以千岁之寿，操钩，视规矩，举绳墨，而正大山；使贲育带千将而齐万民；虽尽力于巧，极盛于寿，大山不正，民不能齐。"《大体》。可谓言之深切著明矣。《孟子》曰："恶于智者，为其凿也。若禹之行水也，则无恶于智矣。禹之行水也，行其所无事也；如智者亦行其所无事，则智亦大矣。"《离娄下》。行其所无事者，因之谓也。所因者有事焉，因之者未尝有事也。惟未尝有事，乃能有成，此因之精义也。

　　自然之德在于信，信则必可知也。故曰："天之高也，星辰之远也，苟求其故，千岁之日至，可坐而致也。"惟其信也，故逆之必败，顺之则必有成，此随顺万物之义所由来也。《管子》曰："有道之君，其处也若无知，其应物也若偶之。"《心术》。此君人者，治国之术也。庄子述慎到之说曰："推而后行，曳而后往，至于若无知之物而已。"《天下》。此匹夫自处之道也。而其要，尽于庄周"无建己之患"五字。惟无建己，故无用知之患，而能动静不离于理也。此即孔子所谓"无可无不可"，《论语·微子》。其所以致之者，则"毋意毋必毋固毋我"也。《论语·子罕》。然则治人之道，与修己之道，无二致焉。故曰："吾道一以贯之也。"《管子》亦曰："君子之处也若无知，言至虚也。其应物也若偶之，言时适也。若影之象形，响之应声也。故物至则应，过则舍矣，舍矣者，言复所于虚也。"

　　惟能因也，故或见利而不为，以违于道者，似利而实非利也。《管子·白心篇》所言是也。《白心篇》曰："建当立，有以靖为宗，以时为宝，以政为仪，和则能久。非吾仪，虽利不为；非吾当，虽利不行；非吾道，虽利不取；上之随天，其次随人。人不倡不和，天不始不随。"以政为仪，非吾仪，虽利不为，法家所以戒释法而任心治也。故儒、法二家之道，实亦相通。

〔一九九〕释大顺

儒家之言治,莫高于大顺。大顺之说,见于《礼运》。其说曰:"四体既正,肤革充盈,身之肥也。父子笃,兄弟睦,夫妇和,家之肥也。大臣法,小臣廉,官职相序,君臣相正,国之肥也。天子以德为车,以乐为御;诸侯以礼相与;大夫以法相序;士以信相考;百姓以睦相守;天下之肥也,是谓大顺。大顺者,所以养生送死事鬼神之常也。故事:大积焉而不苑,并行而不缪,细行而不失,深而通,茂而有间,连而不相及也,动而不相害也,此顺之至也。故明于顺,然后能守危也。故礼之不同也,不丰也,不杀也,所以持情而合危也。故圣王所以顺,山者不使居川,不使渚者居中原,而弗敝也。用水火金木饮食,必时。合男女,颁爵位,必当年德。用民必顺,故无水旱昆虫之灾,民无凶饥妖孽之疾。故天不爱其道,地不爱其宝,人不爱其情。故天降膏露,地出醴泉,山出器车,河出马图。凤皇麒麟,皆在郊棷;龟龙在宫沼;其余鸟兽之卵胎,皆可俯而窥也;则是无故。先王能修礼以达义,体信以达顺,故此顺之实也。"言治至此,可谓豪发无遗憾矣。论者或曰:西京儒者,不言祥瑞。言祥瑞者,西汉末叶,王莽之徒之为之也。是不然,董仲舒对策曰:"阴阳调而风雨时,群臣和而万民殖,五谷孰而草木茂。天地之间,被润泽而大丰美;四海之内,闻盛德而皆徕臣;诸福之物,可致之祥,莫不毕至,而王道终矣。"非以瑞应为治之至者乎？不言者,当时之治,固不足以言瑞应。且宣帝之世,言凤皇降者,固连翩矣。安知当时儒者,无导谀贡媚之徒,特无传于后邪？且经典之言瑞应者,非独《礼运》也。《礼器》曰:"因名山以升中于天,因吉土以飨帝于郊。升中于天,而凤皇降,龟龙假;飨帝于郊,而风雨节,寒暑时。是故圣人南面而立,而天下大治。"《乐记》曰:"夫古者,天地顺而四时当,民有德而五谷昌,疾疢不作,而无妖祥,此之谓大当。"《大戴记·诰志》曰:"圣人有国,则日月不食,星辰不孛,海不运,河不满溢,川泽不竭,山不崩解,陵不弛,川谷不处,深渊不涸;于是龙至不闭,凤降忘翼,鸷鸟忘攫,爪鸟忘距,蜂虿不螫婴儿,螳虻不食天驹,雏出服,河出图。"《论语·子罕》:"子曰:凤鸟不至,河不出图,吾已矣夫!"皆与《礼运》相出入。抑非独儒家也,《管子·小匡》曰:"昔人之受命者,龙龟假,河出图,洛出书。"《庄子·马蹄》曰:"至治之世,其行填填,其视颠颠。当是时也,山无蹊隧,泽无舟梁;万物群生,连属其乡,禽兽成群,草木遂长,是故禽兽可系羁而游,鸟鹊之巢,可攀援而窥。"其言与《二戴记》、《论语》,同出一本,亦显而易见也。是何邪？是古人之知识短浅,不知人事而欲徼福于不可知之数邪？非然也。《祭统》曰:"福者,备也。备者,百顺之名也。无所不顺者谓之备。"然则大顺云者,亦人事无所不尽,天瑞无所不臻之谓耳。瑞应之来,若由于天,而实由于人。何也？如其三年耕,则有一年之畜;九年耕,则有三年之畜;以三十年之通,虽有凶旱水溢,民无菜色。如此,虽有水旱,谓有水旱得乎？古昔情形,非有史官记录,特口相传述耳。十口相传,不能审谛。小康之治既作,大同之世云遥,乃有强者胁弱,众者暴寡,知者诈愚,勇者苦怯,疾病不养,老幼孤独,不得其所之事,追怀古昔,乃觉其苦乐之悬殊,而津津乐道之。然于古昔之事,知之不审谛也,则以为天瑞之骈臻云尔。且人虽至仁,安能感物,然古言瑞应,必极之于凤凰降龟龙假者,《荀子·王制》曰:"养长时则六畜育,杀生时则草木殖,圣王之制也。草木荣华滋硕之时,则斧斤不入山林;鼋鼍鱼鳖鳅鳝孕别之时,罔罟毒药不入泽;污池渊沼川泽,谨其时禁,故鱼鳖优多,而百姓有余用也。斩伐养长,不失其时,故山林不童,而百姓有余用也。故禽兽草木之滋殖,亦人事为之也。"自后世言之,则曰"摘巢毁卵,则凤凰不翔;刳胎焚夭,则麒麟不至。"《公羊》宣公元年《解诂》。一若非人事所致,而德化所感云尔,亦不审谛之辞也。然则所谓瑞应者,其说固不审谛,其言则非无由矣。此诸家之所以共传之与?

儒家之无善治也,自其以大同之义,附诸小康之治始也。盖郅治之极,必依于仁。《礼运》曰:"仁者顺之体也。"仁者,不分人我之谓也。亦既知有人我矣,则终不能尽相人偶之道,而克全夫仁。人虽至仁,安能及物。所谓尽物性者,亦不过养长生杀得其时,使足供人用而无乏耳。此惟不独亲其亲,不独子其子,货恶其弃于地也,不必藏于己;力恶其不出于身也,不必为己之世为能然。至于各亲其亲,各子其子,货力为己之世,则人我分而争夺起,人与人相处之道必不能尽。人与人相处之道不能尽,则人之所以处置夫物者,亦必不能尽其道矣。稍以陵夷,终至大坏,此山林之所以童,而川泽之所以竭也。而儒者乃以修礼达义,体信达顺,望诸世及以为礼,城郭沟池以为固之大人。《经解》曰:"天子者,与天地参,故德配天地,兼利万物,与日月并明,明照四海,而不遗微小。"《中庸》曰:"声名洋溢乎中国,施及蛮貊,舟车所至,人力所通,天之所覆,地之所载,日月所照,霜露所坠,凡有血气者,莫不尊亲。"皆《礼运》所谓"天子以德为车,以乐为御";《礼器》所谓"圣人南面而立"也。董仲舒遂推言之曰:"为人君者,正心以正朝廷,正朝廷以正百官,正百官以正万民,正万民以正四方;四方正,远近莫敢不壹于正,而亡有邪气奸其间。"以是致瑞应而为王道之终,其言之甚美,而不悟所操者之非其具也。此道家之言之所以为得实与？所谓大同之治者，古人盖皆知其有此一境，而莫能审其在于何时。乃皆以意附会道家主无君之治，故所附会者，较得其实。《礼运》记者，记礼之运，而始于大同。盖非不知此义者，其以大同之治，责望于世及之君，岂亦望其渐致小康，以为后图与？定哀多微辞，下士笑大道，弗可知已！

〔二〇〇〕释"三年无改于父之道"

经义有以互证而益明者,《论语·学而》:子曰:"父在观其志,父没观其行,三年无改于父之道,可谓孝矣。"似以从亲为孝者。然《礼记·坊记》说是语云:"君子弛其亲之过而敬其美。"则所谓三年无改者,谓其父之道之美者也。然则父在观其志者,观其能志于美也;父没观其行者,观其能敬其美也;非谓不论其为美与恶,而皆无改焉也。恶岂惟不可因循,盖有改之惟恐不速者矣,所谓弛其过也。古人言语,颇与后世不同,详略之异,亦其一端。如"三年无改于父之道",自然指其美者言。此在古代,盖不待言而可明,故记者不更分别。然在后世,则此等处,必明言其为父之美。此自古今语法不同,彼此不足相非。然以后世之语法度古人,则必有觉其不可通,或致误解者。《集注》引尹氏曰:"如其道,虽终身无改可也;如其非道,何待三年?然则三年无改者,孝子之心,有所不忍故也。"游氏曰:"三年无改,亦谓在所当改,而可以未改者耳。"弥缝匡救,用心亦可谓深矣。而未知一参考《戴记》则可明。故曰:"吾尝终日不食,终夜不寝,以思,无益,不如学也。"孝子之心,有所不忍,其说最不可通。子曰:"好仁者,无以尚之;恶不仁者,其为仁矣,不使不仁者,加乎其身。"又曰:"道二:仁与不仁而已矣。"夫过举,则必其不仁者也。仁者居之,必不可一息安也。视其父之陷于不仁,必不可一息忍也。是可忍也,孰不可忍也。而忍无弛其亲之过乎？岂有弛其亲之过而反有所不忍者乎？后世人君,政事有不便于民者,新君即位,每以遗诏罢之,合于道矣。

〔二〇一〕释"唯女子与小人为难养也"

《论语·阳货》:"子曰:唯女子与小人,为难养也,近之则不孙,远之则怨。"斯言也,读者惑焉。人有善恶,男女一也,安得举天下之女子,而悉侪诸小人?曰:此所谓女子,乃指女子中之小人言,非谓凡女子也。小人犹言臣,女子犹言妾耳,古臣妾恒并称。《礼经·丧服》:为贵臣贵妾皆缌;《礼记·曲礼》:"国君不名卿老世妇,大夫不名世臣侄娣,士不名家相长妾";皆是。《檀弓》曰:"陈子车死于卫,其妻与家大夫谋以殉葬。定,而后陈子亢至。以告,曰:夫子疾,莫养于下,请以殉葬。子亢曰:以殉葬,非礼也。虽然,则彼疾,当养者,孰若妻与宰?得已,则吾欲已;不得已,则吾欲以二子者之为之也。"《周书·武称》曰:"美男破老,美女破舌。"《战国·秦策》引同。舌当作后,则又以妻与宰并称焉。《曲礼》:"列国之大夫,于其国曰寡君之老",而"夫人自称于天子曰老妇",老妇亦犹言老耳。人君外有三公,内有三母,夫人亦有师傅保,傅以老大夫为之。夫人之有臣,亦犹国君之有妾也。

《檀弓》:"文伯之丧,敬姜据其床而不哭,曰:昔者吾有斯子也,吾以将为贤人也,吾未尝以就公室。今及其死也,朋友诸臣未有出涕者,而内人皆行哭失声,斯子也,必多旷于礼矣夫!"《国语·鲁语》:"公父文伯卒,其母戒其妾曰:吾闻之:好内女死之,好外士死之。今吾子夭死,吾恶其以好内闻也。二三妇之辱共先者祀,请无瘠色,无洵涕,无掐膺,无忧容,有降服,无加服,从礼而静,是昭吾子也。"亦以臣妾并举。

〔二〇二〕一贯与致一

有一贯之道,有致一之道。一贯之道,以知之者言也;致一之道,以行之者言也。一贯之道,孔子告子贡者是也。《论语·公冶长》:"子谓子贡曰:女与回也孰愈?对曰:赐也,何敢望回!回也,闻一以知十;赐也,闻一以知二。"《卫灵公》:"子曰:赐也,女以予为多学而识之者与?对曰:然,非与?曰:非也。予一以贯之。"盖子贡平日致力于研求众理,而得其会通,及其将届贯通之时,孔子乃呼而告之也。对曰:"然。非与?"乃设为问答之辞,古书多如此,非子贡之真未悟也。致一之道,《荀子·劝学》言之最精。其言曰:"百发失一,不足谓善射;千里跬步不至,不足谓善御;伦类不通,仁义不一,不足谓善学。学也者,固学一之也。一出焉,一入焉,涂巷之人也。其善者少,不善则多,桀、纣、盗跖也。全之尽之。然后学者也。君子知夫不全不粹之不足以为美也,故诵数以贯之,思索以通之,为其人以处之,除其害者以持养之。使目非是无欲见也,使耳非是无欲闻也,使口非是无欲言也,使心非是无欲虑也。及至其致好之也,目好之五色,耳好之五声,口好之五味,心利之有天下。是故权利不能倾也,群众不能移也,天下不能荡也。生乎由是,死乎由是,夫是之谓德操。"此孔子所谓"知之者,不如好之者;好之者,不如乐之者"也。《论语·雍也》。"使目非是无欲见,使耳非是无欲闻,使口非是无欲言,使心非是无欲虑",盖所谓勉强而行之。及其"目好之五色,耳好之五声,心利之有天下",则所谓及其成功者矣。子曰:"天地絪缊、万物化醇;男女构精,万物化生。"《易》曰:"三人行,则损一人;一人行,则得其友;言致一也。"《易·系辞》。其形容致一之笃如是,此其所以能力行而有诸己也。

孟子曰:"舜生于诸冯,迁于负夏,卒于鸣条,东夷之人也;文王生于岐周,卒于毕郢,西夷之人也;地之相去也,千有余里;世之相后也,千有余岁;得志行乎中国,若合符节,先圣后圣,其揆一也。"《离娄下》。此即本篇所谓"见而知之"、"闻而知之"者,以知言之也。"滕文公为世子,将之楚,过宋而见孟子。孟子道性善,言必称尧舜。世子自楚反,复见孟子。孟子曰:世子疑吾言乎?夫道,一而已矣。成覸谓齐景公曰:彼丈夫也,我丈夫也,吾何畏彼哉?颜渊曰:舜何人也?予何人也?有为者亦若是。公明仪曰:文王我师也,周公岂欺我哉?"《滕文公上》。此则勉之以自古相传之道,必可力行而有之于身,可谓诏之以致一之功也。

既知一言可以贯万物矣。《管子》:"闻一言以贯万物,谓之知道。"而求一直截之语,悬以为鹄,以行之于待人接物之间,则孔子所以告曾子者是也。《论语·里仁》:"子曰:参乎,吾道一以贯之。曾子曰:唯。子出,门人问曰:何谓也?曾子曰:夫子之道,忠恕而已矣。"孔子所以告曾子者,似与告子贡者不同。然《卫灵公》:"子贡问曰:有一言而可以终身行之者乎?子曰:其恕乎?已所不欲,勿施于人。"《公冶长》:"子贡曰:我不欲人之加诸我也,吾亦欲无加诸人。子曰:赐也,非尔所及也。"其所以相诏相勉者,犹之告曾子之言曰:"道一"而已也。

〔二〇三〕中　和

　　中庸曰:"致中和,天地位焉,万物育焉。"少尝读而疑之,以为人之力,安能位天地,育万物,毋乃言之夸乎？及读《繁露·循天之道》篇,然后知其义也。《中庸》者,言礼而本之天道者也。其言致中和而天地位,万物育,乃言天道,非言人事也。《繁露》之言曰:"循天之道,以养其身,谓之道也。天有两和,以成二中,岁立其中,用之无穷。是北方之中,用合阴,而物始动于下；南方之中,上疑夺是字。是,正也。用合阳,而养始美于上。其动于下者,不得东方之和不能生,中春是也。其养于上者,不得西方之和不能成,中秋是也。""中者,天下之所终始也；而和者,天地之所生成也"；此皆言天事也。其言人事,则曰:"泰实则气不通,泰虚则气不足,热胜则气寒,寒胜则气□,泰劳则气不入,泰佚则气宛至,怒则气尚,喜则气散,忧则气狂,惧则气慑；凡此十者,气之害也。而皆生于不中和。故君子怒则反中而自说以和,喜则反中而收之以正,忧则反中而舒之以意,惧则反中而质之以精。"此皆自致于和之术。盖《中庸》主于治心,故但言喜、怒、哀、乐；《繁露》此篇,兼言养身,故并及实、虚、热、寒、劳、佚也。

　　悟道必由于积渐,一人如是,一群亦然。群所共喻之义,未有不本于日用行习,徐徐扩而充之者。中国之民,邃古即以农为业。农业与天时,相关最切,故其民信天最笃。一切人事,无不以之傅合天道,后来陈义虽高,然其初起之迹,固犹有不可掩者,《中庸》则其一也。《中庸》言:"天之生物,必因其材而笃焉。故栽者培之,倾者覆之",此即其原出农业之群之显证。其言"惟天下至诚,为能尽其性",而又以至诚之德,归诸天地。美天之高明而能覆物,地之博厚而能载物,美其无息,称其不贰。义虽稍隐,仍可微窥。其称致曲之德曰:"曲能有诚,诚则形,形则著,著则明,明则动,动则变,变则化",此为人所当尽之道而其义仍在于法天。《易》言"在天成象,在地成形";"县象著明,莫大乎日月",所谓"诚则形,形则著,著则明"也。"日月运行,一寒一暑",所谓"明则动"也。"句者毕出,萌者尽达",所谓动则变,变则化也。终之曰:"不见而章,不动而变,无为而成",则孔子所谓"天何言哉?四时行焉,百物生焉"也。一言蔽之,言道皆法天地,而天地之德,在其能生物而已。

故其言曰:"喜怒哀乐之未发,谓之中;发而皆中节,谓之和",此言人事也。又曰:"中也者,天下之大本也;和也者,天下之达道也;致中和,天地位焉,万物育焉",则举天道以诏人事也。《繁露》先言天道,后言人事;《中庸》先言人事,后举天道以明之,其言虽殊,其义一也。因《中庸》此处,未曾显言天道,后人遂谓天地位,万物育,皆由于人之能履中蹈和,则其义不可通,而若不免于夸诞矣。《礼运》曰:"故天秉阳,垂日星;地秉阴,窍于山川,和而后月生也。"《注》:"秉,犹持也。言天持阳气施生,照临天下也。窍,孔也。言地持阴气,出纳于山川,以舒五行于四时。比气和,乃后月生而上配日。"《祭义》曰:"日出于东,月生于西,阴阳长短,终始相巡,以致天下之和。"其言和皆主天事,固可与《中庸》互证也。《周官》大宗伯曰:"以天产作阴德,以中礼防之。以地产作阳德,以和乐防之。"《周官》六国时书,仍知中和之德,本于天地。足征此为古者人人共喻之义也。

〔二〇三〕中　和

物之循环无端者,原不能强指其一处而谓之中。然其用既相反而相成,则其彼此更代之际,自与他处有异。此其相际之处,即礼家之所谓中矣。《易·泰卦》九三:"无平不陂,无往不复。"《象》曰:"无往不复,天地际也。"董子曰:"天地之道,虽有不和者,必归之于和,而所为有功。虽有不中者,必止之于中,而所为不失。是故阳之行,始于北方之中,而止于南方之中。阴之行,始于南方之中,而止于北方之中。阴阳之道不同,至于盛而皆止于中,其所始起,皆必于中。是故中者,天地之大极也。极所以有至与中二义。日月之所至而却也,长短之隆,不得过中,天地之制也。兼和与不和,中与不中而时用之,尽以为功。是故时无不时者,天地之道也。"阳之行始于北方之中,阴之行始于南方之中,此喜、怒、哀、乐未发时所当正之位也。阳之行止于南方之中,阴之行止于北方之中,此喜、怒、哀、乐既发后所当中之节也。未发时不能正其位,则既发后必不能中其节矣。此正本、谨始、慎独诸义所由来也。"发而皆中节"之"节",即《乐记》"大礼与天地同节"之"节"。"谓之和"之"和",即《乐记》"大乐与天地同和"之"和"。此礼乐之所以相须而成,而《中庸》之所以为礼家言也。

"长短之隆,不得过中",此即《易》盈虚消息之义。《丰》之《象辞》曰:"日中则昃,日盈则食,天地盈虚,与时消息,而况于人乎?况于鬼神乎?"《系辞传》曰:"日往则月来,月往则日来,日月相推而明生焉。寒往则暑来,暑往则寒来,寒暑相推而岁成焉。往者屈也,来者信也,屈伸相感,而利生焉。"《蛊》之《象辞》曰:"终则有始,天行也。"《剥》之《象辞》曰:"君子尚消息盈虚,天行也。"《复》之《象辞》曰:"反覆其道,七日来复,天行也。"皆以天道言之,亦足见古昔之哲学,无不以法天为之本也。

法天者既法其消息盈虚,故无久而不变之义。"革"之《象辞》所谓"天地革而四时成,汤武革命,顺乎天而应乎人也"。物不可以不革,而此不可不革之道,则久而不革,此《易》所以兼变易不易二义。《恒》之《彖辞》曰:"天地之道,恒久而不已也。"而又继之曰:"利有攸往,终则有始也。日月得天而能久照,四时变化而能久成。"以此,恒变而不已者,莫如四时。故"损益盈虚",贵于"与时偕行"。《损·彖辞》。而"亢龙有悔",在于"与时偕极。"《乾·彖辞》。

天有四时,地有五行,其事相成也。四时既以运行为义,五行何独不然。故曰:"五行之动,迭相竭也。"《礼运注》:"竭,犹负载也。言五行运转,更相为始也。"《疏》:"犹若春时木王,则水为终谢,迭往王者为负竭,夏火王则负竭于木也。"此五德终始之义所本。

《中庸》之道,既归本于法天;而其所法者,为天地生物之功用;则此二字之义,自当如郑目录,以庸为用,谓其记中和之为用。程伊川曰:"不偏之谓中,不易之谓庸。"义则精矣,非记者之意也。通篇皆极称中,无更言庸者,二字非平列可知。

人之心,恒陶铸于其群。故一时一地之人之议论,枝节虽异,根本必同,先秦诸子则是也。先秦诸子皆言法天,皆贵变易,皆主循环,即由中国之文明,植根于农业。农业与天时,相关最切之故。然诸家于循环变化之道,言之甚备;而于变化之分际,则未有详哉言之如儒家之中庸者,此礼家之所以有独至之处欤。《管子·形势》曰:"往者不至,来者不极。"此二语颇足与《中庸》相发明。《管子》固多儒家言也。

人之情,诸书所言亦不一。《礼运》以喜、怒、哀、惧、爱、恶、欲为七情。《大戴记·文王官人》以喜、怒、欲、惧、忧为五性。《周书·官人》作五气。《左氏》昭公二十五年,载子大叔述子产之言,以好、恶、喜、怒、哀、乐为六志。《管子·内业》言忧、乐、喜、怒、欲、利。惟《心术》亦言喜、怒、哀、乐,与《中庸》同。案《周书·度训》曰:"凡民生而有好有恶,小得其所好则喜,大得其所好则乐,小遭其所恶则忧,大遭其所恶则哀。"其言最为明白。盖人之性,惟有好恶二端,各以其甚否分为大小，犹天有阴阳，分为大少也。言五性，盖所以配五行；六志则子产明言其生于六气；《礼运》之言七情，盖所以配四时及三光，其下文云："以四时为柄"，"以日星为纪"，"月以为量"也，虽因所配者不同而异其辞，要之以天道为本。

〔二〇四〕无　为

世皆以无为訾道家,谓其无所事事,非也。诸子百家无不贵无为者。他家姑勿论,《论语》:"子曰:无为而治者,其舜也与?夫何为哉,恭已正南面而已矣!"《卫灵公》。《中庸》亦曰:"不见而章,不动而变,无为而成。"此非儒家之显言无为者乎?为与化同音,本一语。两间品物之成,无不由于变化者。《易》曰:"乾道变化,各正性命。"《乾·彖辞》。又曰:"水火相逮,雷风不相悖,山泽通气,然后能变化。"《说卦》。《乐记》曰:"地气上齐,天气下降,阴阳相摩,天地相荡,鼓之以雷霆,奋之以风雨,动之以四时,暖之以日月,而百化兴焉。"又曰:"和故百物皆化。"又曰:"化不时则不生。"《左氏》昭公七年传:"子产曰:人生始化曰魄。"此化字皆即为字也。《中庸》曰:"动则变,变则化。"《管子·侈靡》曰:"天地不可留,故变。化故从新。"物之施以人力,望其变化者,尤莫如五谷。《礼·杂记》:子贡观于蜡,孔子曰:赐也乐乎?对曰:一国之人皆若狂,赐未知其乐也。子曰:"百日之蜡,一日之泽,非尔所知也。张而不弛,文武不能也。弛而不张,文武弗为也。一张一弛,文武之道也。""文武弗为"之"为",即贾生谏"放民私铸,奸钱日多,五谷不为"之"为"。《汉书·食货志》,今本作五谷不为多。多字后人妄增。言弛而不张,虽文武,不能使物变化而有成也。人之生必资于物。品物繁庑,实为生民之福。祭之义在于求福,福之本义为备,而《凫鹥》之诗曰:"公尸燕饮,福禄来为";《祭统》曰:"贤者之祭也,不求其为",皆推本于物之变化而有成。最可见为字之本义。人之生必资于为如此,顾以无为为贵,何哉?变化之事多端,而其道则贞于一。必守此道而无失,而后其变化可遂岁月日时无易,则百谷用成其证。故曰:"无为而物成,是天道也。"《哀公问》。《论语·阳货》:子曰:"天何言哉,四时行焉,百物生焉,天何言哉!"即此义。又曰:"天地之道,可一言而尽也。其为物不贰,则其生物不测。"《中庸》。然则无为者,正所以成其无不为也。天道如此,人事亦然。《管子》曰:"过在自用,罪在变化,变化则为生,为生则乱矣",此为之谓也。又曰:"与时变而不化,应物而不移,日用之而不化",则无为之谓也。《心术》。《礼运》曰:"宗祝在庙,三公在朝,三老在学。王前巫而后史,卜筮瞽侑,皆在左右。王中,心无为也。以守至正。""发于其心,害于其事;发于其事,害于其政。"政之为,正自其心之为始也。此无为而治之真诠也,此无为之所以贵也。

〔二〇五〕竭　力

《论语·学而》:"子夏曰:事父母,能竭其力。"朱舜水先生曰:"竭力二字,受用无穷。竭力以事君,必忠;竭力以事亲,必孝;竭力以读书修己,则必为贤为圣;人之所以不肖者,皆不能竭其力者也,或竭其力于无用之地耳。"予谓凡事对人多尽一分心,反己即少一分愧悔,亦不必论其所对者为何人也。要而言之,先人后己而已矣。息息以先人后己为心,自无不能竭其力者,亦断无竭力于无用之地之理;而行之者亦自觉心安理得,亲切有味,愉快无已也。此无他,以仁存心而已矣。孔子曰:"道二:仁与不仁而已矣。"不亦简而易行乎?

〔二〇六〕释"指穷于为"

《庄子·养生主》:"指穷于为薪,火传也;不知其尽也。"郭《注》:"为薪,犹前薪也。"以为诂前,古无此训。郭《注》不应荒缪至此。殊有可疑。《释文》亦曰:"指穷于为薪,如字,绝句。为,犹前也。"然《释文》亦未必无窜乱也。《释文》引崔云:"薪火,爥火也。"则崔实以为字断句。指者,向方之谓。为者,变化之谓。《荀子·儒效》云:"宇中六指谓之极",此为指字之确诂。《王霸》云:"明一指",言但明于一理也。《淮南·氾论》云:"今世之为武者则非文也,为文者则非武也,文武更相非,而不知时世之用也。此知隅曲之一指,而不知八极之广大也。"《齐俗》:"至是之是无非,至非之非无是,此真是非也。若夫是于此而非于彼,非于此而是于彼者,此之谓一是一非也。此一是非,隅曲也。夫一是非,宇宙也。"以隅曲与宇宙对言,可知隅曲二字有义。《说苑·善说》:"视天地曾不若一指",则以一指与天地对举也。此即《荀子》所谓明一指者。人之所为,必有其所欲得;犹之行路者,必有其所欲至;故指字引伸为归趋之称。《管子·枢言》曰:"疾之疾之,万物之师也;为之为之,万物之时也;强之强之,万物之指也。疾之以趋事言,为之以治事言,强之以终事言也。"此即《庄子》"指穷于为"之指。指穷于为者,言人之所蕲至者,永无可至之时,皆随世事之纷纭,而失其初意耳。盖人之志所欲得者,虽可譬诸行路之所欲至,究与行路不同。行路者,遇平夷无阻之时，固可直趋其所欲至之地，如所谓空中鸟迹，即遇山川之险，亦仍可逾越之，而终至于其所欲至。至于作事，则其终始之时日既长，中间之变化又大，必无能如行路之曲折以达者。且如俄国之革命，岂不欲合全世界，而造成一劳力者专制之局哉？然国外之鼓动，未及成功，而国内之设施，先已不得不参用劳心者矣。又如孙中山之革命，亦欲国民革命与社会革命并行。然自国民军既入南京，国内外时势之艰难，遂不得不暂置社会革命于不问。盖苏俄及国民政府之所为，皆与其初意大有出入矣。夫岂不欲至其初所欲至哉，势固有所不可，然则苏俄及中国之国民政府，果将税驾何所乎，此甚难言。或竟如今日，应付目前之时势尚且不给，更无从顾及其初意，未可知也。时异势殊，久之，则初意不复可欲矣。抑岂独将初意搁置而已；行至中途，或自觉其初计之未安而自变革焉，未可知也。此所谓"指穷于为"也。喻之以薪，薪之焚，乃火之传，固非其尽之所为也。"不知其尽也"之"尽"同烬。火之传，以喻人之作为广续不已，尽，以喻其既往也。火之传，与其既焚之烬无涉，犹之今日之我，乃随今日所直之时势而谋因应之方，与已往之我无涉也。故曰："薪，火传也；不知其尽也。"崔以为宁绝句是。以薪火为爝火亦非。薪字当绝。《天下篇》曰："指不至，至不绝。"言人之趋向皆不得达，而人欲无穷，恒有引之使乡前者，即使所欲已得，亦更有所欲者以继其后也。《公孙龙子》曰："物莫非指，而指非指。指也者，天下之所无也。物也者，天下之所有也。"《指物论》。言天下本无所谓方乡，只有实物。盖恒人之意，恒以空时间为实有；有空间而物乃充塞其中，有时间而物乃变化其中，殊不知人之觉有空时间，正因物之充塞变化故，明于物理者，则知其不然矣。《庄子·齐物论》曰："以指喻指之非指，不若以非指喻指之非指也。以马喻马之非马，不若以非马喻马之非马也。天地一指也，万物一马也。"即《公孙龙子》指物之论。特一用共名称物，一偏举一马耳。以指喻指之非指，不若以非指喻指之非指者，强执一方乡，谓人曰：此非方乡，其人终不能明。引之博观宇宙，而指无物有之义明矣。以马喻马之非马，不若以非马喻马之非马者，强执一物而曰是非此物，闻者必不能明，与之博观万物之变化，知朽腐可化为神奇，神奇复化为朽腐，而彼出于是，是亦因彼之义明矣。《公孙龙子》未必古书，然为之者，于指字之义训固不误。子玄深通名理，且其注因于子期，不应昧昧若是，故疑其非元文也。

〔二〇七〕释大略

《逸周书·周祝》曰:"时之行也顺无逆,为天下者用大略。"此大略二字,当为大道之义。用大略,犹言遵大路而行也。遵大路者不极细径,故引伸为总摄大纲,不务苛碎之称,《管子》所谓"鸟飞准绳"也。见《宙合篇》。

《礼运》言郅洽之极也,曰:"事大积焉而不苑,并行而不谬,细行而不失,深而通,茂而有间,连而不相及也,动而不相害也,此顺之至也。"可谓无一事之不得其当矣。无一事之不当,然后无一夫之不获。否则"一夫不耕,或受之饥;一女不织,或受之寒"。丘山之祸,未有不起于毫发之微者。"伊尹思天下之民,匹夫匹妇,有不与被尧舜之泽者,若己推而内之沟中",《孟子·万章上》。其不遗微细如此。故事之不容但循大略,审矣。然《管子》美"鸟飞准绳"以为大人之义,何哉?盖古者设治甚密,米盐靡密之事,自有司其职者,故为治者但总摄大纲即得也。后世民治,扫地无余,切于民生日用之事,非废坠,即错乱。如此而欲总举大略,以求苟安,充其量亦不过与天下安而已矣,不能安天下也。王仲任《治期篇》,谓治乱非人主所能为,乃深得其实矣。

〔二〇八〕释知之极

《庄子》曰:"吾生也有涯,而知也无涯,以有涯随无涯,殆已。"《养生主》。欲蔽聪塞明,委心任运,以全其生。《荀子》曰:"以可以知人之性,求可以知物之理,而无所疑止之,则没世穷年,不能遍也。其所以贯理焉,虽亿万已,不足以浃万物之变,与愚者若一。学,老身长子,而与愚者若一,犹不知错,夫是之谓妄人。故学也者,固学止之也。恶乎止之,曰:止诸至足。曷谓至足?曰:圣也,圣也者,尽伦者也;王也者,尽制者也;两尽者,足以为天下极矣。故学者以圣王为师。"《解蔽》。则欲强立一境焉以自画,皆非也。夫人之求知,心之欲也。强抑其心,使之不与物接,以是为养生,吾见其戕贼其身而已矣。若曰:有能"尽伦尽制"者,吾可以之为极焉。则未学,安知其为"尽伦尽制"乎?故曰:二子之说皆非也。

二子之蔽,皆由误谓理在于外,睹夫事物之纷纭也,伦理之繁赜也,怵于终身求之,有不能尽,乃欲为是暴弃之计,自画之图;而不知所谓理者,皆在于吾心,而非在于外也。今有二人,同室而处,甲之所知者,乙弗知也;乙之所慕者,甲弗慕也;假有丙丁戊己,其相异也亦然。谓其所直之境有异可乎?故曰:理在吾心也。然人之心,又非自由也。处危弱之国,则思为守御之谋;直凶饥之岁,则欲作富民之计;孔子不言生老病死,释迦不言井田封建,所居之国异也,所直之时异也。然则人所求知,乃其所求之大小多少一视乎其所处之境,一视乎其人心力之强弱。若曰:外境有定,欲求尽知,则生民以来,未有其人。若怀是计,是为狂易,岂徒愚昧而已。庄、荀二子之论,自谓能为求知者立之极,而不知其陷于大愚也。

朱子《大学补传》曰:"人心之灵,莫不有知;而天下之物,莫不有理。惟于理有未穷,故其知有不尽也。是以大学始教,必使学者即凡天下之物,莫不因其已知之理而益穷之,以求至乎其极。至于用力之久,而一旦豁然贯通焉;则众物之表里精粗无不到,而吾心之全体大用无不明矣。此谓物格,此谓知之至也。"其言深切著明,乃昧者必欲诘其豁然贯通,将在何日,此则因人而异,岂能刻期以计哉?人所求知,本非无限,就其所求者,而旦旦用力焉;久之,必自觉有此一境,此无论所求者为何事而皆可以共喻者。若其为学数十年,仍觉茫无把握,则非由于外境之繁,而实缘其心力之弱。遇此等人,自可教以陆子之法,先发其本心之明,大纲提挈来,然后细细理会去。虽大纲已提挈在手,而细细理会之功,仍不可辍;固不当如庄子之自弃,亦不宜如荀子之自画也。若用王阳明之法,以良知为主,随时磨练而即以是为行为之准则,则尤能将朱、陆二子之道,打成一橛。故学至朱、陆二子出,而沈潜高明者,皆可得所遵循;至王子出,而钝根利根皆出一途,澈上澈下更无二致矣;若庄、荀二子之论,则直是浅陋可笑。世每震于先秦诸子之名而不敢议,而不知诸子书中,精绝处固多,粗浅者亦不少,此是时代为之,不宜菲薄古人,然亦不宜轻信也。

〔二〇九〕命　训①

吾读《逸周书·命训篇》，而知世风之日变也。《命训篇》曰："天生民而成大命，命司德正之以祸福，立明王以顺之，曰：大命有常，小命日成。成则敬，有常则广，广以敬命，则度至于极。夫司德司义而赐之福禄，福、禄在人，能无惩乎？若惩而悔过，则度至于极。言见人得福禄，而己不然，因而自悔其过也。夫或司不义而降之祸，在人，在人上当夺祸字。能无惩乎？若惩而悔过，则度至于极。夫民生而丑，不明，无以明之，能无丑乎？若有丑而竞行不丑，则度至于极。夫民生而乐生，无以谷之，能无劝乎？若劝之以忠，则度至于极。夫民生而恶死，无以畏之，能无恐乎？若恐而承教，则度至于极。六极既通，六间具塞。"极者，尽其所受之谓。凡物皆受命于天，自天之生物言之曰大命，自一物言之曰小命。命各有其短长之数，时曰度，尽其度而无所慊。时曰至于极，极其度之道有六。反是者为六间，故曰"六极通则六间塞"也。

司德，盖即汉人所崇奉之司命也。《礼记·祭法注》："司命主督察三命。"《疏》："案《援神契》云：命有三科：有受命以保度，度，今本作庆，误。见下注。有遭命以谪暴，有随命以督行。受命谓年寿也，遭

---

① 曾改题为《司命与天命》。

命谓行善而遇凶也,随命谓随其善恶而报之云。"《白虎通·寿命》所言,与此略同,且云:"若言怠弃三正,天用剿绝其命矣。又欲使民……无滔天;滔天则司命举过,言则用以弊之。"其敬畏之情可想,然其由来则甚古。《管子·法法》曰:"凡人君之德行威严,非独能尽贤于人也。曰人君也,故从而贵之,不敢论其德行之高卑,有故为其杀生急于司命也。"《庄子·至乐》曰:"庄子至楚,见髑髅因而问之,夜半,髑髅见梦。庄子曰:吾使司命复生子形,为子骨肉肌肤,反子父母妻子,闾里知识,子欲之乎?"知古谓人之死生,悉由司命也。知司命即司德者,古言天地之生物曰道,物有所受于天地曰德。《易·系辞传》曰:"天地之大德曰生。"《管子·心术》曰:"虚无无形谓之道,化育万物谓之德。""德者,道之舍。物德以生。"《庄子·天下》亦曰:"物得以生之谓德。"《中庸》曰:"苟不至德,至道不凝焉。"《易·鼎》之《象辞》曰:"君子以正位凝命。"《庄子·则阳》曰:"非相助以德,相助以消也。"以德与消对言。而《易·升》之《象辞》曰:"地中生木升,君子以顺德,积小以高大。"知行道有得,为德字后起之义,其初但言有所得而已。故受气于天地亦曰德也。《抱朴子·对俗》引《玉钤经》曰:"上天司命之神,察人过恶。其行恶事,大者司命夺纪,小过夺算。"《微旨》曰:《易内戒》及《赤松子经》及《河图记命符》皆云:"天地有司过之神,随人所犯轻重,以夺其算。算减则人贫耗疾病,屡逢忧患;算尽则人死。诸应夺算者,有数百事,不可具论。又言身中有三尸,三尸之为物,虽无形,而实魂灵。鬼神之属也,欲使人早死。此尸当得作鬼,自放纵游行,飨人祭酬,是以每到庚申之日,辄上天白司命,道人所为过失。又月晦之夜,灶神亦上天白人罪状,大者夺纪,纪者,三百日也;小者夺算,算者,三日也。"司命即司过,自其察人过恶言之曰司过;自其主人寿命言之曰司命;随所指而异其文,其实一也。道家之言,虽荒诞,必有所本。习俗不能骤变,其为众所共信者,尤必传之自古,故知《周书》、《管子》、《庄子》及《抱朴子》所引诸书,所言是一事也。

《书·西伯戡黎》曰:"西伯既戡黎,祖伊恐,奔告于王,王曰:乌乎,我生不有命在天!祖伊反曰:乌乎,乃罪多参在上,乃能责命于天!"《左氏》文公十三年:"邾文公卜迁于绎,史曰:利于民而不利于君。邾子曰:苟利于民,孤之利也。左右曰:命可长也,君何弗为?邾子曰:命在养民,死之短长,时也。遂迁于绎。"观纣与邾文公之意,皆不以所行之善恶,与寿命之长短有关。此等见解,殆最古旧。邾文公虽春秋时人,然其见解,固不妨沿之自古。同一时代中人,见解新旧不同,此事之恒见者也。其后,则以为天鉴其善恶而损益之。《无逸》一篇,历举殷周哲王,享国长久;其耽乐者,则亦罔或克寿,言之最深切。《墨子·明鬼下》曰:"昔者郑穆公当昼日中,处乎庙,有神入门而左;鸟身,素服三绝,面状正方。郑穆公见之,乃恐惧奔。神曰:无惧,帝享女明德,使予锡女寿十年有九,使若国家蕃昌,子孙茂,毋失。郑穆公再拜稽首,曰:敢问神名?曰:予为句芒。"此言天锡人年寿最明白者。孙诒让云:"实当为秦穆公。"详见《间诂》。《墨子·节葬下》曰:"若苟贫,是粢盛酒醴不净洁也;若苟寡,是事上帝鬼神者寡也;若苟乱,是祭祀不时度也;今又禁止事上帝鬼神,为政若此,上帝鬼神始得从上抚之曰:我有是人也,与无是人也孰愈?曰:我有是人也,与无是人也,无择也。则上帝鬼神降之罪,厉之祸,罚而弃之,则岂不亦乃其所哉!"盖古视天之生杀祸福人,惟其所欲,是以可严威也。墨子背周道,用夏政,其所言,盖夏时人之见解也。其后则不然矣。《礼记·礼运》曰:"夫礼,必本于大一,分而为天地,转而为阴阳,变而为四时,列而为鬼神,其降曰命。"此其言生物之本也。所谓大一,果何物哉?《易》曰:"大哉乾元,万物资始,乃统天。"《乾·彖辞》。何君《公羊解诂》曰:"元者,气也。无形以起,有形以分,造起天地,天地之始也。"隐公元年。《易说》曰:"有大易,有大初,有大始,有大素。大易者,未见气也;大初者,气之始也;大始者,形之始也;大素者,质之始也。气形质具而未相离,谓之浑沌。"《周易正义·八论第一》引《乾凿度》。元气初分,轻清上为天,重浊下为地。《庄子·天地篇释文》引《易说》。又引《礼统》云:"天地者,元气之所生,万物之祖也。"《后汉书·班固传》引同。《论衡·谈天》:说易者曰:"元气未分,浑沌为一。"儒书又言"溟涬蒙鸿,气未分之类也。及其既分离,清者为天,浊者为地"。然则天地之生,亦一气之鼓荡而已矣。彼自行乎其所不得不行,止乎其所不得不止,而于我何德焉?亦何赏罚之有?《庄子·至乐》曰:"庄子妻死。惠子吊之。庄子则方箕踞,鼓盆而歌。惠子曰:与人居,长子老身;死,不哭,亦足矣;又鼓盆而歌,不亦甚乎?庄子曰:不然。是其始死也,我独何能无概然?察其始而本无生;非徒无生也,而本无形;非徒无形也,而本无气。杂乎芒芴之间,变而有气,气变而有形,形变而有生,今又变而之死,是相与为。句。为,化也。春秋冬夏四时行也。人且偃然寝于巨室,而我噭噭然随而哭之,自以为不通乎命,故止也。"所谓命者如此。岂有善恶赏罚之可言哉?是以墨子非之也。孔子五十而知天命,《论语·为政》。亦知此义而已。曰:"君子有三畏,畏天命。"《论语·季氏》。以其祸福切于身,不得不慎也。曰:"不知命,无以为君子。"《论语·尧曰》。以不知命,则无以随顺外缘也。"子罕言利,与命与仁",《论语·子罕》。以命之理微,非恒人所能解也。《庄子》曰:"达生之情者,不务生之所无以为;达命之情者,不务知之所无可奈何。"《达生》。孟子曰:"夭寿不贰,修身以俟之,所以立命也。"又曰:"莫非命也,顺受其正。"又曰:"君子行法以俟命而已矣。"皆见《尽心》。其所以自处者虽殊,其所抱之见解则一。故孟子亦曰:"莫之为而为者天也,莫之致而致者命也。"《万章上》。夫如是,则命者,乃自然之数,必至之符,自有其定则可求,故穷理尽性,可以至于命也。《易·系辞传》。又何赏罚劝惩之足道哉？

《吕览》曰："生，性也；死，命也。"《知分》。《孝经说》曰："性者，生之质；命者，人所禀受度也。"《中庸注》引。此度即《周书》"度至于极"之"度"也。《乐记注》亦曰："性之言生也；命，生之长短也。"凡古之言命，无不指生之长短者；其后乃推之于穷通，子夏曰："死生有命，富贵在天"是也。《论语·颜渊》。此"天"字与"命"字，异文同义，特变文以避复耳，古书文例如此。《孟子曰："求之有道，得之有命，是求无益于得也，求在外者也。"《孟子·尽心上》。又曰："口之于味也，目之于色也，耳之于声也，鼻之于臭也，四肢之于安逸也，性也，有命焉，君子不谓性也"，《尽心下》。亦皆以为无如何之事。"孔子进以礼，退以义，得之不得曰有命"，《孟子·万章上》。亦安于其无可如何而已，不曰行义可以徼福也。

《洪范》六极，与《周书》六极，名同而实异。《洪范》之六极："一曰凶短折，二曰疾，三曰忧，四曰贫，五曰恶，六曰弱"，皆殃咎也；而《周书》之六极，则为克尽天年之义。故《洪范》之六极，乃度未至而极之，而《周书》则塞六间以求极其度者也。故《周书》之六极，实兼《洪范》之五福言之。然《洪范》之五福六极，皆天所为也。五福："一曰寿，二曰富，三曰康宁，四曰攸好德，五曰考终命。"攸好德，盖谓生而美好，亦天所为也。其余四者，为天所为易明。《周书》则曰："夫天道三，人道三。天有命，有祸，有福。人有丑，有绋绋，有斧钺。以人之丑，当天之命；以绋绋当天之福；以斧钺当天之祸；六方三述，其极一也。"《命训解》。天道不可专任，而不得不济之以人事矣。至于后世，则其言命，又有异焉者。《礼记·祭法疏》引《援神契》曰："命有三科，有受命以保度，度，今本作庆，误也。依《白虎通义》、《左氏膏肓》改正。《中庸注》引《孝经说》，亦曰：命者，人所禀受度也。见前。有遭命以谪暴，有随命以督行。"受命，谓年寿也；遭命，谓行善而遇凶也；随命，谓随其善恶而报之。此为汉人常道之说,《白虎通义》、《寿命》。《左氏膏肓》《公羊》襄公二十九年、《左氏》成公十七年《疏》引。皆主之,《论衡·命义》亦具引焉。《白虎通义》说随命曰:"欲使民务仁立义,阙无滔天,滔天则司命举过,言则用以弊之。"此即《周书》命司德正之以祸福之说也;然有遭命则无随命矣。《论衡》之说。案遭命之说,亦非始于汉。《庄子·秋水》:孔子谓子路曰:"我讳穷久矣,而不免,命也。求通久矣,而不得,时也。当尧、舜而天下无穷人,非知得也;当桀、纣而天下无通人,非知失也;时势适然",即遭命之说也。其实并不待《庄子》,《论语·雍也》:"伯牛有疾,子问之,自牖执其手,曰:亡之,命矣夫!斯人也,而有斯疾也。"《宪问》:"公伯寮诉子路于季孙,子曰:道之将行也与?命也。道之将废也与?命也。公伯寮其如命何?"所谓命,皆遭命也。盖立说必随时势,福善祸淫,本非天道,实乃人事。政俗愈坏,则其言之不验者愈多。事实昭彰,非可讳饰,故立说者亦不得不随之而变也。夫威权惟莫知其然而然者为大,若纣与邾文公者,徒知命之短长由于天,而不知天之短长之之故也,此天之最可严威者也。然如是,则不足以资劝惩,乃立为赏善罚恶之说,而又无如其事之不效何?乃又欲即其或效或不效者以恐之。《周书》曰:"正人莫如有极,道天莫如无极。道天有极则不威,不威则不昭;正人无极则不信,不信则不行";《命训解》。即是说也。然人之所以严威自然者,正以其信。自然而不信,则亦同于人事矣。《白虎通义》谓必滔天之过,司命乃举之。《抱朴子》则曰:"天地为物之至大者,于理当有精神,有神则宜赏善而罚恶。但其体大而网疏,不必机发而响应耳。"《微旨篇》。皆所以释天之报施之或爽或不爽者也。夫如是,安能使人不生侥幸之心。况夫既有不效者,即其效者,人亦将以为偶合,而不以为天之有知乎!

人所受于天自然之度,必善保之,然后能至于其极,此理之不疑者也。《左氏》成公十三年,载刘康公之言曰:"民受天地之中以生,所谓命也。是以有动作礼义威仪之则,以定命也。"此即《周书》所谓敬命也。《礼记·坊记》:"君子礼以坊德,刑以坊淫,命以坊欲。"《注》曰:"命,谓教令",疑误。命以坊欲,亦定命敬命之义也。然既有遭命矣;败绩之军,死者蔽草;饥馑之岁,饿者满道;其间岂无命未合死之人,其如国命胜人命何?《论衡》之说。虽善自保何益?况人固有自放于醇酒妇人,以求速死者乎?庄子欲使司命生髑髅也,而髑髅深矉蹙额曰:吾安能弃南面王乐,而复为人间之劳乎?既已俗流失政败坏矣,亦安能使人自爱其生哉?

受命、遭命、随命,汉人谓之三命。案《周书》所谓天道三者,亦可谓之三命也,特名同而实异,亦如《周书》之六极,与《洪范》之六极耳。窃疑《周书》六极之名,本沿之自古,特易其说。汉人之于三命也亦然。《论衡》仍受命、遭命、随命之名,而易其说,即其一证也。亦见《命义篇》。盖欲喻诸人者,因旧名易,创新说难,抑人之心思,有所缘则易入,故立说必因夫旧也。君子有终身之忧,《礼记》以言忌日,《檀弓》、《祭义》。《孟子》以待横逆,《离娄下》。果孰为本义哉?此《诗》之所以无达诂,《易》之所以无达占与?

〔二一〇〕天志与明鬼

事之将成者,非人力所能强毁也;其将坏者,亦非人力所能强支也;若所谓迷信之说是也。

墨子背周道,用夏政,当东周迷信渐破之世,而欲逆挽之为夏代之忠,其志则大矣,其事则不可行也。试观其所谓明鬼者,皆与执无鬼者辩难之辞,又谓诸侯正长贱人之所以不义,皆由惑于鬼神之有无,不明于鬼神之能赏罚致之,即可见其时不信鬼神者之众。于斯时也,而欲以只手挽狂澜,岂可得邪?夫迷信破,则人必自任其耳目。墨子乃谓众人之耳目不足信,而多举《诗》、《书》之辞,以张其说。殊不知人不自任其耳目,则迷信之说,本不得破。人而自任其耳目矣,《诗》、《书》之与鬼神,其为无征于吾之耳目一也,又安能执途之人而起其信邪?

迷信之所以渐破,其故有三:一由知天行之有常也。《左氏》僖公十六年:"陨石于宋五,六鹢退飞过宋都。周内史叔兴聘于宋。宋襄公问焉,曰:是何祥也?吉凶焉在?退而告人曰:君失问,是阴阳之事,非吉凶所生也。吉凶由人。"昭公二十一年:"秋七月。壬午朔,日有食之。公问于梓慎曰:是何物也?祸福何为?对曰:二至二分,日有食之,不为灾。日月之行也,分同道也,至相过也。"襄公九年:"晋侯问于士弱曰:吾闻之:宋灾,于是乎知有天道,何故?对曰：商人阅其祸败之衅，必始于火，是以日知其有天道也。公曰：可必乎？对曰：在道。国乱无象，不可知也。"昭公元年："晋侯有疾。卜人曰：实沈台骀为祟。子产曰：抑此二者，不及君身。山川之神，则水旱疠疫之灾，于是乎祟之；日月星辰之神，则雪霜风雨之不时，于是乎祟之；若君身，则亦出入饮食哀乐之事也；山川星辰之神，又何为焉？"皆晓然于天与人之不相干。是以郑裨灶请用瓘斝玉瓒以禳火。子产弗与。既火，裨灶曰："不用吾言，郑又将火。"子产又弗与，曰："天道远，人道迩，非所及也，何以知之？"《左氏》昭公十七十八年。《左氏》曰："遂不与，亦不复火。"《穀梁》曰："人有谓郑子产曰：某日有灾。子产曰：天者神，子恶知之，是人也。同日为四国灾也。"即此一事之传讹也。知者谓不与亦不复火，愚者则谓子产此语在火前，因以言者为神人也。然可见其传说之非无根，子产弗用瓘斝玉瓒，确有其事。"郑大水，龙斗于时门之外洧渊，国人请为祟焉。子产弗许。曰：吾无求于龙，龙亦无求于我。"《左氏》昭公十九年。盖深知其事之不相干，自不肯为无益之举也。一由以神为聪明正直，不可干以私也。神不聪明正直，不为人所信，既聪明正直矣，自不可干以私，此人心之所同然也。《左氏》庄公三十二年："有神降于莘。虢公使祝应、宗区、史嚚享焉。神赐之土田。史嚚曰：虢其亡乎！神聪明正直而壹者也。虢多凉德，其何土之能得？"昭公二十六年："齐有彗星，齐侯使禳之。晏子曰：无益也，只取诬焉。天道不谄，不贰其命，若之何禳之？"皆其事也。是以季氏旅于泰山，子曰："曾谓泰山，不如林放乎？"王孙贾问曰："与其媚于奥，宁媚于灶，何谓也？"子曰："不然。获罪于天，无所祷也。"《论语·八佾》。子疾病，子路请祷。子曰："丘之祷久矣。"《述而》。"齐侯疥，遂痁，期而不瘳。诸侯之宾问疾者多在。梁丘据与裔款言于公曰：君盍嚚于祝固、史嚚以辞宾。晏子曰：祝有益也，诅亦有损。聊摄以东，姑尤以西，其为人也多矣，虽其善祝，岂能胜亿兆人之诅？"《左氏》昭公二十年。楚昭王有疾，卜曰：河为祟。王弗祭。王曰："三代命祀，祭不越望，江、汉、睢、漳，楚之望也。祸福之至，不是过也。不穀虽不德，河非所获罪也。"卒之岁，"有云如众赤鸟，夹日以飞，三日。楚子使问诸周大史。周大史曰：其当王身乎？若禜之，可移于令尹司马。王曰：除腹心之疾，而置诸股肱，何益？不穀不有大过，天其夭诸？有罪受罚，又焉移之？遂弗禜。"《左氏》哀公六年。此皆以人所谓义者度神，遂不肯干之以非义也。三则由于所谓迷信者，其事之不可信日甚也。《韩非子》曰："今巫祝之祝人曰：使若千秋万岁。千秋万岁之声聒耳，而一日之寿，无征于人，此人之所以简巫祝也。"《显学》。《史记·太史公自序》曰："阴阳四时八位十二度二十四节，各有教令，顺之者昌，逆之者不死则亡，未必然也。"此为凡迷信之说所以不见信于人之本。夫巫祝之无验，古今一也；而何以古人信之，而后世之人不信，此非必古之人愿而可欺也。古者风气诚朴，不知欺人，则巫祝无矫诬之事。巫祝无矫诬之事，则其人先已可信，而人皆直道而行，又足使为善者获福，而为恶者获祸。因人事之夹持，而"神福仁而祸淫"之说，亦若可信焉。士贞伯语。见《左氏》成公五年。后世风俗稍薄，人与人日相欺，而巫祝亦遂肆为矫诬。夫欺人者，未有能使人信之者也。"屈建问范会之德于赵武。赵武曰：其祝史祭祀，陈信不愧。"《左氏》昭公二十年。而季梁谓随侯，"今民馁而君逞欲，祝史矫举以祭。"《左氏》桓公六年。晏子亦曰："若有德之君，其言忠信于鬼神。其适遇淫君，其言僭嫚于鬼神。"《左氏》昭公二十年。由此观之，当时祝史之矫诬，盖习为故常矣。蹶由对楚子曰："国之守龟，其何事不卜。一臧一否，其谁能常之。城濮之兆，其报在邲。"《左氏》昭公五年。此卜筮者之自解说其无验也。"晋献公欲以骊姬为夫人，卜之不吉，筮之吉。公曰：从筮。卜人曰：筮短龟长，不如从长。"《左氏》僖公四年。此卜筮之自相违，又自相争也。《史记·滑稽列传》："西门豹为邺令,会长老,问民所疾苦,长老曰:苦为河伯取妇。豹问其故,对曰:邺三老廷掾,常岁赋敛百姓,收取其钱,得数百万,用其二三十万,为河伯取妇,与祝巫共分其余。"此则公然为虎狼于民间矣,安得不有西门豹出,投之于河乎?

春秋战国之世,风气如此,则迷信之事,安得而不破,是以有谓"智者役使鬼神,而愚者信之"者,管子是也。《轻重丁》。有"务民之义,敬鬼神而远之"者,孔子是也。见《论语·雍也》。又《先进》:"季路问事鬼神,子曰:未能事人,焉能事鬼。敢问死,曰:未知生,焉知死。"《述而》:"子不语,怪力乱神。"《荀子·天论》:传曰:"万物之怪书不说",置诸不论不议之列者,乃儒家之宗旨也。而仁人君子,主张天与民一体,以为民请命者尤多。《泰誓》曰:"天视自我民视,天听自我民听。"《孟子·万章上篇》引此非必用初书辞,实后来儒者之说也。自西汉今文师以前,引经皆经传不别,见《经传说记条》。季梁曰:"夫民,神之主也。是以圣王先成民而后致力于神。"《左氏》桓公六年。史嚚曰:"国将兴,听于民;将亡,听于神;神依人而行。"《左氏》庄公三十二年。宫之奇曰:"鬼神非人实亲,惟德是依。故《周书》曰:皇天无亲,惟德是辅。"又曰:"黍稷非馨,明德惟馨。"又曰:"民不易物,惟德繄物。如是,则非德,民不和,神不享矣!"《左氏》僖公五年。荣季曰:"非神败令尹,令尹其不勤民,实自败也。"《左氏》僖公二十八年。虽墨子亦曰:"顺天意者兼相爱,交相利,必得赏;反天意者别相背,交相贼,必得罚。""顺天意者义政,反天意者力政。"《墨子·天志》。又谓"吏治官府不洁廉,男女之为无别者","为淫暴寇乱盗贼"者,必为鬼神所罚也。然所谓"深溪、博林、幽涧、无人之所","有鬼神视之"。"鬼神之罚,不可恃富贵、众强、勇力、强武坚甲利兵"者,见《明鬼篇》。众之耳目,不可欺也。其志则大矣,其说将何以见信乎?

夫知天行之有常,则凡祭祀等事,所以事鬼神者,其实皆人事也,其理至易见也。故《荀子》论祭,谓"君子以为人道,百姓以为鬼事"也。《礼论》。曾子曰:"慎终追远,民德归厚矣。"《论语·学而》。曾子在孔门,最为醇谨,拘旧俗,而其言犹如此,况其意气之发舒者乎?《墨子》曰:"今洁为酒醴粢盛,以敬慎祭祀,若使鬼神诚有,是得其父母姒兄而饮食之也,岂非厚利哉? 若使鬼神诚亡,是乃费其所为酒醴粢盛之财耳。自夫费之,非特注之污壑而弃之也。内者宗族,外者乡里,皆得如具饮食之,虽使鬼神诚亡,此犹可以合欢聚众,取亲于乡里。"《明鬼》。亦仍疑惑于有无之间,而屑屑计财之不妄费耳。己则不信,而何以使人共信?

当时非遂无迷信之人也,《大戴记·四代》曰:"鬼神过节妨于政。"《管子·权修》曰:"上恃龟筮,好用巫医,则鬼神骤崇。"《韩非·亡征》曰:"用时日,事鬼神,信卜巫而好祭祀者,可亡也。"《饰邪》曰:"龟筴鬼神,不足举胜;左右背乡,不足以专战;然而恃之,愚莫大焉。"《史记·孟子荀卿列传》谓:"荀卿嫉浊世之政,亡国乱君相属,不遂大道,而营于巫祝,信禨祥。"其所言皆春秋战国间事,然此等人,亦所谓聊复尔尔者。谓其诚笃信之,恐未必然也。如臧文仲非必愚者,而孔子讥其作虚器,纵逆祀,祀爰居。见《左氏》文公二年。作虚器,谓居蔡山节藻棁也。见《论语·公冶长》。凡宗教为众所尊信者,必多自革教义而同于俗。佛教戒肉食,其行于西藏者不然,其明证矣。其能得王公大人之信心者尤然。八思巴能使元世祖无灭宋,毋距海都,毋亡乃颜乎? 能使之弃大都之宫室而还于穹庐乎? 岂惟不能,盖有顺其志而曲为之说者矣。当时时日龟筮鬼神祭祀之说,所以王公大人所尊信者,以其顺于志而从其欲也。而墨子乃致使之躬监门之养而行大禹之事,彼纵信之能决然以行之乎? 不能行,则得自宽恕,自宽恕则得自解说,而天鬼之说破矣。在春秋战国时,盖惟所谓蛮夷者,迷信较甚。狄之灭卫也,囚史华龙滑与礼孔以逐卫人,二人曰:我大史也,实掌其祭,不先,国不可得也。乃先之。《左氏》闵公二年。吴人因景伯以还,及户牖,谓太宰曰:鲁将以十月上辛有事于上帝先王,季辛而毕。何世有职焉,自襄以来,未之改也。若不会,祝宗将曰:吴实然。大宰嚭言于王,乃归景伯。《左氏》哀公十三年。此根敦珠巴之所以能舍住出家也。彼其风俗固异于中国也,然如忽必烈者,非八思巴之所能左右也,而况于中国之大人乎。

《淮南·氾论》曰:"天下之怪物,圣人之所独见;利害之反覆,知者之所独明达也。同异嫌疑者,世俗之所眩惑也。夫见不可布于海内,问不可明于百姓,是故因鬼神机祥而为之立禁。世俗言曰:飨大高者,鼷为上牲;葬死人者,裘不可以藏;相戏以刃者,大祖軵其肘;枕户橉而卧者,鬼神跖其首。夫飨大高而鼷为上牲者,非鼷能贤于野兽麋鹿也,而神明独飨之,何也?以为鼷者,家人所常畜而易得之物,故因其便以尊之。裘者,难得贵贾之物也,无益于死者,而足以养生,故因其资以詟之。夫以刃相戏,必为过失;过失相伤,其患必大,故因大祖以累其心。夫户橉者,风气之所从往来。而风气者,阴阳相捔者也,离者必病,故托鬼神以伸诫之也。凡此之属,皆不可胜著于书策竹帛,而藏于官府者也,故以机祥明之。为愚者之不知其害,乃借鬼神之威,以声其教,所由来者远矣。而愚者以为机祥,而很者以为非,唯有道者能通其志。""很者以为非"一语,最可玩味。夫淮南之说,乃世俗所谓神道设教者也。神道设教之本义,实非如此,乃后人误解也。其意亦若无恶于天下,见一节之利者,且竟称焉。然徒能束缚愚者,而使很者益得自恣,此则老子所谓"圣人不死,大盗不止"者也。谁曾见厉鬼之能报怨乎?然俗固有厉鬼能报怨之说。为此说者之意,岂不曰吾以儆夫狠者,使不敢陵虐愚者哉?然曷尝见狠者之遂戢,徒闻弱者知尽能索,以为死后犹可以图报,乃益轻自杀耳。故儆强暴扶愚弱者,惟有人事,未闻明鬼神机祥,可以收治世之效者也,夫强暴者闻之,岂不或儆？然而明著之利害见于前,而虚无之祸福垂于后。在明智者,必顾明著之利害,而不惑于虚无之祸福矣。纵或有以累其心,然累很者一,累愚者必十,是以鬼神祇祥,徒足为强很者驱除难也。是以抑强扶弱,惟有人事。墨子岂不见古者尊天右鬼之世,人莫或别相背,交相贼,而慕欲复之乎？而不知是时天鬼之所以见信者,人群之直道未衰,有以夹持之。使所谓福仁祸淫者,若可信也；非天道也,非鬼道也,乃人事也。而岂有倡天志明鬼之说可以挽周末之文胜,而反之于忠乎？

凡事之为人所信者,未有可以人意左右之者也。可以人意左右之,是人役也。人役也,而人尊之乎？《墨子·迎敌祠、号令》两篇,巫舍必近公社,望气者舍必近太守。守独知巫卜望气之情,巫祝吏与望气者,必以善言告民。妄为不善言。惊恐吏民者,谨微察之,断罪勿赦。然则是守与巫祝望气者比,以欺吏民。而巫祝望气者又惟守之听也。守且将尊信巫祝望气者乎？抑岂有一城皆愚,而守独知者哉？

故曰：自然之为人所敬畏也,以其信也。刑赏之为人所敬畏、欲其亦如自然也,惟有使其信亦如自然而已矣。此人之所为,非天道也,非鬼道也。人事之所不及而欲借天鬼以愚民,民必不信之矣。何也？天鬼固不尔也。记曰:"不诚无物。"《中庸》。吾亦曰:不诚无政。

〔二一一〕戒　杀

戒杀之义,儒家罕言。然非不言也,《大戴记·曾子大孝》:"夫子曰:伐一木,杀一兽,不以其时,非孝也。"《小戴记·祭义》,曾子曰:"树木以时伐焉,禽兽以时杀焉。"夫子曰:"断一树,杀一兽,不以其时,非孝也。"又《曾子制言上》:"杀六畜不当及亲,吾信之矣。"卢《注》:凡杀有时,礼也。此犹得曰为节用起见也。《保傅》曰:"于禽兽,见其生,不食其死;《贾子》作"不忍其死"。闻其声,不尝其肉;故远庖厨,所以长恩,且明有仁也。"孟子亦引此义以告齐宣王。见《梁惠王上》。则其为出于恻隐之心,更无疑义矣。杀动物而食其肉,本为最不道之事,岂有大圣大贤,而见不及此之理？不言者,其时之时势,未足以语此也。不然,今日之西藏人,亦不断肉食,宁得消佛志亦不戒杀,许肉食邪。

〔二一二〕形法家

《汉书·艺文志》论形法之学,谓其"形人及六畜骨法之度数,器物之形容,以求其声气贵贱吉凶。犹律有长短,而各征其声;非有鬼神;数自然也。"此今哲学家所谓唯物论也。董子《春秋繁露·同类相动篇》,说与之同。《同类相动篇》云:"今平地注水,去燥就湿;均薪施火,去湿就燥;百物去所与异而从所与同,故气同则会,声比则应,其验皦然也。试调琴瑟而错之,鼓其宫则他宫应之,鼓其商而他商应之,五音比而自鸣,非有神,其数然也。"知此,则可以制物而用之矣。故曰:"阳阴之气,因可以类相益损也。明于此者,欲致雨则动阴以起阴,欲止雨则动阳以起阳,故致雨非神也,而疑于神者,其理微妙也。"又曰:"琴瑟报弹其宫,他宫自鸣而应之,此物之以类动者也。其动以声而无形,人不见其动之形,则谓之自鸣也。又相动无形,则谓之自然。其实非自然也,有使之然者矣。"《艺文志》驳形法家之论曰:"然形与气相首尾,亦有有其形而无其气,有其气而无其形,此精微之独异也。"盖形法家欲凡事求之于形,而作《艺文志》者不以为然也。夫谓物有有其气而无其形,是矣。谓徒有其气者,不可以定则求,则不然也。如董子之说,相动无形者,亦有其定则可求;则宇宙之间,惟是物类相感应而非如古人所谓有鬼神者以使之。自此而精求之,积古相传之迷信,真可破除。物理化学等,且可以此发明矣。然卒不能然者何也？曰：此仍误于以形法之理，推之于无形之物太早，而未能就有形之物，精密试验，以植其基也。盖物之能相动者，非徒以其质，亦必以其量。平地注水，去燥就湿；均薪施火，去湿就燥，固也。然必湿至若干度，而后水之就之之形可见；燥至若干度，而后火之就之之形可见乎？抑地湿至若干度，则水之湿之速率如何；薪燥至若干度，则火之燥之之速率为如何；地燥若干度，水之湿之，加难若干度；薪湿若干度，火之燥之，加难若干度乎？凡此，皆可精密测验而知之。能如此，则物性之从违，不但可知其大概，并可知其确实，真可驾驭之以为用矣。有形之物既得，无形之物，自可本此法以施之，而物理化学等，真可发明矣。不此之务，遽以此理推诸无形之物，无形之物，无可测验也；遂不得不但论其质，不论其量。董子遂推之以论美祥妖孽，曰："帝王之将兴也，其美祥先见；其将亡也，妖孽亦先见，物故以类相召也。"然则德美至若干度，而可致若干大之美祥；德恶至若干度，则将至如何甚之妖孽乎？不能言也。则不得不笼统其辞，而仍入于玄虚之论矣。故中国物理、化学等学之不能发明，实由徒引其端，而未能更精求求之之故，而其徒引其端，而不能精求之，则由其推诸无可实验之物太早，而未能就有形之物，实验之以植其基也。

抑形法家所言之数，可谓数字之本义。而董子所言之数，则失其本义者也。数字之本义，本谓一二三四等，古人之言数，亦皆如此。《庄子·天下篇》："以法为分，以名为表，以参为验，以稽为决，其数一二三四是也。"《周书·周祝》："左名左，右名右，视彼万物数为纪。"《管子·七法篇》曰："不能治其民，而能强其兵者，未之有也。能治其民矣，而不明于为兵之数，犹之不可。"所谓数者："刚柔也，轻重也，大小也，实虚也，远近也，多少也。"皆较计其量之辞，形法家之言亦如此。故曰："律有长短，而各征其声。"不曰律有铜有玉有竹，而各征其声也。

今谓百物去所与异而从所与同,则但计其质而不计其量矣。如是求之,则无由更进一步。故中国形下之学之不能发明,实由好推论高远者之太多,而能从事于实验者之太少也。

〔二一三〕鬼谷先生

《史记·苏秦列传》云:"苏秦者,东周雒阳人也。东事师于齐,而习之于鬼谷先生,出游数岁,大困而归。"衡以文义,鬼谷自当在齐。《集解》引徐广曰:"颍川阳城有鬼谷,盖是其人所居,因为号。"盖以其时阳城有鬼谷,故引以释之。然曰"盖",亦疑辞也。《索隐》曰:"扶风池阳、颍川阳城,并有鬼谷墟,盖是其人所居,因为号。"云池阳有鬼谷者,《甘茂列传》:苏代说秦王曰:"甘茂非常士也,其居于秦,累世重矣。自殽塞及至鬼谷,其地形险易,皆明知之。王不若重其势、厚其禄以迎之,使彼来,则置之鬼谷,终身勿出。"此鬼谷,《集解》亦引徐广曰:"在阳城",自非。《索隐》曰:"在关内云阳。"按汉云阳县,在今陕西淳化县西北,池阳县在今陕西泾阳县西北,其地密迩。《索隐》此所云,与其《苏秦列传》所云者,其实是一,然皆不足以释苏秦所事之鬼谷先生也。

或曰:颍川距雒阳近,苏秦虽东师于齐,而习之则在颍川之鬼谷先生也。亦尝闻古人事师,有惮其远而别就近者习之之例乎?东师事于齐者,言其所事非一师,而独于鬼谷先生为习耳,若求师于乡里。张仪魏人,太史公曰:"三晋多权变之士。"夫言从衡强秦者,大抵皆三晋之人也。仪何不求师于乡里,而亦与苏秦俱师事鬼谷先生乎?又"鬼谷"二字不必为地名。《索隐》云:"《乐台》注《鬼谷子书》

云：苏秦欲神秘其道，故假名鬼谷。"其说固近亿测，然不以鬼谷为地名，亦未尝非是也。《甘茂列传》殿本《考证》：张照曰："按《战国策》作槐谷，补注曰：《春秋后语注》。槐里之谷，今京兆始平之地，与此异。"案谓槐里之谷者似是。以后世地名释古书恒易误。《索隐》、《集解》，亦有此失也。

〔二一四〕金粟生死

《商君书·垦令》曰:"使商无得籴,农无得粜。农无得粜,则窳惰之农勉疾。商不得籴,则多岁不加乐;多岁不加乐,则饥岁无裕利;无裕利则商怯;商怯则欲农。窳惰之农勉疾,商欲农,则草必垦矣。"因欲贵酒肉之价,重其租,令十倍其朴。又欲重关市之赋,使农恶商,商有疑惰之心。农战亦欲去游士、商贾及技艺。似商工皆其所废矣。然《去强篇》曰:"金生而粟死,粟死而金生。一作粟生而金死,金死而粟生。疑当作粟生而金死,粟死而金生;或金生而粟死,金死而粟生。本物贱,事者众,买者少,农困而奸劝;其兵弱,国必削至亡。金一两生于竟内,粟十二石死于竟外;粟十二石生于竟内,金一两死于竟外。国好生金于竟内,则金粟两死,仓府两虚,国弱;国好生粟于竟内,则金粟两生,仓府两实,国强。"《外内》云:"欲农富其国者,竟内之食必贵,而不农之征必多,市利之租必重。则民不得无田,无田不得不易其食。食贵则田者利,田者利则事者众。食贵籴食不利,而又加重征,则民不得无去其商贾技巧而事地利矣。""故为国者,边利尽归于兵,市利尽归于农。边利归于兵者强;市利归于农者富。故出战而强,入休而富者,王也。"则商君非欲绳商,特欲使粜贵而利农耳。以粟易金于竟外,亦非所禁也。

〔二一五〕补损以知足

《论语·季氏》,子曰:"丘也,闻有国有家者,不患寡而患不均,不患贫而患不安。盖均无贫,和无寡,安无倾。"曰丘闻,则是古有此语,而孔子引之也。《易》曰:"地中有山,谦,君子以裒多益寡,称物平施。"《周书·度训》曰:"天生民而制其度,度小大以正,权轻重以极,明本末以立中,立中以补损,补损以知足。"知古之言治,无不以均平为义者。夫天下之有待于治,以其不均也;若本均矣,何待于治;治而不均,又焉用治也?而世乃以保其不均为为治之道,是则杀越人于货者,据高位而肆攘夺而已矣。《老子》曰:"天之道,其犹张弓与?高者抑之,下者举之,有余者损之,不足者补之。天之道,损有余以补不足;人之道则不然,损不足以奉有余。"不道早老,岂可以久存哉。亦终必亡而已矣。

〔二一六〕礼运、礼器

《荀子·富国》篇曰:"足国之道,节用裕民,而善臧其余。节用以礼,裕民以政。""礼者,贵贱有等,长幼有差,贫富轻重皆有称者也。""由士以上,则必以礼乐节之;众庶百姓,则必以法数制之。量地而立国,计利而畜民,度人力而授事。使民必胜事,事必出利,利足以生民。皆使衣食百用,出入相揜,必时臧余,谓之称数。""轻田野之税,平关市之征,省商贾之数,罕兴力役,无夺农时;如是,则国富矣。夫是之谓以政裕民。"然则政以生利言之,礼以用财言之也。《大学》曰:"生财有大道:生之者众,贪之者寡;为之者疾,用之者舒;则财恒足矣。"《孟子·尽心》上曰:"易其田畴,薄其税敛,民可使富也。食之以时,用之以礼,财不可胜用也。"亦以生与食、为与用分言,知古人之言财利,恒如此也。《礼运》、《礼器》,二篇相承。《礼运》言"山者不使居川,不使渚者居中原,而弗敝也。用水火金木饮食,必时。合男女,颁爵位,必当年德",皆《荀子》所谓分民之事。《礼器》曰:"居山以鱼鳖为礼,居泽以鹿豕为礼,君子谓之不知礼。故必举其定国之数,以为礼之大经。礼之大伦,以地广狭。礼之薄厚,与年之上下。是故年虽大杀,众不匡惧。则上之制礼也节矣。"下文言礼之义,则曰时为大,顺次之,体次之,宜次之,称次之;言礼之数,则曰有以多为贵者,有以少为贵者,有以大为贵者,有以小为贵者,有以高为贵者,有以下为贵者,有以文为贵者,有以素为贵者,皆《荀子》所谓等差之事。辜较言之,亦可谓《礼运》言政,《礼器》言礼也。若合而言之,则《礼运》所言,亦得谓之为礼。古无该两事之共名,固多即以其别名之一为之也。

节用者,足国之大端也。生之者众,而食之者愈众;为之者疾,而用之者愈疾,国未有能赡者也。故曰:"节以制度,不伤财,不害民。"《节卦象辞》。又曰:"凡民之为奸邪窃盗,历法妄行者,生于不足。不足生于无度量也。无度量,则小者偷惰,大者侈靡,而不知足。""故有奸邪窃盗历法妄行之狱,则饬度量也。"《大戴记·盛德》。夫人之欲恶多端,而资生为急。《礼运》曰:"饮食男女,人之大欲存焉。死亡贫苦,人之大恶存焉。"不足,则饮食男女之欲不得遂,而死亡贫苦之祸不可避矣;则必为奸邪窃盗,历法妄行矣;是不可以力胜也。故古之言教化者,皆在既富之后。所谓礼者,非教以饰衣冠,美宫室,侈饮食,以饰耳目之观,纵口腹之欲,乃正谓节之使不得过耳。故七十者食肉,五十者衣帛,而隆三年之丧,礼也。生不歌,死无服,桐棺三寸而无椁,亦礼也。行厚葬久服于死陵者葬陵、死泽者葬泽之日,而事雕几组滕刻镂于国家靡敝之年,则君子谓之不知礼矣。故曰:"礼,国之干也。"《左氏》僖公十一年,周内史过之言。又曰:"坏国丧家亡人,必先去其礼。"《礼运》。

礼之坏也,则自在上者之逞其淫欲始也。《乐记》曰"乐者为同,礼者为异",又曰"乐者敦和,率神而从天。礼者别宜,居鬼而从地"。礼所以为别为异者,《管子·心术》曰:"礼者,因人之情,缘义之理,而为之节文者也。故礼者,谓有理也。理也者,明分以喻义之意也。故礼出乎义,义出乎理,理因乎宜者也。"盖"天高地下,万物散殊"。《乐记》。物所自具之德不同,斯其当处之分自异。审其德而各协其宜,所谓义也。故曰:礼也者,义之实也。"协诸义而协,则礼虽先王未之有,可以义起也。"《礼运》。夫义之所以使物各殊其分,而制之以为礼者,原欲使之各协其宜,非欲厚于此而薄彼也。故曰:"夫礼,贵者敬焉,老者孝焉,幼者慈焉,少者友焉,贱者惠焉。"《大戴记·曾子制言上》。此即孔子"老者安之,朋友信之,少者怀之"之义。《论语·雍也》。原欲使宇宙之间,无一物不得其所。然而强者胁弱,众者暴寡,知者诈愚,勇者苦怯,其所利者,则制为礼焉,以为是天理之宜也,而不知其大悖于理也。何者?礼乐不可以孤行,有乐以和之,而后礼之别异者,非厚此而薄彼。不然,则其所谓义者苦矣。故曰:"礼之用,和为贵。"《论语·学而》有子之言。别宜其言,而胁弱、暴寡、诈愚、苦怯其实,恶在其为可行也。然而后世之所谓礼者,固多如此矣;曷怪老子以为"忠信之薄而乱之首"乎!

颜渊问仁,子曰:"克己复礼为仁。一日克己复礼,天下归仁焉。"颜渊曰:"请问其目?"子曰:"非礼勿视,非礼勿听,非礼勿言,非礼勿动。"《论语·颜渊》。孔子所以贵礼如是其甚者,以其为义之实;人人践乎义之实,则物无不得其所矣,安得不谓之仁?然而其所谓礼者,果协于义则可矣;如其不然,而克己以复之,则是非强陵弱勿视,非众暴寡勿听,非知诈愚勿言,非勇苦怯勿动也,是大乱之道也。故曰:"非礼之礼,非义之义,大人勿为。"《孟子·离娄》下。故曰:"仁之实,事亲是也;义之实,从兄是也;智之实,知斯二者,弗去是也;礼之实,节文斯二者是也;乐之实,乐斯二者。"《孟子·离娄》上。知不足以知之,而以非义之义为义,而强为之节文,而强天下之人以从之,则必有愀然不乐者矣。何也?失其分不协其宜也。语曰:满堂而饮酒,一人乡隅而悲泣,则一堂为之不乐。况饮酒者一人,而悲泣者满堂乎?后世之所谓礼者,多此类也。世顾以为天经地义而固守之,甚矣其可哀也!

甚矣夫,人之不知也,忘礼之大用,而屑屑于仪文之末也!鲁昭公如晋，自郊劳至于赠贿，无失礼。晋侯谓女叔齐曰："鲁侯不亦善于礼乎？"对曰："鲁侯焉知礼！"公曰："何为？自郊劳至于赠贿，礼无违者，何故不知？"对曰："是仪也，不可谓礼。礼，所以守其国，行其政令，无失其民者也。今政令在家，不能取也。有子家羁，弗能用也。奸大国之盟，陵虐小国，利人之难，不知其私。公室四分，民食于他，思莫在公，不图其终。为国君，难将及身，不恤其所。礼之本末，将在此乎在，而屑屑焉习仪以亟，言善于礼，不亦远乎？"《左氏》昭公五年。善哉言乎！子大叔见赵简子，简子问揖让周旋之礼焉。对曰："是仪也，非礼也。"简子曰："敢问何谓礼？"对曰："吉也闻诸先大夫子产曰：夫礼，天之经也，地之义也，民之行也。"又曰："礼，上下之纪，天地之经纬也，民之所以生也，是以先王尚之。"同上昭公二十五年。齐侯与晏子坐于路寝，公叹曰："美哉室，其谁有此乎？"晏子曰："敢问何谓也？"公曰："吾以为在德。"对曰："如君之言，其陈氏乎！陈氏虽无大德，而有施于民。豆区釜钟之数，其取之公也薄，其施之民也厚。公厚敛焉，陈氏厚施焉，民归之矣。《诗》曰：虽无德与女，式歌且舞。陈氏之施，民歌舞之矣。后世若少惰，陈氏而不亡，则国其国也已。"公曰："善哉！是可若何？"对曰，"惟礼可以已之。在礼，家施不及国。民不迁，农不移，工贾不变，士不滥，官不滔，大夫不收公利。"公曰："善哉，我不能矣！吾今而后知礼之可以为国也。"对曰："礼之可以为国也久矣，与天地并。君令臣共，父慈子孝，兄爱弟敬，夫和妻柔，姑慈妇听，礼也。君令而不违，臣共而不贰，父慈而教，子孝而箴，兄爱而友，弟敬而顺，夫和而义，妻柔而正，姑慈而从，妇听而婉，礼之善物也。"公曰："善哉！寡人今而后闻此礼之上也。"对曰："先王所禀于天地，以为其民也，是以先王上之。"同上二十六年。然则礼之大用，在于经国安民，而不在于揖让周旋之末。春秋时人，犹多知之。然而相习于以揖让周旋为礼，而忘经国安民之略者，则人之度量相越之不可强也。《管子·形势》篇曰："道之所言者一也，而用之者异。有闻道而好为家者，一家之人也。有闻道而好为乡者，一乡之人也。有闻道而好为国者，一国之人也。有闻道而好为天下者，天下之人也。有闻道而好定万物者，天地之配也。"闻道而好为国者亦寡矣，而况于天下乎，皆一家一乡之士而已矣！夫如是，故不揣其本而欲齐其末，不知率今之礼，凡物皆失其位而乖于分也；而曰是天之经也，地之义也，民之行也，诽之者戮，叛之者诛，然则戕贼人以为仁义，是以饮酒者寡，悲泣者众也。然而一乡一家之士莫之见，虽处一堂之上，若有藩篱之限，而曰饮酒之礼固如是也，岂不哀哉！

《礼运》曰："圣人耐以天下为一家，以中国为一人者，非意之也；必知其情，辟于其义，明于其利，达于其患，然后能为之。何谓人情？喜、怒、哀、惧、爱、恶、欲七者，弗学而能。何谓人义？父慈，子孝，兄良，弟弟，夫义，妇听，长惠，幼顺，君仁，臣忠十者，谓之人义。讲信修睦，谓之人利。争夺相杀，谓之人患。故圣人之所以治人七情，修十义，讲信修睦，尚辞让，去争夺，舍礼何以治之？饮食男女，人之大欲存焉。死亡贫苦，人之大恶存焉。故欲、恶者，心之大端也。人藏其心，不可测度也；美恶皆在其心，不见其色也；欲一以穷之，舍礼何以哉？"此言治天下者，必以人得其欲而去所恶为归。然人藏其心，不可测度，人人而问其所欲，劳而不可遍，而亦卒不能得其诚；故莫如先明于众之所公好公恶也。此真知本之言也。然而其所谓人义者，果可以谓之义，而使人皆得所欲、去所恶而其情无拂郁不平，则难言之矣。大抵善处人我之间者，惟无人我之见者为能之。若既知有人我之别矣，而曰我当力求我所以自处，与所以待人之道，而使之各协其宜，其实未有不自利而戕贼人者。一人如是，人人应之，辗转相及，而争夺相杀之祸作矣。争夺相杀，非起于兵刃相接之日，早起于分别人我之初。分别人我,即争夺相杀之至微者也。虽曰至微,积之久则成著矣。涓涓弗绝,终成江河;豪毛弗拔,将寻斧柯,信乎!至治之极,非人不独亲其亲、不独子其子不足以当之。而《礼运》之所谓十义者,已落第二义也。《记》者记礼之运也,不亦慨乎其言之哉!

〔二一七〕殷因于夏周因于殷

董仲舒对策:"孔子曰:'殷因于夏礼,所损益可知也;周因于殷礼,所损益可知也;其或继周者,虽百世可知也。'"此言百王之所用以此三者矣。夏因于虞而独不言所损益者,其道如一而尚同也。观夏因于虞句,则知上文,当以殷因于夏,周因于殷句绝。其或继周句法,固亦一律也。今读《论语》者,以"殷因于夏礼","周因于殷礼"为句,失之,《后汉书·鲁恭传》:"故曰:'殷因于夏礼,周因于殷礼,所损益可知。'"盖妄人于殷因于夏下,增一"礼"字。《礼记·礼器》曰:"三代之礼一也,民共由之。或素或青,夏造殷因。"

〔二一八〕天生时而地生财

《礼运》曰:"故天生时而地生财,人其父生而师教之,四者君以正用之;故君者,立于无过之地也。"言其不当有过举也。此可见吾国之文化,本于农业也。农业之所致谨者为天时,其所用者则为地利;因天之时,尽地之利,而使万物各得其宜,则人与人之相处,咸得其道矣。夫非人与人相处,咸得其宜,固无以使物尽其利;抑出其力于身,而使物尽其利,正人与人相偶之道也。故一言道,而人之所以对天地万物以今语言之,则谓之对自然也。《礼运》曰:"昔先王之制礼也,因其财物而致其义焉尔。"物以共人用,协于人之用,则为物得其宜,是为尽物性。及对人对己者,无不寓焉。其事殊,其道一也。故曰:"惟天下至诚为能尽其性。能尽其性,则能尽人之性;能尽人之性,则能尽物之性;能尽物之性,则可以赞天地之化育;可以赞天地之化育,则可以与天地参矣。"《中庸》。《荀子·天论》曰:"天有其时,地有其财,人有其治,夫是之谓能参。"所谓赞天地之化育者,《礼运》下文言之,曰:"天降膏露,地出醴泉,山出器车,河出马图。凤皇麒麟,皆在郊棷;龟龙在宫沼;其余鸟兽之卵胎,皆可俯而窥也。"人知未开之世,庸以是为天锡之瑞。治化既蒸,则知为人事之所致矣。故曰:"则是无故。犹言无他故。先王能修礼以达义,体信以达顺,故此,顺之实也。"盖公产业农之小群,其于万事万物,固可据理措置。使无一不得其当。所谓大顺也。"山者不使居川，不使渚者居中原，而弗敝也。用水火金木饮食，必时。合男女，颁爵位，必当年德"，则其义也。事物皆得其当，则灾不足以为害，而天行之有益于人者，则无不得其利焉。如有凶荒之备，则不畏水旱之灾。耕获无失其时，则不至雨旸时若而南亩仍荒弃也。于是惟觉天地之有惠于己，而不知其戕贼人也，故古人尊天亲地之情甚深，而无暑雨祁寒之怨，非其时之天地，异于后世之天地也。人之所以与天地参者固殊焉。故今人但讥古人之迷信，殊非是。当是之时，所以定人之所当为者则曰礼。故曰："天时有生也，地理有宜也，人官有能也，物曲有利也。"《礼器》。古人之重礼以此。而岂如后世小儒，规规于仪文之末哉？

《大戴记·武王践阼》曰："牖之铭曰：随天之时，以地之财，敬祀皇天，敬以先时。"《虞戴德》曰："顺天作刑，地生庶物；是故圣人之教于民也，率天如如，而也。祖地，能用民德。是以高举不过天，深虑不过地，质知而好仁，能用民力。此以三常之礼明而名不塞。礼失则坏，名失则悟，是故上古不讳，正天名也。天子之官四通，正地事也。天子御珽，诸侯御荼，大夫服笏，正民德也。敛此三者而一举之，戴天履地，以顺民事。"又曰："天事曰明，地事曰昌，人事曰比两以庆。违此三者，谓之愚民。愚民曰奸，奸必诛，是以天下平而国家治，民亦无贷。"又曰："昭天之福，迎之以祥；作地之稽，制之以昌；兴民之德，守之以长。"《诰志》曰"天曰作明，日与惟天是戴；地曰作昌，日与维地是事；人曰作乐，日与惟民是嬉。""天生物，地养物，物备兴而时用常节曰圣人。"又曰："天作仁，地作富，人作治，乐治不倦，财富是节，是故圣人嗣则治。"《少间》曰："天政曰正，地政曰生，人政曰辨。"又曰："时天之气，用地之财，以生杀于民。"《左氏》载子大叔之言曰："则天之明，因地之性。"昭公二十五年。《荀子·礼论》曰："天地者，生之本；先祖者，类之本；君师者，治之本。"《周书·周祝》曰："地出物而圣人是时,鸡鸣而人为时,观彼万物,且何为求。故天有时,人以为正;地出利,而民是争;人出谋,圣人是经。"《管子·形势解》曰:"明主上不逆天,下不圹地,故天予之时,地生之财。乱主上逆天道,下绝地理,故天不予时,地不生财。故曰:其功顺天者,天助之;其功逆天者,天违之。"《宙合》曰:"天不一时,地不一利,人不一事。"《吕览·任地》曰:"天下时,地生财,不与民谋,无失民时。"其说皆与《礼运》同。知此为古人言治之大义,故诸家皆有味乎其言之也。

孟子曰:"齐人有言曰:虽有智慧,不如乘埶;虽有镃基,不如待时。"以乘埶与待时并言,尤可见为政之道,本于力农也。《礼运》曰:"在埶者去。"《注》:"埶,埶位也。"案埶与蓺本一字。农业不能违时,尤不可失时,故曰:"为之为之,万物之时也。"《管子·枢言》。《礼器》曰:"是故天时雨泽,君子达亹亹焉。"《注》:"达,犹皆也。亹亹,勉勉也。"此言乘时雨而致力于农功也。又曰:"圣人能辅时,不能违时。知者善谋,不如当时。精时者日少而功多。是以圣王务具其备,而慎守其时。以备待时,以时兴事。"《管子·霸言》。由此推之,则有"先天而天弗违,后天而奉天时"之义焉;《易文言》。有"天与不取,反受其咎"之义焉。《汉书·萧何传》引《周书》。至于礼,时为大,深观人事之变,而随时更张,以协其宜。而礼之义,极于天而蟠于地矣。

〔二一九〕孟施舍似曾子,北宫黝似子夏

孟子曰:"北宫黝之养勇也,不肤挠,不目逃,思以一豪挫于人,若挞之于市朝。不受于褐宽博,亦不受于万乘之君。视刺万乘之君,若刺褐夫,无严诸侯。恶声至,必反之。孟施舍之所养勇也,曰:视不胜,犹胜也。量敌而后进,虑胜而后会,是畏三军者也。舍岂能为必胜哉?能无惧而已矣。孟施舍似曾子,北宫黝似子夏。"《公孙丑上》。今案《大戴记》所载《曾子》诸篇,皆兢兢自守之言。然《制言》上篇曰:"富以苟,不如贫以誉;生以辱,不如死以荣。辱可避,避之而已矣;及其不可避也,君子视死若归。"中篇曰:"君子直言直行,不宛言而取富,不屈行而取位。仁之见逐,智之见杀,固不难。诎身而为不仁,宛言而为不智,则君子弗为也。"《大孝》曰:"战阵无勇,非孝也。"亦见《小戴记·祭义》。《论语·泰伯》:"曾子曰:可以托六尺之孤,可以寄百里之命,临大节而不可夺也,君子人与?君子人也。"又曰:"士不可以不弘毅,任重而道远,仁以为己任,不亦重乎?死而后已,不亦远乎?"具见其凛然不可犯之概,不过既尝学问,不为抚剑疾视之小勇而已。子夏似北宫黝,度其劲毅之气,必尚有过于曾子者,然诸书皆不载其勇武之风,亦不载其尚勇之论,使无孟子此语,谁复知之?故知书阙有间,古人之言论风采,不传于后世者多矣。今人每每摭拾遗佚,辄曰某人如何?某事如何?多见其好专断也。

孟子言我四十不动心,而公孙丑曰:"若是,则夫子过孟贲远矣。"然则孟贲四十,尚未能成其勇也。人之筋力,逾四十则稍衰矣,故曰:"古之道,五十不为甸徒",《礼记·祭义》。然则孟贲之以勇称,非以其筋力,亦以其能不动心也。秦舞阳年十三,杀人,人不敢忤视;而与荆轲入秦,至陛,色变振恐。彼岂有所畏于死哉?无养气之功也。荆轲之筋力亦何以尚于秦舞阳?而能镇定将事,至于图穷而匕首见,则其养之有素矣。古所谓刺客者,若曹沫、专诸、豫让、聂政、荆轲、高渐离之徒,皆以一身取君相于万众之中,虽有勇力,夫岂足恃?观北宫黝孟施舍之言,然后知其所恃者,非敌之可胜,而为己之无惧。惟无惧,然后视刺万乘之君,若刺褐夫。虽不能必胜,而终有克捷之时。若其量敌而后进,虑胜而后会,则必怯懦而不敢发,《史记·廉颇蔺相如列传》赞语。而敌永无可胜之日矣。故百战而百败者,非敌之强,乃己之懦也。观北宫黝孟施舍之言,荆轲秦舞阳之事,而知古之勇士,亦自有其学养,而非徒恃天禀矣。

孟子又曰:昔者曾子谓子襄曰:子好勇乎?吾尝闻大勇于夫子矣。自反而不缩,虽褐宽博,吾不惴焉。自反而缩,虽千万人,吾往矣。此曾子养勇之术,而亦夫子之真传也。《檀弓》记曾子易篑之事,疾病之时,不肯丝毫苟且。又《论语·泰伯》载"曾子有疾,召门弟子曰:启予手,启予足。诗云:战战兢兢,如临深渊,如履薄冰,而今而后,吾知免夫,小子。"其一言一行,兢兢业业,不敢或失如此。此其所以为自反而缩之道也。《檀弓》又曰:"子夏丧其子而丧其明,曾子吊之。……曾子哭,子夏亦哭,曰:天乎!予之无罪也。曾子怒曰:商,女何无罪也。吾与女事夫子洙泗之间,退而老于西河之上,使西河之民,疑女于夫子,尔罪一也。丧尔亲,使民未有闻焉,尔罪二也。丧尔子,丧尔明,尔罪三也。而曰女何无罪与?子夏投其杖而拜曰:吾过矣!吾过矣!吾离群而索居,亦已久矣夫!"夫子当属此句，今俗误。此可见曾子与子夏，以集义之道，交相责难，即其以养勇之道，交相责难也。子夏之尚勇，可推想而得者，惟此而已矣。

子路有闻，未之能行，惟恐有闻。《论语·季子》。此勇之大者也。惟曾子亦然。《曾子·立事》曰："人言不善而不违，近于说其言；说其言，殆于以身近之也；殆于以身近之，殆于身之矣。人言善而色葸焉，近于不说其言；不说其言，殆于以身近之也；近当作远。殆于以身近之，殆于身之矣。"其言如是，其见善与不善，必当机立断，定其从违取舍可知也。此所谓"见善如不及，见不善如探汤也。"《论语·季氏》。故曰："见义不为，无勇也。"《论语·为政》。抑此亦"君子见几而作，不俟终日之义也。"《易·系辞传》。

《史记·管晏列传》："管仲曰：吾尝三战三走，鲍叔不以我为怯，知我有老母也。公子纠败，召忽死之，吾幽囚受辱，鲍叔不以我为无耻，知我不羞小节而耻功名不显于天下也。"此言似与"战阵无勇，非孝"之义相背者；然能勇者，必能有所忍。不忍一朝之忿，而以身殉之，正是孔子所谓"匹夫之谅"耳。《论语·宪问》。

〔二二〇〕曾子大孝

言道者莫高于能通,立教者莫善于能摄。凡于一种德行,钻研有素、身体力行已久者,必能以此一德,遍摄诸德。县一德以为教,而人之所以为人之道,靡不该焉,曾子之言孝则是也。《大戴记·曾子大孝》一篇,分孝为三等,曰"大孝尊亲,其次不辱,其下能养",又曰"大孝不匮,中孝用劳,小孝用力"。于是直养而已,不足言孝。而居处、事君、莅官、朋友、战陈,下至伐一木,杀一兽,靡不该焉。此以事言之也。以理言,则括以"父母全而生之,子全而归之"两语。欲求其全,则"一举足而不敢忘父母,一出言而不敢忘父母"。欲求其全而归之,则非终其身不可。而"养可能也,敬为难;敬可能也,安为难;安可能也,久为难;久可能也,卒为难"之义立矣。《小戴记·内则》曾子曰:"孝子之身终。终身也者,非终父母之身,终其身也。是故父母之所爱亦爱之,父母之所敬亦敬之,至于犬马尽然,而况于人乎?"终其身,即全而归之之义。爱敬及于犬马,则推之至于至微,即一举足一出言而不敢忘父母之义也。言孝至此,可谓豪发无遗憾。孔门《孝经》之作,必托诸曾子,有以也。

然此篇"仁者,仁此者也;《小戴》此下有"礼者履此者也"六字。义者,宜此者也;忠者,忠此者也;《小戴》无此六字。信者,信此者也;礼者,体此者也;行者,行此者也;《小戴》无此十二字。强者,强此者也。

乐自顺此生，刑自反此作", "夫孝者，天下之大经也。《小戴》无此九字，而有"曾子曰"三字。夫孝，置之而塞于《小戴》作"乎"。天地。衡《小戴》作"溥"。《疏》云："定本作傅。"之而衡于《小戴》作"横乎"。四海，施诸后世而无朝夕。推而放诸东海而准，推而放诸西海而准，推而放诸南海而准，推而放诸北海而准，《诗》云：自西自东，自南自北，无思不服。此之谓也"两节，疑是他篇简错。曾子言孝，虽所该者广，然特以之遍摄诸德而已。其言仍多就行为指点，不作此夸张语也。《大戴》此篇，亦见《小戴·祭义》。其前有《乐记》一段，可为此篇尝与他篇相错之证。此两节盖系脱简错入。"夫孝者天下之大经也夫孝"十一字，《小戴》记之"曾子曰夫孝"五字，疑系既简错后亿补，其原文所指何事，则不可知也。

〔二二一〕子　张

《论语·子张》:"子游曰:吾友张也,为难能也,然而未仁。曾子曰:堂堂乎张也,难与并为仁矣。"于子张颇有贬辞。又《为政》:"子张学干禄,子曰:多问阙疑,慎言其余,则寡尤;多见阙殆,慎行其余,则寡悔。言寡尤,行寡悔,禄在其中矣。"似子张之为人,失于务外,而于言行之间,未能深致检点者;然《礼记·檀弓》:"子张病,召申祥而语之曰:君子曰终,小人曰死,吾今日其庶几乎?"其自守之密,与"曾子有疾,召门弟子曰:启予手,启予足,《诗》云:战战兢兢,如临深渊,如履薄冰,而今而后,吾知免夫"者;曾无以异。《论语·泰伯》。然则古人操守之功,正不得以论者偶有贬辞而致疑矣。

〔二二二〕忠　欲

《管子·枢言》:"日益之而患少者惟忠,日损之而患多者惟欲",以"忠"与"欲"为相对之辞。"忠"盖"专一"之谓也,儒家"夏尚忠"之"忠"字,当如此解。

〔二二三〕辞　色

《论语·学而》:"子曰:巧言令色,鲜矣仁。"夫徒以辞色说人,似亦非大恶;然而夫子恶之深者,人与人相处之道在诚,反于诚者为伪,人人以辞色说人,则相欺之本也;相欺也,作始也简,将毕也钜,将无所不至矣。《表记》:"子曰:君子不以辞尽人,故天下有道,则行有枝叶;天下无道,则辞有枝叶;是故君子于有丧者之侧,不能赙焉,则不问其所费;于有病者之侧,不能馈焉,则不问其所欲;有客不能馆,则不问其所舍;故君子之接如水,小人之接如醴,君子淡以成,小人甘以坏。"又曰:"君子不以口誉人,则民作忠;故君子问人之寒则衣之,问人之饥则食之,称人之美则爵之。"又曰:"口惠而实不至,怨菑及其身;是故君子与其有诺责也,宁有已怨。"所举君子之行,亦若平平无奇者,然试默察当世,有一人不与是相反者与? 试反躬自省,其能免于是与? 故曰:"知之非艰,行之惟艰。"《表记》又曰:"子曰:君子不以色亲人;情疏而貌亲,在小人则穿窬之盗也与?"读之令人悚然。夫举世皆以色亲人,则是举世皆穿窬之盗也。合穿窬之盗而成群,夫焉得不乱?

语曰:"逢人辄有求,故觉万事非。"夫有求于人者,非爵禄之谓也,亦非声色货利之谓也,只是求见好于人而已。试思堂堂七尺躯,彼丈夫也,我丈夫也,吾何畏彼哉? 而何以每见人,辄有此一副求见好之意也？抑口惠而实不至，怨蓄及其身，徒以辞色亲人，少有阅历者，皆知其不可久，而何以每一见人，此一副求见好之意，又不能自克也？无他，为习俗缠绕，不能自拔而已，故曰："枨也欲，焉得刚？"《论语·公冶长》。《诗》曰："天之方侪，无为夸毗。"《毛传》曰："夸毗体柔人也。"《大雅·板》。张子横渠曰："苟能除去了一副当世习便自然脱洒也"，《语录》。此之谓也。

《表记》又曰："情欲信，辞欲巧。"情既信矣，则其辞之巧，乃所以为文也。文非无实，固无恶焉。《大学》曰："与国人交，止于信。"信即有其实之谓也。亦即"情欲信"之"信"也。

《表记》又曰："子曰：恭近礼，俭近仁，信近情；敬让以行此，虽有过，其不甚矣。""恭近礼，信近情"，其理易明。谓"俭近仁"者，何也？岂仁者必恶衣菲食，敝车羸马与？非也。且世之饰其车马，美其服食者，非必以是为安也；其意不过欲上人耳。夫好上人，则与于不仁之甚者也。彼为矫饰之行者，意非欲以服用下人，乃正欲以矫饰上人耳，故君子弗取也。

〔二二四〕知　力

《商君书·算地》曰:"圣人非能以世之所易,胜其所难也,必以其所难,胜其所易。故民愚则知可以胜之,世知则力可以胜之;臣愚则易力而难巧,世巧则易知而难力,故神农教耕而王天下,师其知也;汤武致强而征诸侯,服其力也,今世巧而民淫,方效汤武之时,而行神农之事,以随世禁,故千乘惑乱。此其所加务者过也。"斯言也,可谓审于世变矣。入愚陋之群,而以知胜之者,有之矣,遇知巧之国,而以知胜之者,未之有也。泰伯君荆蛮,箕子化朝鲜,庄蹻王滇,尉佗长越,汉族古代,所以所乡无敌者,斯时之蛮夷方愚陋,不足与中国敌也,及其稍以丌化,而不能同化,则事势一变矣。而中国犹以故意遇之,不能自强而以力胜,此魏晋以后,夷狄之祸,所由史不绝书欤?

〔二二五〕哀乐祸福

《大戴记·礼察》:"世主欲民之善同,而所以使民之善者异。或道之以德教,或驱之以法令,导之以德教者,德教行而民康乐;驱之以法令者,法令极而民哀戚。哀乐之感,祸福之应也。"案此篇以汤武与秦王相比较,盖录《贾子》书。否亦汉初儒者之言。盖实见当时人心怨怒,为秦之所以亡;故引殷、周、秦事,以明礼与法之得失也。君子戒违道以干誉,然众情不可逆,而众不可以理喻,是亦一道也。法家不知此义,操之已蹙,遂至身死而国亡,如商鞅与秦皇所为是也。君子非不知众情之不可苟从也,然其力既不可逆,则斟酌于轻重缓急之间者,亦自有其道。必如何,然后不至苟顺众情而违于道,又不至激而生变,必有非漫然者矣。世每轻视民力,以为不足畏,就一时一事观之,似亦无以为难。而不知民力之郁而必发,其道多端,壅于此者,或决于彼,固不可以一时一事论也。今有拂舆情而犯众怒者,时之未至、势之未极,似乎众皆疾视,而莫如之何;一旦时会至,众怨皆作,则枯木朽株,尽为难矣。匹夫行诸乡党之间且如此,况于治一国乎?故曰:"君子信而后劳其民;未信,则以为厉己也。"《论语·子张》。未信时之所为,岂必其诚为厉民,然民皆以为厉己,固非家置一喙所能解狙公赋芋。政术之然,不得指为违道以干誉也。此篇言哀乐之感,即为祸福之应,真能洞烛隐微,非身历祸患者不能道也。

〔二二六〕贼人者必自贼

社会学家言：凡食人之族必食犬，盖其初皆以田猎为食者也。猎人之养生也至难，必十六英方里之地，乃足以养一人，故其口实甚觳，而至于人相食，然亦田猎之事，有以养成其残贼之心也。故曰：贼人者必自贼。

吾尝谓观于牧畜，而可知《春秋》三世之义。犬，乱世之畜也。助其主而贼人，其主乃以所余者食之。牛、马，升平世之畜也。用其力以事耕耘，引重致远，而非以伐贼他物矣。猫，太平世之畜也。人与猫自相爱，非必欲其捕鼠，则非利其力也。猫之亲媚人，亦出自其性，非以人之食之也。主或他适，猫亦不随，则其亲媚人亦自有限，非如犬之以身为殉也。犬忠于主而戕贼他物，则恶德矣。终见贼于人，亦可谓贼人者必自贼也。

《管子·山权数》曰："若岁凶旱水泆，民失本，则修宫室台榭，以前无狗，后无彘者为庸。"足见古者畜狗与畜彘同其普遍。然有狗屠而无彘屠，则食狗殆尤甚于食彘也。犬助人以戕他物，终乃为人所伐，亦可谓贼人者必自贼也。

〔二二七〕参天两地

《易·系辞传》曰：参天两地而倚数。《疏》曰：古之奇耦，亦以三两言，且以两是耦数之始，三是奇数之初，不以一目奇者。张氏云：以三中含两，有一以包两之义。明天有包地之德，阳有包阴之道，故天举其多，地言其少也。说不以一目奇，殊为牵强。《周书·武顺》曰：人有中曰参，无中曰两，两争曰弱，参和曰强。男生而成三，女生而成两，五以成室，室成以生民，民生以度。谢氏曰：有中无中，谓男女形体。朱右曾集训校释引。其说是也。合三两而为五，即男女之合。故曰五以成室，室成以生民。《说文》乂，阴阳在天地间交午也。古文作×，×象交午，上下两画，则天地也。《系辞传》又曰：天数五，地数五，五位相得而各有合，天数二十有五，地数三十，凡天地之数，五十有五，此所以成变化而行鬼神也。万物本乎天，天本乎祖，两间之物为天地所生，犹之人为父母所生也。精气为物，游魂为变，游魂即鬼神，特无形可见耳。其为天地所生，与凡有形可见之物同，此犹人之室成而生民，故其数必皆以五也。天数二十有五，地数三十者，男女构精，妇人妊子，天地气合，万物资生于坤也。午，《说文》曰：啎也，与五古实一字。《说文》又说其形曰：此与矢同意。王氏筠曰：午盖古文杵字。见《说文句读》。按其说是也。杵动而臼承之，亦有男女交接之象矣。

〔二二八〕圣人之大宝曰位

问曰：《系辞传》曰："天地之大德曰生，圣人之大宝曰位，何以守位曰仁，《释文》曰"人，王肃、卞伯玉、桓玄明、僧绍作仁"，则本作人也。何以聚人曰财，理财正辞、禁民为非曰义。"一若理财聚人，皆为在上者保其禄位计者，何也？曰：位之始，非以为一人一家富贵计也。《管子》曰："天下不患无臣，患无君以使之；天下不患无财，患无人以分之。故知时者可立以为长，无私者可置以为政。审于时而察于用，而能备官者，可奉以为君也。"《牧民》。盖能力作者易得；能规画全局、定各人之职事者难求。是以苟得其人，必使之当指挥统率之任。指挥统率者之有其位而不可失，犹之胼手胝足者之当各安其职而不可荒也。圣人之所以能尽其职，以利其群者，实惟其所处之位是赖。使圣人而失其位，而为胼手胝足之事，亦无以逾于农夫耳，或且不逮也。故曰"圣人之大宝曰位"也。《管子》又曰："圣人之所以为圣人者，善分民也。圣人不能分民，则犹百姓也。于己不足，安得名圣。"《乘马》。可以参稽而明其义矣。

《礼记·礼运》曰："故天生时而地生财，人其父生而师教之，四者君以正用之，正同政。故君者，立于无过之地者也。故君者所明也，非明人者也；君者所养也，非养人者也；君者所事也，非事人者也。故君明人则有过，养人则不足，事人则失位。""天生时而地生财",即《易》所谓"天地之大德曰生"也。正用四者,惟不失其位是赖。故君之不可失其位,非以为己也,以为群也,此君之本职然也。然自并耕而食、饔飧而治之风既渺,而君之利其位而忘其职者众矣。然此乃末流之失,非其本义然也。《管子》又曰:"天不一时,地不一利,人不一事,是以著业不得不多,人之名位不得不殊。"《宙合》。名位之殊,本无贵贱,故孟子谓"天子一位,公一位,侯一位,伯一位,子男同一位,凡五等"。《万章》下。天子亦与臣下同列也。

〔二二九〕心学之原

《礼记·礼运》："故宗祝在庙，三公在朝，三老在学。王前巫而后史，卜筮瞽侑，皆在左右。王中，心无为也，以守至正。"此言帝王治心之学之最早者也。窃谓心学之原，与宗教殊有关系。《祭统》曰："齐之为言齐也。齐不齐以致齐者也。是故君子非有大事也，非有恭敬也，则不齐。不齐，则于物无防也，嗜欲无止也。及其将齐也，防其邪物，讫其嗜欲，耳不听乐。故《记》曰：齐者不乐。言不敢散其志也。心不苟虑，必依于道；手足不苟动，必依于礼。是故君子之齐也，专致其精明之德也。故散齐七日以定之，致齐三日以齐之。定之之谓齐。齐者，精明之至也，然后可以交于神明也。"夫心学之精微，原不尽系于形体。然齐庄于外者，必能精明于内。至于心不苟虑，手足不苟动，而其精明有不待致而致者矣。《祭义》述齐之效曰："齐三日，乃见其所为齐者。"专精如是，又何求而不得哉？推所求于思其居处，思其笑语，思其志意，思其所乐，思其所嗜之外，而鬼神来告之矣。

〔二三〇〕杨朱之政治学说

先秦诸子之学,无不志存救世者,独杨朱则不然。其自私自利,至于拔一毛利天下而不为;而孟子谓"杨朱墨翟之言盈天下",又谓"逃墨必归于杨,逃杨必归于儒",其势力之雄厚,至于如此,深可怪也。己饥己溺,劳心苦思,胼手胝(胝)足,或待教而后能。自私自利,何待于教。而杨朱之说,风靡一世如此,何哉?杨朱事迹,散见周秦诸子者颇多,皆不及其学说,惟《列子》有《杨朱》篇,述其说颇详。胡适之谓当时时势,自可产生此种学说而信之;梁任公谓周秦之际,决无此等颓废思想而疑之。予谓二说皆非也。杨朱之学,实出道家。道家有养生之论,其本旨,实与儒家修齐治平一以贯之之理相通;然推其极,遂至流于狭义之为我与颓废。所谓作始也简,将毕也钜,此学问所以当谨末流之失也。然杨朱之意,本在救世,所谓"为我",亦为一种治术,而非自私自利之谓,则无疑也。

道家养生之论,老子已言之,如曰"贵以身为天下,若可寄天下;爱以身为天下,若可托天下"是也。"若"同"乃"。此语诸子之言养生者多引之。《庄子》之《缮性》、《让王》、《吕览》之《贵生》、《不二》、《淮南》之《精神》、《道应》、《诠言》诸篇,发挥此义,最为透彻。《让王》篇曰:"尧以天下让许由,许由不受;又让于子州支父,子州支父曰:以我为天子,犹之可也。虽然,我适有幽忧之病,方且治之,未暇治天下也。夫天下至重也,而不以害其生,又况他物乎?唯无以天下为者,可以托天下也。""天下至重而不以害其生",则与杨子之"拔一毛利天下不为"近矣,而顾曰"可托天下",何也?盖道家之意,以为人生于世,各有其所当由之道,即各有其所当处之位。人人能止乎其位,则无利于人,亦无害于人,而天下可以大治。若其不然,一出乎其所当处之位,则必侵及他人之位;人人互相侵,则天下必乱,固不问其侵之之为善意恶意也。此亦道家所以齐是非之一理。惟如此,故谓仁义非人性,伯夷盗跖,失性则均也。道家之言治,所以贵反性命之情者以此。人人反其性命之情,则能各安其位矣。故道家之言养生,其意原欲以治天下。《不二》篇曰:"楚王问为国于詹子,詹子对曰:何闻为身,不闻为国。詹子岂以国可无为哉?以为为国之本,在于为身;身为而家为,家为而国为,国为而天下为。故曰以身为家,以家为国,以国为天下。此四者异位同本。故圣人之事,广之则极宇宙,穷日月,约之则无出乎身者也。"可谓言之深切著明矣。天下、国、家与身,异位同本,理颇难明,《淮南·精神训》论之最好,其说曰:"知其无所用,贪者能辞之,不知其无所用,廉者不能让也。夫人主之所以残亡其国家,损弃其社稷,身死于人手,为天下笑,未尝非为非欲也。夫仇由贪大钟之赂而亡其国,虞君利垂棘之璧而禽其身,献公艳骊姬之美而乱四世,桓公甘易牙之和而不以时葬,胡王淫女乐之娱而亡土地。使此五君者,适情辞余,以己为度,不随物而动,岂有此大患哉!"此从消极方面言之也。若从积极方面言之,则其说见于《诠言训》。《诠言训》曰:"原天命,治心术,理好憎,适情性,则治道通矣。原天命则不惑祸福,治心术则不妄喜怒,理好憎则不贪无用,适情性则欲不过节。不惑祸福,则动静循理;不妄喜怒,则赏罚不阿;不贪无用,则不以欲用害性;欲不过节,则养性知足。凡此四者,弗求于外,弗假于人,反己而得矣。""适情辞余,以己为度",乃养生论之真谛;"原天命,治心术,理好憎,适情性",即所谓反其性命之情也。惟反其性命之情者,乃可以养生;亦惟反其性命之情者,乃能为天下。故曰:"惟无以天下为者,可以托天下也。"世之不明此理者,每谓天下之治,有待人为;殊不知如是,则吾已出乎其位。出位即致乱之原,虽一时或见其利,而将来终受其弊。故桀纣之乱在目前,而尧舜之乱在千世之后。何则?古之人好争,好争则乱,于是以礼让为教。夫以礼让治当时之乱则可矣,然讲礼让太过,其民必流于弱。中国今日,所以隐忍受侮,不能与异族竞者,则礼让之教,入人太深为之也。然如德意志,承霸国之余业,席累胜之遗烈,志欲并吞天下,囊括欧洲,终亦以过刚而折。夫其今日之摧折则其前此之军国主义之训练为之也。而其前此之盛强,则亦以此。故凡出乎其位之事,虽得利于一时,未有不蒙祸于将来者。佛说世人所为,"如以少水,而沃冰山,暂得融解,还增其厚",理正由此。今中国自伤其弱,而务求强,其将来难保不为从前之德意志。欧洲之人,经大战之创痛,而思休养生息。其将来,又安保不为今日之中国。然则谓中国今日之弱,乃前此之教礼让者致之;德意志今日之摧折,乃前此之唱军国主义者致之,固无不可。即谓中国将来之失之过刚,仍系昔之教礼让者贻之祸。欧洲将来之失之过弱,仍系前此唱竞争者种之因,亦无不可也。一事之失,辗转受祸,至于如此。然则孰若人人各安其位,不思利人,亦不思利己之为当哉!故《列子》载杨朱之言曰:"善治外者,物未必治;善治内者,物未必乱。以若之治外,其法可以暂行于一国,而未合于人心;以我之治内,可推之于天下。"又曰:"古之人,损一豪利天下,不与也;悉天下奉一身,不取也。人人不损一豪,人人不利天下,天下治矣。"夫人人不损一豪,则无尧舜;人人不利天下,则无桀纣。无桀纣,则无当时之乱;无尧舜,则无将来之弊矣,故曰天下治也。杨子为我之说如此,在哲学上,亦有甚深之根据,或以自私自利目之,则浅之乎测杨子矣。《淮南·氾论训》曰:"全性保真,不以物累形,杨子之所立也。"可见杨子为我之义,出于道家之养生论。

然则杨朱之说,即万物各当其位之说,原与儒家相通。然所谓位者,至难言也。以人人论,则甲所处之位,非乙所处之位;以一人论,则今所处之位,非昔所处之位。以位之万有不同,所谓当其位者,亦初无一定形迹。"禹稷颜子,易地则皆然","穷则独善其身,达则兼善天下",皆是理也。然则处乎君师之位者,即以一夫不获为予辜,亦不为出其位;遭值大乱之时,又怀救世之志者,即如孔子之周流列国,亦不为出其位。若但执七尺之躯为我,以利此七尺之躯为为我,而执此为当处之位,则谬矣。然智过其师,乃能传法。一种学说,推行既广,必不能无误解其宗旨之人,此杨氏之末流所以流于无君,而孟子所以辟之也。然则如《杨朱》篇所载之颓废思想,乃杨学之末流,固非杨子之咎,而亦不得谓杨氏之徒无此失也。《列子》固系伪书,其所谓《杨朱》篇者,亦或不可信。然《庄子·盗跖》篇设为跖告孔子之辞曰:"今吾告子以人之情:目欲视色,耳欲听声,口欲察味,志欲盈人。上寿百岁,中寿八十,下寿六十,除病瘦、瘦之误。瘦即瘉。瘉,病也。死丧、忧患,其中开口而笑,一月之中,不过四五日而已矣。天与地无穷,人死者有时;操有时之具,而托于无穷之间,忽然无异骐骥之驰过隙也。不能说其志意,养其寿命者,皆非通道者也。丘之所言,皆吾之所弃也。亟去走归,无复言之。子之道,狂狂汲汲,诈巧虚伪事也,非所以全真也,奚足论哉!"与《列子·杨朱》篇所谓"徒失当年至乐,不能自肆于一时,重囚累梏,何以异哉"、"生则尧舜,死则腐骨;生则桀纣,死则腐骨。腐骨一矣,孰知其异?且趣当生,奚遑死后"者,又何以异?跖之言曰"不能说其意志,养其寿命者，皆非通道"，曰"子之道非所以全真"，皆足见其所持，为道家养生论之流失也。《列子》此篇，盖有真有伪，其真者盖勦自先秦古籍，而伪者则张湛之徒所推衍也。

原刊《政治学报》第三卷，一九三三年五月二十日出版

〔二三一〕名他人之学

《史记·信陵君列传》:"诸侯之客进兵法,公子皆名之,故世俗称《魏公子兵法》。"案《项羽本纪》,谓羽于兵法不肯竟学,而《汉书·艺文志》兵形势家有《项王》一篇,疑亦他人之兵法,而项王名之者。项羽百战百胜,固由其天才之高,亦必不得略无法度。汉高祖征英布,望布军置陈如项籍而犹恶之,则籍兵法之精可见。窃疑羽少时未肯竟学,逮起兵后,又未尝不得进兵法者之教也。此古所谓学于其臣者欤?

后人著述,多务求名,古人则不然,乃有不自名而求人名之者。赵宾好小数书,后为《易》,持论巧慧,《易》家不能难,皆曰非古法也,云受孟喜,喜为名之,即其一事。或务自著其名,甚者窃人之所有;或不自名而求人名之,其事若相反而实相符,凡以显其学而已。然不自名而求人名之者,徒欲显其学;务自著其名,甚或窃人之所有者,实欲显其身,其公私贪廉,究未可同日语也。或曰:身持其学,以哗世取宠,显其学,非即所以显其身欤? 此以言乎赵宾之伦则可矣,古之求人名其学者,安必其皆如是。

古或以神农、黄帝、伊尹、太公名其学,论者率訾为作伪以欺人,实亦未必然也。且如魏公子,孰不知其非讲兵法或著书之人? 然兵法之家,犹愿得公子以名其学者,非曰此兵法为魏公子所发明,亦非曰此言兵法之书为魏公子所著,特以魏公子号多士,又尝有破秦之功,兵法而曾御于其门,则必经多家之品平,且尝试之而有效,易为人所信从耳。此如今人著书之求人鉴定,本亦非谓书即其人所作也。

孟子谓公孙丑曰:"子诚齐人也,知管仲、晏子而已矣。"今《管子》书极杂,《晏子》书亦兼儒、墨二家,非管、晏之学如是,盖亦所谓名之者也。名之者固无妨于杂,《吕览》、《淮南》是也。以《吕览》、《淮南》隶杂家,而《管》、《晏》则否,此向、歆论学之未审,而班氏误仍之耳。不然,世岂有欲欺人而多存矛盾之论,授人以入室之戈,如今《管》、《晏》之书者哉?

原刊《齐鲁学报》第二期,一九四一年七月出版

〔二三二〕古学制

古之学,有在于国者,亦有在于乡者。在国者有大、有小,皆曰学。在乡者或曰校,或曰庠,或曰序,皆不以学名也。《孟子·滕文公》上曰:"设为庠、序、学、校以教之。庠者,养也;校者,教也;序者,射也。夏曰校,殷曰序,周曰庠;学则三代共之,皆所以明人伦也。"言三代之学,皆无异称也。《荀子·大略》,以"立大学"与"设庠序"对举。《汉书》董仲舒《对策》,亦曰:"古之王者,立大学以教于国,设庠序以化于邑。"凡汉人言语,犹大抵如此。

国中之学,缘起即在王宫之中。蔡邕之《明堂论》,言之最审。邕之言曰:"明堂者,天子太庙,所以崇礼其祖,以配上帝者也。取其宗祀之貌,则曰清庙,取其正室之貌,则曰太庙,取其尊崇,则曰太室;取其向明,则曰明堂;取其四门之学,则曰太学;取其四面周水圆如璧,则曰辟雍;异名而同事,其实一也。《易传·太初》篇曰:太子旦入东学,昼入南学,暮入西学。案此据《续汉书·祭祀志》引。《玉海》百十一引作夕入西学,暮入北学。此文疑有夺误。在中央曰太学,天子之所自学也。《礼记·保傅》篇曰:帝入东学,上亲而贵仁;入西学,上贤而贵德;入南学,上齿而贵信;入北学,上贵而尊爵;入太学,承师而问道。与《易传》同。案《保傅》今见《大戴记》及《贾子》。魏文侯《孝经传》曰:太学者,中学,明堂之位也。《礼记》古大明堂之礼曰:膳夫于是相礼。日中出南闱,见九侯,及问于相;日侧出西闱,视五国之事；曰闇出北闱，视帝节犹。案亦夺出东闱。《尔雅》曰：宫中之门谓之闱。王居明堂之礼，又别阴阳门，南门称门，西门称闱。故《周官》有门、闱之学。师氏教以三德，守王门；保氏教以六艺；守王闱；然则师氏居东门、南门，保氏居西门、北门也。知掌教国子，与《易传》、《保傅》、王居明堂之礼，参相发明，为四学焉。"观此，便知大小学皆与王宫是一。盖吾国古者，亦尝湖居，如欧洲之瑞士然。故称人所居之处曰州，与洲殊文，实一语也。洲岛同音，后来又造岛字。以四面环水言之则曰辟，《说文》："璧，瑞玉圜也。"说者皆谓贶玉之名，以称周环之水。窃疑辟字本有周环之义，故有还辟之称，后乃贶以名圜玉也。以中央积高言之则曰雍。《史记·封禅书》："或曰：自古以雍州积高，神明之隩，故立畤郊上帝，诸神祠皆聚云。"案雍依《说文》为借字，其本字当作邕。说解曰："四方有水，自邕成池也。"斯时自卫之力尚微，非日方中及初昃犹明朗时，不敢出湖外，故其开门必向南西。汉时，公玉带上明堂图，水环宫垣，上有楼，从西南入，亦见《封禅书》。盖有所受之，非意为之也。少壮执戈，子弟职司守卫，其居实在门侧，故小学亦设于其地焉。《尔雅》："门侧之堂谓之塾。"《周官》师氏之职，"凡国之贵游子弟学焉"。《注》曰："游，无官司者。"盖古使年长者任政，年少者充兵。四十而后仕，则未及四十，皆无官司，当执戈任守卫之职也。然子弟之居于此，则初不待其能执干戈之年，盖自出就外傅时即然矣，故小学亦设于其地。若正室，则古人言数，习于用三，三三而九，故井田以方里之地画为九区，而明堂亦作九室。王者盖自居中央；一切政事，须在室中处理者，古人理事，居室中者较后世为少。如狱讼，惟男女之阴讼，听之胜国之社，余则皆在众著耳目之地，如棘木之下矣。《豳风》之诗曰："穹窒熏鼠，塞向墐户，嗟我妇子，曰为改岁，入此室处。"非风雨寒暑而居室，古人亦较后世为少也。则环其四周，更作八室；王时省方至此，窃疑《虞书》"辟四门，明四目，达四聪"之语，实当以此释之，乃谓人君出所居之外而听政耳。亦即《礼记·保傅》、古大明堂之礼所说，听政视学,实无别也。此但就四正室言之,若兼及四隅,则为大乙行九宫之说矣。而太子以随王练习政务,亦时至焉。此当与群臣接,群臣皆其父之臣,不敢慢也;惟至中宫,则视膳问安,所接不过内竖,无待加礼;故曰"天子设四学,当入学而太子齿"也。《礼记祭义》。一切政事,萃于王宫之中,盖惟极朴陋之世为然,其后则稍益分出。然遗意犹存,故小学仍在公宫南之左;大学虽在郊,犹作池以环之,称为辟雍,诸侯则减其半以示诎于天子,而称之为泮宫也。《礼记·王制》曰:"天子命之教,然后为学。小学在公宫南之左,大学在郊。"此虽说诸侯,然古天子诸侯之国,相去实不甚远,亦未必有异也。下文云"天子曰辟雍,诸侯曰泮宫",言其异名而不言其异地可证。此辟雍乃人力所成,故诸侯得杀其制,以示诎于天子。半璧曰璜,段氏《说文解字注》,谓黉字缘之而作,其说是也。此与璧先有周环之义而后取以名玉者不同。以辟字自有周环之义,黉字别无他义也。礼贵反本修古,不忘其初,故初出于自然之事,后亦多以人力放为之。《灵台》之诗,兼言灵囿、灵沼,其为游观之地无疑,然再言"于乐辟雍",则以苑囿与宫殿,后虽分,初亦合,故犹袭其名也。苑囿得袭辟雍之名,而学校无惑矣。斯时东南西北四学,盖仍备设之,惟中央为天子之居,出郊后则不复设,故曰"天子设四学"。康成以周设四代之学说之,则误矣。康成之误,盖由据《明堂位》推论而起。《明堂位》曰:"米廪,有虞氏之庠也。序,夏后氏之序也。瞽宗,殷学也。頖宫,周学也。"此盖鲁为东方文教之地,偶有虞、夏、殷三代之遗,而又自立当代之学耳,非有意兼立前代之学也。抑《明堂位》之言,不免夸侈,据以论鲁事,且不可信,况又推以论周事乎?《王制》曰:"有虞氏养国老于上庠,养庶老于下庠;夏后氏养国老于东序,养庶老于西序;殷人养国老于右学,养庶老于左学;周人养国老于东胶,养庶老于虞庠。"观上下、东西、左右之名,即可知其皆在一学之内。下文又云"虞庠在国之西郊",一似与东胶异处者,盖后来沾识之语,不足信也。

  乡学,详别之,又有在乡与在里之异。孟子曰"庠者养也",乃行乡饮酒礼之地;又曰"序者射也",乃行乡射礼之地;此皆在乡。又曰

"校者教也",此则真教学之地,在里。《公羊》宣公十五年《解诂》曰:"在田曰庐,在邑曰里。一里八十户。八家共一巷,中里为校室。选其耆老有高德者,名曰父老;其有辩护伉健者为里正。十月事讫,父老教于校室。八岁者学小学,十五者学大学。"此说校制最审。《汉书·食货志》,说古井田之制,与《解诂》大同,而所引证之书不同,盖今古学之异也。《汉志》之言曰:"于里有序而乡有庠,序以明教,庠则行礼而视化焉。""冬,民既入","余子亦在于序室。八岁入小学,学六甲五方书计之事,始知室家长幼之节;十五入大学,学先圣礼乐,而知朝廷君臣之礼。"曰序室与《解诂》言校室不同者,古人言语粗略,于庠序校等名,随意用之,不求其审。若求其审,则序射、校教,自系一语,《汉志》实不如《解诂》之确也。《礼记·学记》曰:"古之教者,家有塾。"郑《注》曰:"古之仕焉而已者,归教于闾里。朝夕坐于门。门侧之堂谓之塾。"此又是一说。案《解诂》又云:"吏民春夏出田,秋冬入保城郭。田作之时,春,父老及里正,旦开门坐塾上,晏出后时者不得出,暮不持樵者不得入。"《汉志》略同,见下。此乃田时劝农之事,非农隙教学之事;所坐者亦闾侧之塾,不得云家;有门侧之塾,有巷首之塾。门侧之塾,《学记》所谓"家有塾"者也,此惟士大夫家有之。巷首之塾,《学记疏》曰:"周礼二十五家为闾,同共一巷。巷首有门,门边有塾。谓民在家之时,朝夕出入,恒就教于塾。"此说强申郑《注》非是。其说闾字,必牵合《周官》,亦失之凿。然谓巷首有门,门边有塾,说自不误。此门即名为闾。《战国·齐策》:王孙贾之母谓贾曰"汝朝出而晚来,则吾倚门而望汝,暮出而不还,则吾倚闾而望汝",即此。秦有闾左之戍;《后汉书·齐王缜传》曰:"使天下乡亭,皆画伯升象于塾,旦起射之。"则秦汉时其制犹存也。**则此说亦非是。**《书·洛诰疏》曰:"伏生《书传》称礼:致仕之臣,教于州里,大夫为父师,士为少师,朝夕坐于门塾,而教出入之子弟。"此与《学记》郑《注》符合,然恐为疏家所乱,非《书传》元文。**故知何君之说最确也。**《解诂》又言:

校室之教，"其有秀者，移于乡学；乡学之秀者，移于庠；庠之秀者，移于国学，学于小学；诸侯岁贡小学之秀者于天子，学于大学；其有秀者，名曰进士；行同而能偶，别之以射，然后爵之"。《汉志》则云："其有秀异者移乡，学于庠序；庠序之异者移国，学于少学；诸侯岁贡少学之异者于天子，学于大学，命曰造士；行同能偶，则别之以射，然后爵命焉。"如《解诂》之说，则乡学与庠，又分二级，疑出传写之误，当依《汉志》，移乡即学于庠序。此兼言庠序，明乡有庠亦有序，前云"于里有序而乡有庠"不审也。《学记》于"古之教者家有塾"之后，继之以"党有庠，术有序，国有学"，庠序亦是一级。言"党有庠，术有序"，盖所谓各举一边，实则术亦有庠，党亦有序也。此所言者，实为古人登进次第。里之秀者移乡，即《周官》州长、党正，考民之德行道艺，以赞乡大夫废兴。庠之秀者移国，则《王制》乡论秀士升之司徒。诸侯岁贡小学之秀者，则《王制》司徒论选士之秀者而升诸学。其有秀者，名曰进士，行同能偶，别之以射，然后爵之，则《王制》大乐正论造士之秀者以告于王，而升诸司马，司马论进士之贤者以告于王；亦即《射义》之诸侯贡士，天子试之于射宫。今文，士自出于乡至此，皆在学校中回翔，古义则举无其事，但云乡人大夫献贤能之书于王而已。盖今文为儒家适传，重教化，《周官》则六国时阴谋之书，故但言选政也。然其言古人登用，凡分三级，则二说皆同。盖由事实如此，故立言者不得有异。三级者：自家出于乡，一也；自乡入于国，二也；自国达于王，三也。大学王之所居，故升诸学即达于王也。《王制》言养老之礼曰："五十养于乡，六十养于国，七十养于学。"亦依此分三级。

乡人出于家入于庠序，出于庠序乃入于国；而贵族之入小学者，出于家即入于国，则其家塾之等级，与庠序相当也。《礼记·内则》曰："子能食食，教以右手。能言，男唯、女俞。男鞶革，女鞶丝。六年,教之数与方名。七年,男女不同席,不共食。八年,出入门户及即席、饮食,必后长者,始教之让。九年,教之数、日。十年,出就外傅,居宿于外,学书记。衣不帛,襦袴。礼帅初,朝夕学幼仪,请肄简、谅。十有三年,学乐,诵诗,舞勺。成童,舞象,学射御。二十而冠,始学礼,可以衣裘帛,舞大夏。惇行孝弟,博学不教,内而不出。三十而有室,始理男事。博学无方,孙友视志。"此所言者,盖贵族受教为学始末。自九年以前,皆日用浅近、易知易行之事。与《汉志》所云六甲五方书计之事、室家长幼之节相当。贵族平民,当无所异。十年以后之教,盖受之塾中,必非平民之仅入冬学者所克比拟。《汉志》云"十五入大学,学先圣礼乐,而知朝廷君臣之礼",盖误以贵族所受,赅及平民,失于分别也。然平民所受教育之善,实有不让贵族者。孟子言井田之法曰:"谨庠序之教,申之以孝弟之义,颁白者不负戴于道路矣。"《梁惠王》上。乍观之,似系以空言垂教。然《汉志》述井田之法曰:"春将出民,里胥平旦坐于右塾,邻长坐于左塾,毕出然后归,夕亦如之。入者必持薪樵,轻重相分,班白者不提挈。"《王制》云:"道路,男子由右,妇人由左,车从中央。父之齿随行,兄之齿雁行,朋友不相逾。轻任并,重任分,班白者不提挈。"《祭义》云:"行,肩而不并,不错则随,见老者则车徒辟。斑白者不以其任行乎道路。"所言皆同物。《汉书·地理志》云:"濒洙、泗之水,其民涉渡,幼者扶老而代其任。俗既薄,长老不自安,与幼少相让,故曰:鲁道衰,洙、泗之间,龂龂如也。"亦可见其曾实行。则孟子所云者,固系实践之条规。孟子之告毕战曰:"死徙无出乡,乡田同井。出入相友,守望相助,疾病相扶持,则百姓亲睦。"《滕文公》上。"轻重相分,班白者不提挈",正"出入相友"之事,然则"守望相助,疾病相扶持",亦必有其当践之条规,特书阙有间,不可尽知耳。即日用之间而教之以仁让,夫岂贵族之学礼乐,徒用心于周旋升降者所能逮?孔子曰:"先进于礼乐,野人也;后进于礼乐,君子也。如用之，则吾从先进。"《论语·先进》。有以也哉！此以践履言也。至于行礼视化，使民得诸观感者，则莫如乡饮、乡射之切。读《礼记》之《乡饮酒义》、《射义》可见。此庠序之教也。然《文王世子》言行一物而三善皆得者，惟世子之齿于学；《乐记》言散军而郊射，而贯革之射息，亦何异于乡饮、乡射？《祭义》曰："乡里有齿，而老穷不遗，强不犯弱，众不暴寡，此由大学来者也。"盖有其由。此孟子所以言庠、序、学、校，皆所以明人伦也。

然则大学之为用，亦无以异于庠序乎？此又不然。盖在后世，宗教与学术恒分，而在古昔则恒合。吾国古代之大学，固宗教之府也。俞理初有《君子小人学道是弦歌义》，言古乐之外无所谓学。文见《癸巳存稿》。略曰："虞命教胄子，止属典乐。周成均之教，大司成、小司成、乐胥皆主乐，《周官》大司乐、乐师、大胥、小胥皆主学。子路曰：何必读书然后为学？古者背文为诵，冬读书，为春诵夏弦地，亦读乐书。《周语》：召穆公云：瞍赋、矇诵、瞽、史教诲。《檀弓》云：大功废业，大功诵。通检三代以上，书乐之外，无所谓学。《内则》学义，亦止如此；汉人所造《王制》、《学记》，亦止如此。"案《左氏》昭公九年曰"辰在子卯，谓之疾日，君彻燕乐，学人舍业"，亦俞说之一证。其说甚创而确，然初未抉其原。《王制》、《文王世子》，说大学之教，皆分为诗、书、礼、乐四科。礼、乐所以事神，诗者乐之歌辞，书则教中典籍耳。《王制》言"天子将出征，受成于学"；"出征执有罪，反释奠于学"。明明师武臣力之事，何乃行诸弦歌雅颂之乡，即可知古之所谓学者，决非后世之所谓学；而其所释奠者，亦决非后世所谓先圣先师。《学记》曰："君之所不臣于其臣者二：当其为尸，则弗臣也；当其为师，则弗臣也。大学之礼，虽诏于天子，无北面，所以尊师也。"《乐记》曰："食三老、五更于大学，天子袒而割牲，执酱而馈，执爵而酳，冕而总干。"亦以其人为教中尊宿，故尊之如此耳。迷信深重之世，教徒实居率将之地，故其人多能用智；而好深思者，亦能骛心于玄远。先秦诸子之学,可谓"各引一端,崇其所善"。《汉书·艺文志》语。然惟涉及实际则尔,其骛心玄远,及于宇宙之高深,心性之微眇者,则诸家皆无异辞。果其闭门造车,岂皆出而合辙?知必所本者同。所本者何自来?舍大学固莫属也。《墨子·经》上下、《经说》上下、大小《取》六篇,为古哲学科学所萃。墨子之学,出于史角;史角者,鲁惠公请郊庙之礼于周天子,天子使往,《吕览·当染》。固大学中人也。各引一端之说,虽能各极高深,然厚于此者必薄于彼,势不能无所偏蔽。非有君人南面之学,无以用之。《学记》曰:"师也者,所以学为君也。"又曰:"能为师,然后能为长;能为长,然后能为君也。"又曰:"师无当于五官,五官弗得不治。"又曰:"君子曰:大德不官,大道不器。"其为君人南面之学可知。《庄子·天下》曰:"天下之治方术者多矣,皆以其有为不可加矣。古之所谓道术者,果恶乎在?曰:无乎不在。"又曰:"古之人其备乎?配神明,醇天地,育万物,和天下,泽及百姓,明于本数,系于末度,六通四辟,小大精粗,其运无乎不在。天下大乱,贤圣不明,道德不一,天下多得一,察焉以自好。譬如耳、目、鼻、口,皆有所明,不能相通。犹百家众技也,皆有所长,时有所用,虽然,不该不遍,一曲之士也。"惟无所不苞者,乃能无所偏蔽。哲学之与科学,夫固各有所长也。此等高义,盖非尽人所能领受。然古代大学之教泽,仍有所被甚广者。盖迷信深重之世,事神之道必虔,故礼乐之具必设,其后迷信稍澹,则易为陶淑身心之具矣。梁任公尝游美洲,每星期,必入其教堂,观其礼拜,听其音乐,谓可以宁静六日纷扰之身心也。子夏曰"仕而优则学,学而优则仕",《论语·子张》。此志也。古去草昧之世近,人皆刚狠好斗,非礼乐无以驯扰之。《周官》大司徒,"以五礼防万民之伪而教之中,以六乐防万民之情而教之和",虽六国阴谋之书,犹知此义也。欲以礼乐教人者,身渐渍于礼乐,必不可以不深,故设教以此为尤亟。《论语·宪问》:"子路问成人。子曰:若臧武仲之知,公绰之不欲,卞庄子之勇,冉求之艺,文之以礼乐,亦可以为成人矣。"四子实高世之材,过人之行,必文之以礼乐而后可以为成人,可见礼乐之重。《学而》:"子曰:弟子:入则孝,出则弟,谨而信,泛爱众,而亲仁。行有余力,则以学文。""则以学文"之文,即"文之以礼乐"之文。自弟子至于成人,壹是皆以礼乐为重,亦古学校设教之遗意也。

门人与弟子,是一是二,昔人议论纷如。予谓门人者,居于门侧之塾者也。盖年较小,如互乡、阙党之童子是也。弟子则年较长,可以升堂,尤亲者则入室。汉人教授尚如是,观《讲学者不亲授》一条可明。

原刊《华东师范大学学报》一九五七年第三期,
一九五七年七月十五日出版

〔二三三〕 古哲学之传[①]

《管子·宙合》曰:"天地苴万物,故曰万物之橐。宙合之意,上通于天之上,下泉于地之下,外出于四海之外,合络天地,以为一裹。散之至于无间,不可名而山,是大之无外,小之无内,故曰有橐天地,其义不传。"案此篇为经传合居一简者。篇首诸语为经,其下乃逐节释之。此释天地万物之橐、宙合有橐天地二语。谓其义不传也,此"传"字,即《公羊》"主人习其读而问其传"之"传",谓师徒相传授,其义不传,犹《公羊》言无闻焉尔。《墨子·辞过》:"圣人有传天地也,则曰,上下四时也;则曰阴阳人情也;则曰男女禽兽也;则曰牝牡雄雌也;真天下之情,虽有先王,不能更也。"此则其义之有传者也。可见古代学术,自有其传授。

---

① 曾改题为《古代学术传授》。

〔二三四〕宦

《汉书·艺文志》言：九流之学，皆出王官之一守。此非汉世去古近，刘向、歆父子又博极群书不能道。近世胡适之力驳之，乃于古事全无所知之瞽说也，而亦有人附和之，异矣。

古书言历代学制，颇为详备，必不能皆属子虚，然从未闻有一人焉，学于学校，而出其所学以致用者，何也？此语习焉不察，则不以为异，一经揭出，未有不瞿然而惊者也。然无足异也。何也？古代之实学，固得之于宦，而非得之于学也。

理事不违，人之求之，则不能无所先后。《学记》曰："凡学，官先事，士先志。"先志者先求明其理，先事则先求习于事者也。《曲礼》曰："宦学事师，非礼不亲。"以宦与学对举。《疏》引熊氏曰："宦谓学仕官之事。"即官先事之谓也。九流皆从事于宦者也。章太炎曰："官人守要，而九流究宣其义，及其发舒，王官所弗能与。"其说最近于实。冰寒于水，非水固无以成冰也。

《论语·先进》："子路使子羔为费宰。子曰：贼夫人之子。子路曰：有民人焉，有社稷焉，何必读书，然后为学？"此重宦轻学之见。"子曰：是故恶夫佞者"，则谓学自有其用，而疾夫当世之佞者，徒能随事应付，而绝无远大之规，犹贾生言移风易俗，非俗吏之所能为，俗吏之所务，在于刀笔筐箧也。《阳货》："子之武城，闻弦歌之声。夫子莞尔而笑，曰：割鸡焉用牛刀？子游对曰：昔者偃也闻诸夫子曰：君子学道则爱人，小人学道则易使也。子曰：二三子！偃之言是也。前言戏之耳。"此傥夫子所谓为政不可不学之道邪？此固非凡俗所知。《左氏》襄公三十年，子皮欲使尹何为邑。子产曰：少，未知可否。子皮曰：使夫往而学焉，夫亦愈知治矣。亦子路之见也。昭公十八年言原伯鲁不说学，当亦如此。其所谓学，固与宦对举之学，非该宦言之之学也。

子夏曰："仕而优则学，学而优则仕。"《论语·子张》。所谓仕，即宦也。理事不违，学之虽可分先后，固不容畸有重轻。然当时之所谓宦者，未必皆能学仕官之事也。宦之义为养。《檀弓》曰："陈子车死于卫。其妻与其家大夫谋以殉葬。定而后陈子亢至。以告曰：夫子疾，莫养于下，请以殉葬。子亢曰：以殉葬，非礼也。虽然，则彼疾。当养者孰若妻与宰？得已，则吾欲已；不得已，则吾欲以二子者之为之也。于是弗果用。"此所谓养，即宦也。《史记·吕不韦列传》：诸客求宦为嫪毐舍人者千余人。正以司奉养之事，故必居于其舍耳。《汉书·惠帝纪》：帝之立，赐中郎、郎中满六岁爵三级，四岁二级，宦官尚食比郎中，爵五大夫，吏六百石以上及宦皇帝而知名者有罪当盗械者，皆颂系。此宦官及宦皇帝者，即太子家之舍人也。应劭以阉寺释宦官非。《后汉书·宦官传》曰："中兴之初，宦者悉用阉人。"则先汉固多士人矣。后世宦于士大夫家者曰门生，即古之舍人也。宦而徒以奉养人为事，而不能习于官事，此其所以寖为人所轻欤？《汉书·马宫传》云："本姓马矢，宫仕、学，称马氏。"《楼护传》云："长者咸爱重之。共谓曰：以君卿之才，何不宦、学乎？"以仕、宦与学对举，犹是古义。

原刊《华东师范大学学报》一九五七年第三期，
一九五七年七月十五日出版

〔二三五〕富 教

先富后教之义，孟子阐之最明。《梁惠王》上篇曰："明君制民之产，必使仰足以事父母，俯足以畜妻子；乐岁终身饱，凶年免于死亡；然后驱而之善，故民之从之也轻。今也制民之产，仰不足以事父母，俯不足以畜妻子；乐岁终身苦，凶年不免于死亡；此惟救死而恐不赡，奚暇治礼义哉？"言民不富则不可教也。《滕文公》上篇曰："后稷教民稼穑，树艺五谷；五谷熟而民人育。人之有道也，饱食暖衣，逸居而无教，则近于禽兽。圣人有忧之，使契为司徒，教以人伦。"言教必继富之后也。《王制》曰："食节事时，民咸安其居，乐事劝功，尊君亲上，然后兴学。"亦同斯旨。《论语·先进》，冉有曰："方六七十，如五六十，求也为之，比及三年，可使足民。如其礼乐，以俟君子。"言富之之时，尚未暇施教也。《尚书大传》曰："穜鉏已藏，祈乐已入，《注》：'祈乐，当为新谷。'岁事已毕，余子皆入学。距冬至四十五日，始出学，傅农事。"是虽设学，亦如今之冬学也。《周书·籴匡》篇曰：成年，"余子务艺"，年俭，"余子务穑"。《墨子·七患》篇曰："凶饥存乎国，士不入学。"是虽设学，遇饥年即罢，而致力于救荒也。

〔二三六〕六 艺

六艺传自儒家,而《七略》别之九流之外,吾昔笃信南海康氏之说,以为此乃刘歆为之;歆欲尊周公以夺孔子之席,乃为此,以见儒家所得,亦不过先王之道之一端,则其所崇奉之《周官经》,其可信据,自在孔门所传六艺之上矣。由今思之,殊不其然。《七略》之别六艺于九流,盖亦有所本。所本惟何?曰:《诗》、《书》、《礼》、《乐》,本大学设教之旧科,邃古大学与明堂同物,《易》与《春秋》,虽非大学之所以教,其原亦出于明堂;儒家出于司徒,司徒者主教之官,大学亦属焉,故其设教,仍沿其为官守时之旧也。

古有国学,有乡学。国学初与明堂同物,别见《学制》条。《王制》曰:"乐正崇四术,立四教,顺先王《诗》、《书》、《礼》、《乐》以造士,春秋教以《礼》、《乐》,冬夏教以《诗》、《书》。"《诗》、《书》、《礼》、《乐》,追原其朔,盖与神教关系甚深。《礼》者,祀神之仪;《乐》所以娱神;《诗》即其歌辞;《书》则教中典册也。古所以尊师重道,执酱而馈,执爵而酳,袒而割牲,北面请益而弗臣,盖亦以其为教中尊宿之故。其后人事日重,信神之念日澹,所谓《诗》、《书》、《礼》、《乐》,已不尽与神权有关,然四科之设,相沿如故,此则乐正之所以造士也。惟儒家亦然。《论语》:"子所雅言,《诗》、《书》、执《礼》。"《述而》。言《礼》以该《乐》。又曰"兴于《诗》,立于《礼》,成于《乐》",《泰伯》。专就品性言,不主知识,故不及《书》。子谓伯鱼曰:"学《诗》乎?""学《礼》乎?"季氏。则不举《书》而又以《礼》该《乐》。虽皆偏举之辞,要可互相钩考,而知其设科一循大学之旧也。

《易》与《春秋》,大学盖不以是设教,然其为明堂中物,则亦信而有征。《礼记·礼运》所言,盖多王居明堂之礼,而曰:"王前巫而后史,卜筮瞽侑,皆在左右。"《春秋》者史职,《易》者,巫术之一也。孔子取是二书,盖所以明天道与人事,非凡及门者所得闻。子贡曰:"夫子之文章,可得而闻也,夫子之言性与天道,不可得而闻也。"《论语·公冶长》。文章者,《诗》、《书》、《礼》、《乐》之事;性与天道,则《易》道也。孔子之作《春秋》也,"笔则笔,削则削,子夏之徒不能赞一辞"。《史记·孔子世家》。子夏之徒且不能赞,况其下焉者乎?《孔子世家》曰:"孔子以《诗》、《书》、《礼》、《乐》教,弟子盖三千焉,身通六艺者七十有二人。"此七十有二人者,盖于《诗》、《书》、《礼》、《乐》之外,又兼通《易》与《春秋》者也。《孔子世家》曰:"孔子晚而喜《易》,读《易》,韦编三绝,曰:假我数年,若是,我于《易》则彬彬矣。"与《论语·述而》"加我数年,五十以学《易》,可以无大过矣"合。疑五十而知天命,正在此时。孔子好《易》,尚在晚年。弟子之不能人人皆通,更无论矣。

六艺之名,昉见《礼记·经解》。《经解》曰:"孔子曰:入其国,其教可知也。其为人也,温柔敦厚,《诗》教也;疏通知远,《书》教也;广博易良,《乐》教也;絜静精微,《易》教也;恭俭庄敬,《礼》教也;属辞比事,《春秋》教也。故《诗》之失愚,《书》之失诬,《乐》之失奢,《易》之失贼,《礼》之失烦,《春秋》之失乱。"《淮南子·泰族》:"《易》之失也卦,《书》之失也敷,《乐》之失也淫,《诗》之失也辟,《礼》之失也责,《春秋》之失也刺。"曰其教,则其原出于学可知也。《繁露·玉杯》曰:"君子知在位者之不能以恶服人也,是故简六艺以赡养之。《诗》、《书》序其志,《礼》、《乐》纯其美,《易》、《春秋》明其知。"云以赡养在位者,则其出于大学,又可知也。《繁露》又曰:"六学皆大,而各有所长。《诗》道志,故长于质;《礼》制节,故长于文;《乐》咏德,故长于风;《书》著功,故长于事;《易》本天地,故长于数;《春秋》正是非,故长于治人。"《史记·滑稽列传》及《自序》,辞意略同。《滑稽列传》曰:"孔子曰:六艺于治一也。《礼》以节人,《乐》以发和,《书》以道事,《诗》以达意,《易》以神化,《春秋》以道义。"《自序》曰:"《易》著天地阴阳四时五行,故长于变;《礼》经纪人伦,故长于行;《书》记先王之事,故长于政;《诗》记山川溪谷禽兽草木牝牡雌雄,故长于风;《乐》乐所以立,故长于和;《春秋》辨是非,故长于治人。是故《礼》以节人,《乐》以发和,《书》以道事,《诗》以达意,《易》以道化,《春秋》以道义。拨乱世,反之正,莫近于《春秋》。"此孔门六艺之大义也。贾生《六术》及《道德说》,推原六德,本诸道、德、性、神、明、命,尤可见大学以此设教之原。古代神教,固亦自有其哲学也。

《易》本隐以之显,《春秋》推见至隐,二者相为表里,故古人时亦偏举。《荀子·劝学》曰:"学恶乎始?恶乎终?曰:其数则始乎诵经,终乎读《礼》。其义则始乎为士,终乎为圣人。真积力久则入,学至乎没而后止也。故《书》者,政事之纪也;《诗》者,中声之所止也;《礼》者,法之大分,群类之纲纪也。故学至乎《礼》而止矣,夫是之谓道德之极。《礼》之敬文也,《乐》之中和也,《诗》《书》之博也,《春秋》之微也,在天地之间者毕矣。"古人诵读,皆主《诗》《乐》。详见《癸巳存稿·君子小人学道是弦歌义》。始乎诵经,终乎读《礼》,乃以经该《诗》、《乐》,与《礼》并言,犹言兴于《诗》,立于《礼》也。下文先以《诗》、《书》并言,亦以《诗》该《乐》。终又举《春秋》而云在天地之间者毕,可见《春秋》为最高之道。不言《易》者,举《春秋》而《易》该焉,犹《史记·自序》,六经并举,侧重《春秋》,非有所偏废也。《孟子》一书,极尊崇《春秋》,而不及《易》,义亦如此。《荀子·儒效》"《诗》言是其志也,《书》言是其事也,《礼》言是其行也,《乐》言是其和也,《春秋》言是其微也",与

《贾子书·道德说》"《书》者此之著者也,《诗》者此之志者也,《易》者此之占者也,《春秋》者此之纪者也,《礼》者此之体者也,《乐》者此之乐者也",辞意略同,而独漏《易》,可见其系举一以见二,非有所偏废也。《汉书·艺文志》:"六艺之文:《乐》以和神,仁之表也;《诗》以正言,义之用也;《礼》以明体,明者著见,故无训也;《书》以广听,知之术也;《春秋》以断事,信之符也。五者,盖五常之道,相须而备,而《易》为之原。故曰《易》不可见,则乾坤或几乎息矣,言与天地为终始也。至于五学,世有变改,犹五行之更用事焉。"以五经分配五行,虽不免附会,然其独重《易》,亦可与偏举《春秋》者参观也。

《庄子·徐无鬼》:"女商曰:吾所以说吾君者,横说之则以《诗》《书》《礼》《乐》,从说之则以《金版六弢》。"《金版六弢》,未知何书,要必汉代金匮石室之伦,自古相传之秘籍也。《太史公自序》:"余闻之先人曰:伏羲至纯厚,作《易》八卦;尧舜之盛,《尚书》载之,礼乐作焉;汤武之隆,诗人歌之;《春秋》采善贬恶,推三代之德,褒周室,非独刺讥而已也。"上本之伏羲、尧、舜、三代,可见六艺皆古籍,而孔子取之。近代好为怪论者,竟谓六经皆孔子所自作,其武断不根,不待深辩矣。《论衡·须颂》:"问说《书》者,钦明文思以下,谁所言也?曰:篇家也。篇家谁也?孔子也。"此亦与《史记》谓孔子序《书传》之意同,非谓本无其物,而孔子创为之也。不可以辞害意。

《庄子·天下》曰:"以仁为恩,以义为理,以礼为行,以乐为和,薰然慈仁,谓之君子。"又曰:"古之人其备乎?配神明,醇天地,育万物,和天下,泽及百姓。明于本数,系于末度,六通四辟,小大精粗,其运无乎不在。其明而在度数者,旧法世传之史,尚多有之;其在于《诗》《书》《礼》《乐》者,邹鲁之士、搢绅先生,多能明之。《诗》以道志,《书》以道事,《礼》以道行,《乐》以道和,《易》以道阴阳,《春秋》以道名分。其数散于天下而设于中国者,百家之学,时或称而道之。"以仁为恩指《诗》,以义为理指《书》,所谓薰然慈仁之君子,即学于大学之士也。此以言乎盛世。至于官失其守,则其学为儒家所传,所谓邹鲁之士、搢绅先生者也。上下相衔,"诗以道志"二十七字,决为后人记识之语溷入本文者。《管子·戒》篇。"博学而不自反,必有邪。孝弟者,仁之祖也。忠信者,交之庆也。内不考孝弟,外不正忠信。泽其四经,而诵学者,是亡其身者也。"尹《注》:"四经,谓《诗》、《书》、《礼》、《乐》。"其说是也。古所诵惟《诗》、《乐》,谓之经,后引伸之,则凡可诵习者皆称经。《学记》:"一年视离经辨志。"经盖指《诗》、《乐》,志盖指《书》,分言之也,《管子》称四经,合言之也。可见《诗》、《书》、《礼》、《乐》,为大学之旧科矣。旧法世传之史,盖失其义,徒能陈其数者。百家之学,皆王官之一守,所谓散于天下,设于中国,时或称而道之者也。亦足为《诗》、《书》、《礼》、《乐》出于大学之一旁证也。《商君书·农战》:"《诗》、《书》、《礼》、《乐》、善、修、仁、廉、辩、慧,国有十者,上无使守战。"亦以《诗》、《书》、《礼》、《乐》并举。

《诗》、《书》、《礼》、《乐》、《易》、《春秋》,自人之学习言之,谓之六艺;自其书言之,谓之六经。《经解》及《庄子·天运》所言是也。《天运》曰:"孔子谓老聃曰:丘治《诗》、《书》、《礼》、《乐》、《易》、《春秋》六经。老子曰:夫六经,先王之陈迹也,岂其所以迹哉?"亦可见六经确为先王之故物,而孔子述之也。《庄子·天道》:"孔子西藏书于周室,翻十二经以说。"十二经不可考,《释文》引说者云:"六经加六纬。""一说《易》上下经并十翼。"又一云"《春秋》十二公经。"皆未有以见其必然也。

六艺有二:一《周官》之礼、乐、射、御、书、数,一孔门之《诗》、《书》、《礼》、《乐》、《易》、《春秋》也。信今文者,诋《周官》为伪书,信古文者,又以今文家所称为后起之义;予谓皆非也。《周官》虽六国阴谋之书,所述制度,亦必有所本,不能冯空造作也。《吕览·博志》:"养由基、尹儒,皆文艺之人也。"文艺,一作六艺。文艺二字,古书罕见,作六艺者盖是。由基善射,尹儒学御,称为六艺之人,此即

《周官》之制不诬之证。予谓《诗》、《书》、《礼》、《乐》、《易》、《春秋》，大学之六艺也；礼、乐、射、御、书、数，小学及乡校之六艺也。何以言之？曰：《周官》大司徒"以乡三物教万民而宾兴之。三曰六艺，礼、乐、射、御、书、数"，此乡校之教也。"保氏养国子以道，乃教之六艺：一曰五礼，二曰六乐，三曰五射，四曰五驭，五曰六书，六曰九数"，此小学之教也。《论语》："子曰：吾何执？执御乎？执射乎？吾执御矣。"《子罕》。谦，不以成德自居，而自齿于乡人也。六艺虽有二义，然孔门弟子，身通六艺，自系指大学之六艺而言。不然，当时乡人所能，孔门能通之者，必不止七十二人也。

《管子·山权数》：管子曰：有五官技。"桓公曰：何谓五官技？管子曰：《诗》者，所以记物也；时者，所以记岁也；《春秋》者，所以记成败也；行者，道民之利害也；《易》者，所以守凶吉成败也；卜者，卜凶吉利害也。民之能此者，皆一马之田，一金之衣，此使君不迷妄之数也。六家者，即见其时，使豫，先蚤闲之日受之。故君无失时，无失策；万物兴丰无失利；远占得失，以为末教。《诗》记人无失辞，行殚道无失义，《易》守祸福凶吉不相乱，此谓君棅。"上云五官，下云六家，盖卜、易同官也。此与《诗》、《书》、《礼》、《乐》、《易》、《春秋》，大同小异。盖东周以后，官失其守，民间顾有能通其技者，管子欲利田宅美衣食以蓄之也。此亦王官之学，散在民间之一证。

《新学伪经考》曰：史迁述六艺之序，曰《诗》、《书》、《礼》、《乐》、《易》、《春秋》，西汉以前之说皆然，盖孔子手定之序。刘歆以《易》为首，《书》次之，《诗》又次之，后人无识，咸以为法。此其颠倒六经之序也。以此为刘歆大罪之一。《史记经说足证伪经考》、《汉书艺文志辨伪下》。案《汉志》之次，盖以经之先后。《易》本伏羲，故居首；《书》始唐尧，故次之；以为颠倒六经之序，殊近深文。谓《诗》、《书》、《礼》、《乐》、《易》、《春秋》之序，为孔子手定，亦无明据。予谓《诗》、《书》、

《礼》、《乐》,乃大学设教之旧科,人人当学,故居前;《易》、《春秋》义较深,闻之者罕,故居后。次序虽无甚关系,然推原其朔,自以从西汉前旧次为得也。

原刊《光华大学半月刊》第一卷第三期,
一九三二年十一月十四日出版

〔二三七〕原　易

宋人以图书言《易》,清之治汉学者力排之,其实此乃汉人旧说也。《汉书·五行志》载刘歆之言曰:"虙牺氏继天而王,受《河图》,则而画之,八卦是也。禹治洪水,得《雒书》,法而陈之,《洪范》是也。"八卦五行,原出图书,说始于此。张衡《东京赋》:"龙图授羲,龟书畀姒。"《三国·魏志注》载辛毗等劝进表:"河洛之书,著于《洪范》。"皆出刘歆之后。《论衡·正说》曰:"说《易》者皆谓伏羲作八卦,文王演为六十四。夫圣王起,河出图,洛出书;伏羲王,《河图》从河水中出,《易》卦是也;禹之时,得《洛书》,书从洛水中出,《洪范》九章是也。故伏羲以卦治天下;禹按《洪范》,以治洪水。古者烈山氏之王得河图,夏后因之曰《连山》。烈山氏之王得河图,殷人因之曰《归藏》。伏羲氏之王得河图,周人曰《周易》。疑夺"因之"二字。其经卦皆六十四。文王、周公因《彖》十八章究六爻。世之传说《易》者,言伏羲作八卦,不实其本,则谓伏羲真作八卦也。伏羲得八卦,非作之;文王得成六十四,非演之也。演作之言,生于俗传。苟信一文,使夫真是几灭不存。既不知《易》之为河图,又不知存于俗何家《易》也。"伏羲画卦,文王重卦,西汉以前无异说。见下。仲任此言,盖因《周官》大卜三易,"其经卦皆八,其别皆六十有四"之文,以驳今学家之说也。"河出图,洛出书,圣人则之",见《易大传》。"子曰:凤鸟不至,河不出图,吾已矣夫!"见《论语》,《子罕》。"山出器车,河出马图",见《礼记·礼运》。皆仅以为瑞应,未尝谓与八卦有关。刘歆凿言画卦系则《河图》,陈范系法五行,业已穿凿无据,然犹仅云则之法之而已。《论衡·自然》曰:"或曰:太平之应,河出图,洛出书,不画不就,不为不成。天地出之,有为之验也。张良游泗水之上,遇黄石公授太公书,盖天佐汉诛秦,故命令神石,为鬼书授人,复为有为之效也。曰:此皆自然也。夫天安得以笔墨而为图书乎?天道自然,故图书自成。晋唐叔虞、鲁成季友生,文在其手,故叔曰虞,季曰友。宋仲子生,有文在其手,曰为鲁夫人。三者在母之时,文字成矣,而谓天为文字,在母之时,天使神持锥笔墨刻其身乎?自然之化,固疑难知。外若有为,内实自然。是以太史公纪黄石事,疑而不能实也。"则竟谓八卦五行,具于图书,而伏羲等特从而誊录之矣。自谓得理之衷,而不知其荒怪更甚也。

《易大传》曰:"古者包牺氏之王天下也,仰则观象于天,俯则观法于地;观鸟兽之文,与地之宜;近取诸身,远取诸物;于是始作八卦,以通神明之德,以类万物之情。"《含文嘉》曰:"伏牺德合上下,天应以鸟兽文章,地应以《河图》、《洛书》。伏牺则而象之,乃作八卦。"《周易正义·八论》引。说本于此。则而象之,即"观象于天,观法于地"之意,亦即"河出图,洛出书,圣人则之"之意,乃取其义,非袭其文也。《易》之卦画,盖由来甚旧,其原当出于邃古之世。一以象男阴,一以象女阴。其后推而广之,则凡物有阳刚之性者,皆表之以一;有阴柔之性者,皆表之以一。此已略有抽象及分类之意。然画形只有两种,无以尽物性之纷纭,乃又推而广之,以一与一相妃,重之而至于三,古以三为多数。则☰可以表纯阳,☷可以表纯阴;☲可以表内刚外柔,☵可以表内柔外刚;☳、☴、☶、☱等,亦各有所象;向之于物,只可分为两类者,今乃可分为八类,则于物情益悉矣。《说卦·乾》

为天为父,《坤》为地为母云云,盖即此时之遗说,所谓"以类万物之情"也。曰"以通神明之德"者?"物得以生谓之德"。《庄子·天下》。人受气于天,受形于地,所谓德也。万物皆一气所成,积阳为天,积阴为地,元与为人之冲气非异物,《礼运》曰:"体魄则降,知气在上。"《祭义》曰:"骨肉毙于下阴为野土,其气发扬于上为昭明。"昭明之气即知气,天之属也。骨肉则体魄,地之属也。合此二气以成万物,则所谓"万物负阴而抱阳,冲气以为和"也。故万物之情得,而神明之德,亦可通矣。此等说,自今日观之,诚亦了无足异,然在当日,必博观万汇,遗其形而求其理,而后能得之,故《易大传》盛称之也。古代有所创造,率以归诸其时之帝王。八卦诚不必伏牺所画,要必出于伏牺之世,如《周易》之出于周室者然。此于古代哲学,大有关系。以为仰观俯观近取远取所得,于理甚通;以为录自《河图》,则了无意义矣。古学家之好怪如此,后人顾或以纯正称之,不亦翻反矣乎?《隋书·经籍志》论图谶曰"起王莽好符命,光武以图谶兴,遂盛行于世。汉时,又诏东平王苍正五经章句,皆命从谶。俗儒趋时,益为其学,篇卷第目,转加增广。言五经者,皆凭谶为说。唯孔安国、毛公、王璜、贾逵之徒独非之,相承以为袄妄,乱中庸之典。故因汉鲁恭王、河间献王所得古文,参而考之,以成其义,谓之古学。当世之儒,又非毁之,竟不得行。魏代,王肃推引古学,以难其义。王弼、杜预从而明之,自是古学稍立。至宋大明中,始禁图谶"云云,一似谶专与今学为缘者,殊不知谶所由起之王莽,即附会古学之始祖也。专好引谶之郑玄,名为兼用今古,实则偏重古学者也。今学似语怪,古学似不然者,如《诗传》称圣人皆无父,感天而生;而《毛传》释《生民》诗独言从祀高禖,不取履大人迹之说是。此好古学者所借口也。殊不知此等乃古说而《诗》家传之,与谶书之造作妖言者大异。古学家不知此说,正见其学无传授耳。

西汉人说《易》者:《史记·周本纪》曰:"西伯盖即位五十年。其囚羑里,盖益《易》之八卦为六十四卦。"《自序》:"昔西伯拘羑里,演《周易》。"《报任安书》:"文王拘而演《周易》。"《孔子世家》曰:"孔子晚而喜

《易》,序《彖》、《系》、《象》、《说卦》、《文言》。"《日者列传》曰:"伏羲作八卦,周文王演三百八十四爻。"《汉书·艺文志》曰:"《易》曰:宓牺氏仰观象于天,俯观法于地,观鸟兽之文,与地之宜,近取诸身,远取诸物,于是始作八卦,以通神明之德,以类万物之情。至于殷、周之际,纣在上位,逆天暴物,文王以诸侯顺命而行道,天人之占,可得而效,于是重《易》六爻,作上下篇。案此亦今文《易》说也。《易大传》曰:"于稽其类,其衰世之意邪?"又曰:"《易》之兴也,其于中古乎?作《易》者,其有忧患乎?"又曰:"《易》之兴也,其当殷之末世,周之盛德邪?当文王与纣之事邪?"皆与此说合。故知西汉人谓伏羲画卦,文王重卦,皆系相传旧说也。孔氏为之《彖》、《象》、《系辞》、《文言》、《序卦》之属十篇。此语讹误。见下。故曰:《易》道深矣,人更三圣,世历三古。"《扬雄传》载雄《解难》之辞曰:"宓牺氏之作《易》也,绵络天地,经以八卦。文王附六爻。孔子错其象而彖其辞。"《论衡·谢短》曰:"先问《易》家:《易》本何所起?造作之者为谁?彼将应曰:伏羲作八卦,文王演为六十四,孔子作《彖》、《象》、《系辞》,三圣重业,《易》乃具足。"皆与《正说》所引说《易》者之言,如出一口。又《正义·八论》引《乾凿度》曰:"垂皇策者牺,卦道演德者文,成命者孔。"《通卦验》曰:"苍牙通灵昌之成,孔演命,明道经。"说亦并同。其时古文说未出也,然则伏羲画卦,文王重卦,孔子系辞,殆西汉以前之公言也。此说揆以理,证以事,有不可通者。《易》为筮书,其缘起当甚古,不应至文王时始行重卦。《乾凿度》曰"垂皇策者牺",则伏牺固以《易》筮矣,岂专筮八卦邪?古学家以三《易》分属三代,或归诸神农、黄帝,固无确据,然《礼运》载孔子之言曰:"我欲观殷道,是故之宋,而不足征也,吾得《坤乾》焉。"《坤乾》谓指八卦,自不如谓指六十四卦之首《坤》者为得。《公羊疏》一引《春秋说》曰:"孔子欲作《春秋》,卜得《阳豫》之卦。宋氏曰:夏、殷之卦名也。"纬多用今文说,亦今文家谓文王之前已有重卦之一证。卜筮二字,对文则别,散文则通。龟书不称卦,此非指龟卜也。则文王重卦之说,有可疑也。《彖》、《象》《说卦》,皆不类春秋时物,今即措勿论,《卦》、《爻辞》亦断难指为孔子作。一则文义相去太远,一则前此筮者,不应竟无繇辞也。则孔子系辞之说,亦有可疑者也。

案《淮南·要略》云:"八卦可以识吉凶,知祸福矣,然而伏羲为之六十四变,周室增以六爻。"文王重卦,先汉诸儒,既无异辞,《淮南》亦出汉初,不应独立异说。今案《孔子世家》云:"序《书传》。"又曰:"序《彖》、《系》、《象》、《说卦》、《文言》。"序者,次序之谓,原不谓其辞为孔子所自作。然则《彖》、《系》、《象》、《说卦》、《文言》,盖皆《周易》之旧,孔子特序而存之尔。《周本纪》益八卦为六十四卦,与《日者列传》演三百八十四爻之语,盖辞异而意同,乃主爻辞言,非谓前此只有八卦,至此乃有六十四卦,三百八十四爻也。《易》之爻辞,诚未必文王作,然古人于一代文物,既皆以归诸其时之帝王,则以《周易》之爻辞为文王作,亦犹之道家言之称黄帝,兵家言之称太公耳,其无足怪。文王重卦之疑既释,孔子系辞之难,亦可随之而解。何者?谓《彖》、《系》、《象》、《说卦》、《文言》,皆孔子所作,则不可通;谓为固有之物,而孔子从而序之,则本无可疑也。故今学家相传之说,实极平正也。

《易正义·八论》云:"《彖》、《象》等十翼之辞,以为孔子所作,先儒更无异论。但数十翼亦有多家。既文王《易经》本分为上下二篇,则区域各别,《彖》、《象》、《释卦》,亦当随经而分,故一家数十翼,云:《上彖》一、《下彖》二、《上象》三、《下象》四、《上系》五、《下系》六、《文言》七、《说卦》八、《序卦》九、《杂卦》十。郑学之徒,并同此说。故今亦依之。"案数十翼,云有多家,可见郑学之徒,所说未为定论,惜乎疏家之未遍举也。今之《系辞》,据《释文》,王肃本实有传字。案《太史公自序》,引一致百虑,同归殊涂之语,称《易大传》;又今《系辞》中屡称系辞及辞，皆指卦爻等辞言；则王肃本是也。传为孔门弟子所作，皆记孔子之言，不得为孔子所序。先汉旧说，既以《彖》、《系》、《象》、《说卦》、《文言》，并归孔子，则此即所谓十翼。《系》苞卦爻辞言，与《彖》、《象》俱分上下，合《说卦》、《文言》，其数正十也。《汉志》云："孔子为之《彖》、《象》、《系辞》、《文言》、《序卦》之属十篇。"序疑说字之讹。《儒林传》云：费直《易》"无章句，徒以《彖》、《象》、《系辞》十篇《文言》解说上下经"。十篇二字，疑当在文言下，而夺说卦二字也。《序卦》、《杂卦》亦传之属，不当云孔子作。《杂卦》取备列卦名，以便记诵；《序卦》以见卦之次第。《汉志》：施、孟、梁丘三家经十二篇。窃疑如予十翼之说而加此两篇也。二篇亦传，而总称经十二篇者，古经传本不严别，但论其为谁作，则传不当附之孔子耳。

《论衡·谢短》、《正说》皆云宣帝时，河内女子得《易》，而《易》益一篇，说不足信，见《大誓后得》条。《隋志》以《说卦》当之，益缪矣。《汉志》明言秦燔书，《易》为卜筮之事，传者不绝，岂有失其一篇之理？即如古文家言，亦不过云或脱去无咎悔亡而已。《法言·问神》："或曰：《易》损其一也，虽蠢知阙焉，至《书》之不备过半矣，而习者不知，惜乎《书序》之不如《易》也。曰：彼数也，可数焉故也。如《书序》，虽孔子，亦末如之何矣。"此乃设辞，言《书序》之不如《易》，非谓《易》真有阙也。

三《易》之说：《易·八论》曰："杜子春云：《连山》伏牺，《归藏》黄帝。郑玄《易赞》及《易论》云：夏曰《连山》，殷曰《归藏》，周曰《周易》。"而其注《周官》，但引杜子春之说。答赵商云："非无明文，改之无据，故著子春说而已；近师皆以为夏、殷、周。"见《周官疏》。窃疑《论衡·正说》之文，第二烈山氏，当作黄帝氏号，即康成所谓近师之说。推其本，以《连山》属神农，《归藏》属黄帝；语其末，则以《连山》属夏，《归藏》属殷也。《周易》本于伏牺，明见《易大传》，子春以《连山》属伏牺，似非是；此说以神农号烈山氏，而以连山归之，似较近理。康成释《连山》曰："似山出纳气变也。"释《归藏》曰："万物莫不归而藏于其中。"《大卜注》。《八论》曰："郑释云：连山者，象山之出云，连连不绝。"《三国·魏志·高贵乡公纪》："博士淳于俊曰：似山出内气，连天地也。"俊亦为郑学者也。皆以义言之。案《易纬》云："因代以题周。"见《八论》。则以《连山》属神农，似较郑义为得。然黄帝无《归藏》之称，后人称黄帝为归藏氏，正以汉人以《归藏易》属诸黄帝耳。则郑说亦未尝不可用也。要皆无明据耳。

郑氏谓《连山》首《艮》，未知何据。其谓殷《易》首《坤》，盖据《礼运》"吾得《坤乾》"言之。《礼运注》云："其书存者有《归藏》。"则郑时确有其书，然《汉志》不载。《正说》云："不知存于俗何家《易》。"则当时俗所谓《易》者，不止一家。筮术通行民间，理固宜然也。然则《连山》当时或亦有书，首《艮》之言，亦目验而知之欤？《汉志》不载者，民间卜筮之书，中秘固不能尽备欤？抑在蓍龟家《蓍书》二十八卷中欤？《汉志》无《归藏》，而《隋志》有之，其通行民间之《易》，复登中秘者欤？抑后人所伪造欤？皆不可知矣。

今学家说经，诚亦不能无误，然多本之传说。传说虽误，自有其径路可寻，依其径而求之，而真象可见矣。古学家之说，则多出于亿度。亿度之说，往往偏据一端；就此一端观之，似亦甚为有理，而一经博考，往往缪以千里，此考据之所以终不能作为事实也。况乎汉代古学家之亿度，尚未足以语于考据邪？予昔撰《中国文字变迁考》，考见仓颉为黄帝史官之说，全出东汉人附会，绝不足信，即其一事。以神农号烈山氏，而以《连山易》属之；因殷《易》首《坤》，乃释《归藏》之义为万物莫不归藏于其中；又因道家重阴，又多自托于黄帝，乃以《归藏》属之，以与《连山》之属神农相耦；皆若是而已矣。即郑亦自言其无据矣。东汉以后，异说纷纷，具见于《易·八论》。王辅嗣等以为伏牺重卦，盖即《论衡》之说。郑玄等以为神农重卦，盖因神农承伏牺后，故以重卦归之。孙盛以为夏禹重卦，盖以三《易》分属三代，而禹为三代首出之君也。旧说以为文王重卦，故以《卦辞》、《爻辞》并归之。马融、陆绩，分别《卦辞》文王，《爻辞》周公，亦即《论衡》"文王、周公因《象》十八章究六爻"之说。盖以三《易》之说，出于《周官》，而《周官》古学家以为周公之书故也。凡诸异说，一一可以推厥由来，知其所由来，而其出于附会可见矣。

〔二三八〕易大义

《易正义·八论》引《乾凿度》曰:"易一名而含三义:所谓易也,变易也,不易也。"此《易》之大义也。道家自称为君人南面之学,而讥诸家皆仅效一节之用,其言曰:"无成势,无常形,故能究万物之情。"又曰:"圣人不朽,时变是守。"其实此乃变易一义耳。《汉书·艺文志》,以《诗》、《书》、《礼》、《乐》、《春秋》为五常之道,相须而备,而《易》为之原,与天地相终始。五学世有变改,犹五行之更用事,则儒家亦自有君臣矣。今人亦张变易之说,力攻昔人言天经地义之诬。其实天下事自其变者而观之,则不舍昼夜;自其不变者而观之,则亘古如兹。执必变之事以为不变之道固非,然因此遂谓不变之道为无有则亦缪不然。试问所谓变易者,为变乎?为不变乎?故知崇一端之论者皆偏,变易必兼不易言之,义始该备也。

易者简易,谓莫之为而为,莫之致而致也。浅演之世,恒谓天地万物,皆有一神焉以主之,是为有为之法。有为之法,不能无息,正犹机之不能恒动。莫之为而为,莫之致而致,则不然矣。所谓通精无门,藏神无穴,不烦不扰,澹泊不失也。此有神与无神之别也。

康成依《易纬》作《易赞》及《易论》。及释《周易》,则不用纬说,而云:"易道周普,无所不遍。"盖其释三《易》,不以《连山》、《归藏》为代名,故云然。然如所说,则周字之义,已具于变易中矣。何待更为辞费?故知旧说不可易也。

原刊《群雅》第一集第二卷,一九四〇年五月一日

〔二三九〕论今文易

关于《易经》,余个人尚有一意见。余以为中国古代学问无论何家,其根源盖无不相同,至少亦极接近,世无凭空创造之学说,必有其渊源可寻,古代学术盖皆以《易经》等书为根据,故胡谓并不驳易图之误,只能证其为道家所出耳。方东树所著《汉学商兑》反对汉学颇有偏见,但自谓河图洛书,只能证明非出儒家,不能谓其与不合,其言甚是,故吾意儒道不能分也。根据此理,可知古时各家学说,盖完全相通,汉之今文《易》今虽全佚,依此道亦可辑出其一部分,余曾思得一著手处,即《淮南子》有《原道训》一篇,据《汉书注》,此为淮南子易儿师所著成,颇似汉之今义《易》,因其与《易纬》多相同也。《易纬》诚系假书,惟必有所本,造《易纬》时古文尚未出世,故除荒诞处不足信外,殆全与今文《易》相合,《易纬》既似今文《易》,而《原道训》似《易纬》,是即《原道训》为今文《易》矣。若假定《原道训》为今文《易》之经说,自此出发,合此者辑出之,则今文《易》或有重现之望,亦未可知。

〔二四〇〕左氏不传春秋上

《史记·十二诸侯年表》云："孔子明王道，干七十余君，莫能用，故西观周室，论史记旧闻，兴于鲁而次《春秋》，上记隐，下至哀之获麟，约其辞文，去其烦重，以制义法，王道备，人事浃。七十子之徒口受其传指，为有所刺讥褒讳挹损之文辞不可以书见也。鲁君子左丘明惧弟子人人异端，各安其意，失其真，故因孔子史记具论其语，成《左氏春秋》。铎椒为楚威王傅，为王不能尽观《春秋》，采取成败，卒四十章，为《铎氏微》。赵孝成王时，其相虞卿上采《春秋》，下观近世，亦著八篇，为《虞氏春秋》。吕不韦者，秦庄襄王相，亦上观尚古，删拾《春秋》，集六国时事，以为《八览》、《六论》、《十二纪》，为《吕氏春秋》。及如荀卿、孟子、公孙固、韩非之徒，各往往捃摭《春秋》之文以著书，不可胜纪。汉相张苍历谱五德，上大夫董仲舒推《春秋》义，颇著文焉。太史公曰：儒者断其义，驰说者骋其辞，不务综其终始；历人取其年月，数家隆于神运，谱牒独记世谥，其辞略，欲一观诸要难。于是谱十二诸侯，自共和讫孔子，表见《春秋》、《国语》学者所讥盛衰大指著于篇，为成学治古文者要删焉。"此语出于武帝之世，今古学之争未兴以前，实堪考见《春秋》信史。汉博士谓左氏不传《春秋》；而治古学者，如刘歆、陈元之徒，执之甚固。近人信今文说者，谓史公《自序》云"左丘失明，厥有《国语》"，其《报任安书》亦云；下文又曰"左丘明无目",则宋祁所见越本、王念孙所见景祐本及《文选》,皆无明字;《读书杂志》。而《论语》巧言令色足恭一章,《集解》录孔安国《注》,则此章亦出《古论》;《新学伪经考》。因谓有左丘而无左丘明,有《国语》而无《春秋左氏传》。予昔亦持此说,由今思之,古学家伪造《春秋左氏传》,必不至误所托者之姓名。称名不具,古所时有;《十二诸侯年表》之文,亦无伪窜确据;则谓"有左丘而无左丘明"者殆非,然谓"有《国语》而无《春秋左氏传》",则殆是也。

同一时代之人,所著之书,体例必大略相似。知史事之可贵,如实叙述,以诒后人,殆先秦之人所未知;其时著书,引用史事,大抵杂以己见者耳。诸子书引史事,明著《春秋》之名者有三:周、燕、宋、齐之《春秋》,见于《墨子》;《桃左春秋》,见于《韩非》;又《韩非》、《管子》,皆引《春秋》之记云云,皆以明义,非以记事。此外不明言为《春秋》,而按其文,可知为出于《春秋》者甚多,其体例大抵相同。铎椒、虞卿、公孙固之书已亡,吕不韦、荀卿、孟子、韩非之书具在,可覆按也;《史记·虞卿列传》:"不得意,乃著书,上采《春秋》,下观近世,曰《节义》、《称号》、《揣摩》、《政谋》,凡八篇。以刺讥国家得失,世传之曰《虞氏春秋》。"似亦《吕氏春秋》类也。皆所谓断其义,骋其辞,不务综其终始者也。若有如今之《左氏》者,则固已综其终始,具其年月世谥矣。史公安得一笔抹杀,自专要删之功。孔子生其时,见地安得独异。然今《春秋》体例,实与孟、荀、管、韩、墨翟、吕不韦之书大异,何哉?曰:借史事以明义有两法:一则明著其说,一则著其事而隐其说。由前之说,孟、荀、管、韩、墨翟、吕不韦之书以之;由后之说,孔子之《春秋》以之。《春秋》虽改旧史之文,其体例实一仍《不修春秋》之旧,子女子所谓以《春秋》为《春秋》也。孔子之修《春秋》,所以独隐其说者,盖以其兴于鲁,所刺讥褒讳挹损者,皆其邦之大夫,主人得以习其读而问其传,故不得不微其辞也。铎椒为楚威王傅,采取成败,以备王之鉴观,盖亦多引本国事,故其书以"微"称,然则铎氏之志,其犹孔氏之志欤？惜其书之不可见也。《汉书·艺文志》有《铎氏微》三篇。又有《左氏微》二篇,《张氏微》十篇,《虞氏微传》二篇,盖皆妄人所为。

古史记多称语,史公此文称丘明所著曰《左氏春秋》,而其《自序》及《报任安书》称为《国语》。此文前称诸家所著书多曰《春秋》,而后以《春秋》、《国语》并举,则《左氏春秋》一名《国语》,犹《吕氏春秋》一名《吕览》也。《国语》者,记君卿大夫之事,异乎东野人之言,所谓"国闻"也。"为成学治古文者要删焉",《集解》:"徐广曰:一云治国闻者也。"案"国闻"二字罕见,非伪窜者所能造,恐"古文"二字系传讹,"国闻"二字则原文也。传必与经相附丽,独《左氏》不然,且孔子之修《春秋》,其文虽沿自史官,其义法则实为一家所独具,非口受其传指不能知;弟子果安意失真,即具论其语何益。今案弟子之传《春秋》,盖独传其义。传其义者,固非全不论事,然所重不在此,特取足以说明其义而止矣。如是辗转传述,义虽仍在而事则易以失真,故因孔子史记而具论之。所虑其失真者,在史事而不在孔子所修《春秋》之义法也。其所论者,虽为孔氏之史记,其书则全与《春秋》无涉,故曰"左氏不传《春秋》"也。

或曰:"古语字有二解:称史记固曰语,称人之言语亦曰语,如《论语》、《家语》是也。《礼记·文王世子》:'语曰:乐正司业,父师司成,一有元良,万国以贞。'此语必不能谓为记事之语,亦《论语》、《家语》之类也。安知史公所谓具论其语者,为史记之语而非言语之语乎？《左氏春秋》或与《国语》为两书,《国语》所记之事,虽多与《春秋》相同,其书实与《春秋》无涉;至《左氏春秋》,则实与孔子之书相附丽,《春秋》有一条者,《左氏》亦必有一条,所谓因孔子史记也。史记二字即指《春秋》言。具论其语,或所论者,竟为孔子之言语,故可正弟子之安意而失真。如是,则《左氏春秋》实可称为《春秋》之传,然其书已亡,刘歆等乃又据《国语》造作也。"此说亦似有理,然有不可通者。谓语为孔子之语,则所谓刺讥褒讳挹损之文,既已笔之于书矣,孔子所微,其辞弟子所不敢显然著之于传者,丘明独敢奋然为之,何其勇也?若谓语即史记,丘明具论之,一一与孔子所修《春秋》相附,如《韩非》之《储说》者,然则其书当附丽于《春秋》,不当自为一书称《左氏春秋》或《国语》矣,故此说亦不中情也。

〔二四一〕左氏不传春秋中

《东塾读书记》云:"汉博士谓左氏不传《春秋》;晋王接谓《左氏》自是一家书,不主为经发。近时刘申受云:《左氏春秋》犹《晏子春秋》、《吕氏春秋》也;冒曰《左氏春秋传》,则东汉以后之以讹传讹者矣。澧案:《汉书·翟方进传》云:方进虽受《穀梁》,然好《左氏传》。此西汉人明谓之《左氏传》矣。或出自班孟坚之笔,冒曰《左氏传》与? 然翟方进受《穀梁》而好《左氏》,《穀梁》是传,则《左氏》非传而何哉?《左传》记事者多,解经者少,汉博士以为解经乃可谓之传,故云左氏不传《春秋》。然伏生《尚书大传》,不尽解经也,左氏依经而述其事,何不可谓之传? 且左氏作《国语》,自周穆王以来,分国而述其事;其作此书,则依《春秋》编年,以鲁为主,以隐公为始,明是《春秋》之传;如《晏子春秋》、《吕氏春秋》,则虽以讹传讹,能谓之《春秋晏氏传》、《春秋吕氏传》乎?"《东塾读书记》卷十。愚案:谓《左氏》记事与经相附,是也,然记事与经相附,不可遂为之传也。传自当以解经为主,而所谓解经,非必句梳字栉,但泛言义理者皆是,且尤为可贵。伏生《书传》,正是其例。《左氏》记事,以鲁为主,盖其书与《不修春秋》,同出于鲁人,亦或本与《国语》为一书,刘歆析为编年,而改其语气也。以隐公为始,似与《春秋》相附矣,然则何不以获麟为终乎? 又安知鲁之有史,或其史之记年,非始于隐公乎?《翟方进传》语,不徒其词出于后人，即其事之可信与否，亦难质言也。

陈氏亦信《左氏》有后人附益之说，而引《公羊》之子沈子、子司马子为况，则又非也。《公羊》之子沈子、子司马子，皆传《春秋》之学者，在孔门为后学，在汉世为先师，一脉相承，确有传授，与无所受而以意为说者，安得强同？陈氏又以《左氏》一书，言日月例者惟二条，断其为依放《公》、《穀》；书法不通者，如公子遂、叔孙侨如之舍族，强说为尊夫人，断其为后人所附益，则甚确。然此皆引传文以解经者之所为，《汉书·楚元王传》。见下。并不得以插注其处者为刘氏叚相况也。杜氏《集解序》云："古今言《左氏春秋》者，引《公羊》、《穀梁》，适足自乱。"《孔疏》叙云："前汉传《左氏》者，有张苍、贾谊、尹咸、刘歆，后汉有郑众、贾逵、服虔、许惠卿之等，各为诂训，然杂取《公羊》《穀梁》，以释《左氏》。"案张苍、贾谊、尹咸等，传《左氏》书否，殊不可知；即谓知之，亦所谓传训诂之流耳。引传文以解经者，必始于刘歆；东汉治《左氏》者，皆袭其法，至杜氏乃破之也。观此知记事重《左氏》者，乃后起之说，其初自谓非解经即不足为传，故有此矫揉造作也。

俞理初《癸巳类稿》云："《汉书·艺文志》云《春秋古经》十二篇，《左氏传》三十卷，此官书，就所得经传各本也，其经十一卷，则两家立学官书，与《左氏》无涉。《儒林传》云贾谊为《左氏传训故》，又云平帝时立《左氏春秋》。《楚元王传》：初，《左氏传》多古字古言，学者传训故而已；及歆治《左氏》，引传文以解经，转相发明，由是章句义理备焉。是今传附经三十卷本，非西汉官本，乃刘歆引传解经本也。《后汉书》云：贾逵父徽受业于歆，逵传父业。《南齐书·陆澄传》云：澄谓王俭曰：太元取服虔而兼取贾逵经者，服传无经，虽在注中，而传又有无经者故也。今留服去贾，则经有所阙。是贾氏得刘本，亦传附经也。"《癸巳类稿》卷二。愚案此亦《左氏》本与《春秋》各别，牵引出于刘歆之一证。

又《癸巳存稿》云："《后汉书·郑兴传》云：晚善《左氏春秋》，从刘歆讲正大义，刘歆美其才，使撰条例章句训诂。子众从父受《左氏春秋》，作《春秋难记》原注：谓设难而通之。《条例》，又受诏作《春秋删》十九篇。《贾逵传》云：父徽，从刘歆受《左氏春秋》，有《左氏条例》二十一篇。逵悉传父业。建初时，条奏云：永平中，逵言《左氏》与图谶合者，先帝不遗刍荛，省纳臣言，写其传诂，藏之秘书；则永平中上疏，上《左氏传》、《国语解诂》五十一篇：《左氏传解诂》三十，《国语解诂》二十一也。《郑兴传》云：贾逵自传其父业，故有郑、贾之学。《陈元传》云：父钦，习《左氏春秋》，事黎阳贾护，与刘歆同时，而别自名家。元少传父业，为之训诂。是郑、贾、陈三家不同。《蜀志·尹默传》云：专精《左氏春秋》，自刘歆条例，郑众、贾逵父子、陈元、服虔注说，咸略诵述，不复案本。是郑、贾条例，但各著简札，实俱为刘歆条例也。《后汉书·儒林传》云：颍容著《春秋左氏条例》五万余言。杜预《左传集解序》云：颖子严者，亦复名家。是条例有刘、颖不同。训诂刘、陈、服不同，贾逵为刘学，今杂见服虔《左传注》，多与贾异，职是故也。条例自为卷数，训诂则贾为三十篇，附经传下，杜承用之，服则不然也。"《癸巳存稿》卷一。愚案条例虽原于刘歆，然撰述实由郑兴，至贾徽乃勒成二十一卷。刘歆最初所撰者，未必不屬入《左氏》本文也。

〔二四二〕左氏不传春秋下

左氏不传《春秋》，汉博士之言，既无可疑矣。乃《序疏》引陈沈文阿之说，谓"《严氏春秋》引《观周篇》，云孔子将修《春秋》，与左丘明乘如周，观书于周史，归而修《春秋》之经，丘明为之传，共为表里"。《癸巳类稿》谓《观周》为《孔子家语》篇名，引于汉人，信为周时孔氏之书在《艺文志》者，非今人所传王肃本。殊不知所谓《严氏春秋》者，其可信与否已殊不可知，而此说之是否果出《严氏春秋》，亦复无可究诘也。古代简策繁重，一国之史，史官所藏，能有几何，已难质言，况于遍藏各国之史乎？《史记·六国表》曰："《诗》《书》所以复见者，多藏人家，人当作民，此乃唐人避讳字，后人改之未尽者。而《史记》独藏周室，以故灭。此"周室"二字，该诸侯之国言，乃古人言语，以偏概全之例，非谓各国之史，皆藏于周室也。百二十国之书，岂衰周所能容，况《史记·孔子世家》，记孔子行事略备，修《春秋》之前，岂尝有如周之事乎？

《汉书·艺文志》云："左丘明，鲁太史。"此乃因其著书而亿测之，犹古言仓颉造字，又言三王无文，遂妄言仓颉为黄帝史官也。详见予所撰《中国文字变迁考》。理初乃信其自有世官，不能居孔氏之门，然则独能旷其职守，与孔子乘以如周乎？况古者官人以世，左丘明果为鲁太史，何以其行事绝无可考？父子祖孙之事，亦曾不一见乎？

俞氏又引《太平御览·学部》载《桓谭新论》云:"《左氏传》于经,犹衣之表里,相持而成。经而无传,使圣人闭门思之,十年不能得也。"《癸巳类稿》卷二。相为表里之言,与《严氏春秋》同,皆不似东汉人语。何者？如前条所言,则东汉人殊不以《左氏》之记事为贵,而转欲依附《公》、《穀》,造立条例,以自托于经也。

　　　　　　原刊《光华大学半月刊》,一九三六年出版

〔二四三〕左国异同

《左氏》、《国语》二书,大体相似,而又多违异。黄池之会,哀公十三年。《左氏》云先晋,而《吴语》云先吴,与《公羊》同。《疏》云:"经据鲁史策书,传采鲁之简牍。鲁之所书,必是依实。《国语》之书,当国所记,或可曲笔直己,辞有抑扬,故与《左传》异者多矣。郑玄云:不可以《国语》乱周公所定法。傅玄云:《国语》非丘明所作,凡有共说一事,而二文不同,必《国语》虚而《左传》实,其言相反,不可强合也。"《左氏》成公十六年《疏》:"先贤或以为《国语》非丘明所作,为其或有与传不同故也。"疏家回护之辞,不足深论;果如所言,《公羊》亦据《吴语》乎?姚姬传谓《左氏》于三晋之祖,多讳其恶而溢称其美,又善于论兵谋,其书于魏氏事,造饰尤多,谓其源流诚与吴起有关。近人章太炎,据《韩非·外储说右上》吴起卫左氏中人也,谓《左氏春秋》以地名,犹《齐》、《鲁》、《韩诗》之比。见所著《春秋左传读》。钱宾四云:"《说苑》魏文侯问元年于吴子,此吴起传《春秋》之证;魏襄王冢之《师春》,即采《左氏》,可见《左氏》书与魏之关系;又左丘失明,或自子夏误传。"见所著《先秦诸子系年考辨·吴起传左氏春秋考》。其推论可谓精矣。然则黄池之会,《国语》所记,或反较得实,《左氏》乃晋人讳饰之辞也;犹汉高祖平城之围,所以得脱者,世莫得而言也。

溢美之谈,讳饰之辞,各国皆有之;然著《左氏》、《国语》等书者,则亦如其辞而录之耳,非必有意代为造作也。姚姬传云:"吴起始事魏,卒仕楚,故传言晋、楚事尤详。"刘向《别录》:"左丘明传曾申,申传吴起,起传其子期,期传楚人铎椒。"而《史记·十二诸侯年表》,谓"铎椒为楚威王傅,为王不能尽观《春秋》,采取成败,卒四十章,为《铎氏微》";则《左氏》之曾传于楚,亦若可信。然其书多右晋而左楚,且田氏与晋、楚何与?而公子完之奔齐,《左氏》侈陈懿氏之卜,周史之筮,庄公二十二年。殊不减卜偃盈数大名之论。辛廖《屯》固《比》入之占,闵公元年。则知《左氏》多载晋、楚之事,称美三晋之先,亦其所据者则然耳,非必著书者有意为之也。

〔二四四〕读楚辞

《惜往日》:"乘骐骥以驰骋兮,无辔衔而自载。乘泛泭以下流兮,无舟楫而自备。背法度而心治兮,辟与此其无异。"案《楚辞》上称帝喾,下道齐桓,中述汤、武,所言皆北方事。《天问》说宇宙开辟,亦与诸子书同。此言释法度而心治,且作法家语矣。足见先秦学术,实无南北之分也。

《九辩》云:"慕诗人之遗风兮,愿托志乎素餐。"不知后人所改邪,抑宋玉辞本如此?

〔二四五〕读山海经偶记

《山海经》一书,说多荒怪,不待言矣。然其所举人物,实多有其人;其所载事迹,亦间与经传相合;何也？盖此书多载神话,而其所谓神话者,实多以事实为据,非由虚构也。涉猎偶及,辄书所见,惜乎未暇精治也。二十六年三月十九日灯下。

《大荒西经》云:"大荒之中,有山名曰日月。山,天枢也。吴姖郝氏《笺疏》云:《藏经》本作姬。案此与下"山名曰噓",《藏经》本山作上,恐均系亿改。天门,日月所入。有神,人面无臂,两足反属于头。山名曰噓。《笺疏》云:"山当为上,字之讹。《藏经》本作上。"案作上则当属上句读,不合古书语法。山字当误,然作上恐未是也。颛顼生老童,老童生重及黎。帝令重献上天,令黎邛下地。下地是生噎。处于西极,以行日月星辰之行次。"郝氏《笺疏》云:"下地是生噎,语难晓。《海内经》云:后土生噎鸣,此经似与相涉,而文有阙夺,遂不复可读。"案噎似噓之讹,即无臂之神之名也。经又云:"有人名曰吴回。奇左,是无右臂。"又云:"大荒之中,有山,名曰大荒之山,日月所入。有人焉,三面,是颛顼之子,三面一臂。郭《注》:"无左臂也。"三面之人不死。是谓大荒之野。"案《说文·了部》:"了,尥也。从子,无臂,象形。""孑,无右臂也。从了𠃊,象形。""孓,无左臂也。从了亅,象形。"人岂有无臂及奇左右者？此三文盖专为神所作也。《国语·楚语》:"昭王问于观射父曰:《周书》所谓重黎实使天地不通者,何也? 若无然,民将能登天乎? 对曰:非此之谓也。古者民神不杂。及少昊之衰也,九黎乱德,民神杂糅,不可方物。颛顼受之。乃命南正重司天以属神,命火正黎司地以属民;使复旧常,无相侵渎,是谓绝地天通。其后三苗复九黎之德,尧复育重黎之后不忘旧者,使复典之,以至于夏、商。故重黎氏世叙天地,而别其分主者也。其在周,程伯休父其后也。当宣王时,失其官守而为司马氏。宠神其祖,以取威于民,曰:重寔上天,黎寔下地。遭世之乱,而莫之能御也。不然,夫天地成而不变,何比之有?""重寔上天,黎寔下地",即《山海经》所谓"令重献上天,令黎邛下地"也。韦《注》云:"言重能举上天,黎能抑下地,令相远,故不复通也。"郭《注》云:"献、邛,义未详。"疑亦举、抑之意。

《大荒东经》云:"东海之外大壑,少昊之国。少昊孺帝颛顼于此。"颇与《楚语》少昊之衰颛顼受之之说相会。《大荒南经》云:"有季禺之国,颛顼之子,食黍。"又云:"有国曰颛顼,生伯服,食黍。"《大荒西经》云:"有国名曰淑士,颛顼之子。"《大荒北经》云:"有叔歜国,颛顼之子,黍食。"又云:"西北海外,流沙之东,有国口中輪。"《笺疏》云《藏经》本作轮,亦恐误,或亿改。此皆雅记无征。然《海内经》云:"黄帝妻雷祖,生昌意。昌意降处若水,生韩流。韩流擢首、谨耳、人面、豕喙、麟身、渠股、豚止。取淖子曰阿女,生帝颛顼。"则与系世颇相会矣。郭《注》引《竹书》云:"昌意降居若水,产帝乾荒。乾荒即韩流也,生帝颛顼。"又引《世本》云:"颛顼母,浊山氏之子,名昌仆。"郝氏《笺疏》云:"《大戴礼·帝系篇》云:昌意取于蜀山氏之子,谓之昌仆氏,产颛顼。郭引《世本》作浊山氏,浊蜀古字通,浊又通淖,是淖子即蜀山子也。"又云:"《竹书》帝乾荒,盖即帝颛顼也。此经又有韩流生颛顼,与《竹书》及《大戴礼》、《史记》皆不合,当在阙疑。郭氏欲以此经附合《竹书》,恐非也。"愚案《竹书》虽出附会,亦多有根据。韩流、乾荒,盖因形近而讹。《大戴》颛顼世系,实夺一代也。

《海外北经》云:"务隅之山,帝颛顼葬于阳,九嫔葬于阴。"《海内东经》云:"汉水出鲋鱼之山,帝颛顼葬于阳,九嫔葬于阴。"《大荒北经》云:"东北海之外,大荒之中,河水之间,附禺之山,帝颛顼与九嫔葬焉。"《笺疏》云:"《北堂书钞》九十二卷引,汉水作濮水。水在东郡濮阳,正颛顼所葬。"亦《山经》不诬之证。

《海外南经》云:"狄山,帝尧葬于阳,帝喾葬于阴,爰有熊罴文虎蜼豹离朱视肉吁咽。文王皆葬其所。"文王之上,盖有夺文。郭《注》云:"帝王冢墓,皆有定处,而《山海经》往往复见之者,盖以圣人久于其位,仁化广及,恩洽鸟兽,至于殂亡,四海若丧考妣,无思不哀,故绝域殊俗之人,闻天子崩,各自立坐而祭酹哭泣,起土为冢,是以所在有焉。亦犹汉氏诸远郡国,皆有天子庙,此其遗象也。"案古所谓天子者,岂能令诸侯之国皆为作原庙乎?况古岂有虚为冢之事也?盖神话之为物也,不尽虚诬,而又非确凿。回纥之亡也,其人自述:谓由唐以金莲公主,女其葛励的斤;因以诡谋,坏其福山之石,以致灾异屡见,民弗安居。见《元史·亦都护传》,《传》本虞集《高昌王世勋碑》。其言荒矣。然金莲公主,固非无其人;福山亦非无其地,古代缪悠之传说,亦若是则已矣。前王不忘,其事迹则非所审谛也。随其播迁之所至,而皆指其所见之地以实之,则无墟非其所都,无台非其所游,无丘陵非其冢墓之所在矣。

《檀弓》言"舜葬于苍梧之野",《史记·五帝本纪》则云:"崩于苍梧之野,葬于江南九疑,是为零陵。"《山海经·海内南经》云:"苍梧之山,帝舜葬于阳,帝丹朱葬于阴。"《海内东经》云:"湘水,出舜葬东南陬,西环之,入洞庭下。"《大荒南经》云:"南海之中,有氾天之山,赤水穷焉。赤水之东,有苍梧之野,舜与叔均之所葬也。"《海内经》

云:"南方苍梧之丘,苍梧之渊。其中有九嶷,舜之所葬,在长沙零陵界中。"案《孟子》言"舜生于诸冯,迁于负夏,卒于鸣条,东夷之人也",《离娄》下。安得葬长沙零陵界?《吕览·安死》云:"舜葬于纪市。"《御览》引《尸子》云:"舜西教乎七戎,道死,葬于南己。"据郝《疏》转引。己即纪,则苍梧、九疑,盖后来附会之说也。《海外南经》云:"狄山,帝尧葬于阳,帝喾葬于阴。"《大荒南经》云:"帝尧、帝喾、帝舜葬于岳山。"喾、尧、舜葬处相近,颇合事情。郝《疏》云:"《墨子》云:尧北教乎八狄,道死,葬蛮山之阴。此经狄山,盖狄中之山。"说亦近理,《山经》固众说并存也。《海外东经》又云:"䃳丘在东海,两山夹丘,上有树木。一曰嗟丘,一曰百果所在,在尧葬东。"舜东夷之人,东夷南蛮,实系一族,故舜事流传于南方者甚多。《中山经》云:"洞庭之山,帝之二女居之。是尝游于江渊。澧、沅之风,交潇湘之渊,是在九江之间。出入必以飘风暴雨。"郭《注》云:"天帝之二女,而处江为神,即《列仙传》江妃二女也。《离骚·九歌》所谓湘夫人称帝子者是也。而《河图玉版》曰:湘夫人者,帝尧女也。秦始皇浮江,至湘山,逢大风,而问博士,湘君何神?博士曰:闻之:尧二女,舜妃也,死而葬此。《列女传》曰:二女死于江湘之间,俗谓为湘君。郑司农亦以舜妃为湘君。说者皆以舜陟方而死,二妃从之,俱溺死于湘江,遂号为湘夫人。按《九歌》,湘君、湘夫人自是二神。江湘之有夫人,犹河洛之有虙妃也,安得谓之尧女?且既谓之尧女,安得复总云湘君哉?《礼记》曰:舜葬苍梧,二妃不从,明二妃生不从征,死不从葬。原其致缪之由,由乎俱以帝女为名,名实相乱,莫矫其失;习非胜是,终古不悟,可悲矣!"案《中山经》又云:"姑媱之山,帝女死焉。其名曰女尸。化为䔄草。"又云:"宣山。其上有桑焉,大五十尺,其枝四衢,其叶大尺余,赤理、黄华、青柎,名曰帝女之桑。"郝氏《笺疏》云:"《文选·别赋》:惜瑶草之徒芳。李善《注》引宋玉《高唐赋》曰:我帝之季女,名曰瑶姬,未行而亡,封于巫山之台,精魂为草,实为灵芝。今《高唐赋》无之。又注《高唐赋》引《襄阳》《耆旧传》云:赤帝女曰瑶姬。《水经》江水东过巫县南《注》云:巫山帝女居焉。"合此诸文观之,而舜葬苍梧之说所由来,概可见矣。舜之葬处,自当以《吕览》、《尸子》、《墨子》、《大荒南经》之说为确。其地当名曰己,亦曰南纪;以山言之,则曰岳山,曰狄山,曰蛮山,距鸣条不远也。

《山海经》中,屡见帝俊之名,郭《注》以为即帝舜,恐未然也。案《大荒东经》云:"有中容之国。帝俊生中容。"又云:"有司幽之国。帝俊生晏龙,晏龙生司幽。"又云:"有白民之国。帝俊生帝鸿,帝鸿生白民。"又云:"有黑齿之国。帝俊生黑齿。"又云:"有五采之鸟,相乡弃沙。惟帝俊下友。帝下两坛,采鸟是司。"《大荒南经》云:"大荒之中,有不庭之山,荣水穷焉。有人三身。帝俊妻娥皇,生此三身之国。姚姓,黍食,使四鸟。"又云:"有襄山,又有重阴之山。有人食兽,曰季釐。帝俊生季釐,故曰季釐之国。有缗渊。少昊生倍伐,倍伐降处缗渊。有水四方,名曰俊坛。"又云:"东南海之外,甘水之间,有羲和之国。有女子,名曰羲和。方日浴于甘渊。羲和者,帝俊之妻,生十日。"《大荒西经》云:"有西周之国,姬姓,食谷。有人方耕,名曰叔均。帝俊生后稷。后稷降以百谷。稷之弟曰台玺,生叔均。叔均是代其父及稷播百谷,始作耕。"《大荒北经》云:"卫丘今本与上"皆出于山"句错,作"皆出卫于山丘",依郝校订正。方员三百里。丘南,帝俊竹林在焉,大可为舟。"《海内经》云:"帝俊生禹号,禹号生淫梁,淫梁生番禺,是始为舟。番禺生奚仲,奚仲生吉光,吉光是始以木为车。少皞生般,般是始为弓矢。帝俊赐羿彤弓素矰,以扶下国,羿是始去恤下地之百艰。帝俊生晏龙,晏龙是始为琴瑟。帝俊有子八人,是始为歌舞。帝俊生三身,三身生义均。义均,是始为巧倕,是始作下民百巧。后稷是播百谷。稷之孙曰叔均,是始作牛耕。"郭

《注》云:"俊亦舜字,假借音也。"未知何据。案帝舜之名,《山海经》亦屡见。且《大荒南经》云:"有渊四方,四隅皆达。北属黑水,南属大荒。北旁名曰少和之渊,南旁名曰从渊,舜之所浴也。"文承"帝俊妻娥皇"云云。《山经》叙次,固多错乱,然谓帝俊与帝舜一人,求诸经文,实无左证。郝氏以《初学记》九卷引《帝王世纪》云"帝喾生而神异,自言其名曰夋";又经言"帝俊生后稷",疑为帝喾。又以《左氏》文公十八年,高阳氏才子八人,内有中容;而经于"帝俊竹林"之下,又言"竹南有赤泽水,名曰封渊;有三桑无枝。丘西有沈渊,颛顼所浴";疑为颛顼。又以经言"帝俊生帝鸿",贾逵《左氏注》以帝鸿为黄帝,因拟之少典。又以《大荒东经》言"黄帝生禺虢",禺虢即禺号,而拟之黄帝。亦以三身姚姓,而拟之帝舜。卒乃谓经所言帝俊非一人。古以多人之事,附诸一人,诚所不免;然《山经》虽荒,他古书未必遂无讹误,举他书所载事迹,谓《山经》所言者即其人,似亦未安。要之帝俊必隆古之盛王,惜其事他无可考也。

原刊《光华大学半月刊》第五卷第九期,
一九三七年五月十日出版

〔二四六〕谚为俗语

《大学》：故谚有之。《章句》曰：谚，俗语也。《说文》曰：谚，传言也。或以朱注为非。其实不然，《诗·终风》：寤言不寐，愿言则嚏。郑《笺》曰：言我愿思也。嚏读为不敢嚏咳之嚏。我其忧悼而不能寐，汝思我心，如是我则嚏也。今俗人嚏云人道我，此古之遗语也。《正义》曰：称俗人云者，以俗之所传，有验于事，可以取之。《左传》每引谚曰：诗称人亦有言，是古有用俗之验。盖传言多出于俗人，俗语传言之训，亦可并行而不悖也。

〔二四七〕洪范庶民惟星解

《洪范》曰："王省惟岁，卿士惟月，师尹惟日，庶民惟星。"说此者但以为王与卿士、师尹各有职守，民情有好恶而已，而不知其中隐藏一段古代之宗教哲学也。

《论衡·命义》篇曰："列宿吉凶，国有祸福；众星推移，人有盛衰。人之有吉凶，犹岁之有丰耗。子夏曰死生有命，富贵在天，不曰死生在天，富贵有命者，何则？死生者无象在天，以性为主，禀得坚强之性，则气渥厚而体坚强，坚强则寿命长，寿命长则不夭死；禀性软弱者，气少泊而性羸窳，羸窳则寿命短，短则早死。故言有命，命则性也。至于富贵，所禀犹性。所禀之气，得众星之精。众星在天，天有其象。得富贵象则富贵，得贫贱象则贫贱，故曰在天。在天如何？天有百官，有众星。天施气而众星布精。天所施气，众星之气在其中矣。人禀气而生，含气而长，得贵则贵，得贱则贱；贵或秩有高下，富或赀有多少，皆星位尊卑小大之所授也。天有王良、造父，人亦有之，禀受其气，故巧于御。"《抱朴子·辩问》篇曰："仙经以为诸得仙者，皆其受命偶直神仙之气，自然所禀，故胞胎之中，已含信道之性；及其有识，则心好其事，必遭明师而得其法；不然，则不信不求，求亦不得也。《玉钤》云：主命原曰，人之吉凶修短，于结胎受气之日，皆上得列宿之精，其直圣宿则圣，直贤宿则贤，直文宿则文，直武宿则武,直贵宿则贵,直富宿则富,直贱宿则贱,直贫宿则贫,直寿宿则寿,直仙宿则仙。又有神仙圣人之宿,有治世圣人之宿,有兼二圣之宿;有贵而不富之宿,有富而不贵之宿,有兼富贵之宿;有先富后贫之宿,有先贵后贱之宿,有兼贫贱之宿;有富贵不终之宿,有忠孝之宿,有凶恶之宿:如此不可具载。其较略如此。"案谓星与人有关系,各国古多有之,中国亦然。《汉书·天文志》云:"星者,金之散气,其本曰人。"《史记·天官书》同。今殿本误作本曰火。此古天官家言也。星之行各有次舍,是之谓辰。《小弁》之诗曰:"天之生我,我辰安在?"郑《笺》曰:"此言我生所直之辰,安所在乎?谓六物之吉凶。"《疏》曰:"昭七年《左传》:晋侯谓伯瑕曰:何谓六物?对曰:岁、时、日、月、星、辰是谓也。服虔以为岁,星之神也,左行于地,十二岁而一周;时,四时也;日,十日也;月,十二月也;星,二十八宿也;辰,十二辰也:是为六物也。"此世人以所生年、月、日、时,推盛衰祸福之原也。俗犹有所谓"数星宿"者,推得某星为己所禀,盛衰祸福,由是可知,尤与古人谓人禀列宿之精相合。盖古谓"凡有形于地者,必有象于天",《论衡》语。星之数甚多,实与万民相似,故以为人之本也。

以上论古以人秉星精而生

然则人君之生宜秉日,人臣宜秉月。古人谓"月臣道,日君道"《诗·十月之交》毛《传》。由此。《左氏》成公十六年:"吕锜梦射月,中之。占之曰:姬姓,日也。异姓,月也。"夫余之俗,多为殷遗,而《魏书·高句丽传》,言其先出于夫余,先祖朱蒙。朱蒙母河伯女,为夫余王闭于室中,为日所照,引身避之,日影又逐。既而有孕,生一卵,大如五升。夫余王弃之与犬,犬不食;弃之与豕,豕又不食;弃之于路,牛马避之;后弃之野,众鸟以毛茹之。夫余王割剖之,不能破,遂还其母。其母以物裹之,置于暖处,有一男,破壳而出。及其长也,字之曰朱蒙。夫余人谋杀之。朱蒙东南走,中道遇一大水,欲济无梁。夫余人追之甚急。朱蒙告水曰:我是日子,河伯外孙,今日逃走,追兵垂及,如何得济?于是鱼鳖并浮,为之成桥,朱蒙得渡,鱼鳖乃解,追骑不得渡。案此传说,由来甚久。《三国·魏志·乌丸鲜卑东夷传注》引《魏略》曰:"旧志又言,昔北方有高离之国者,其王者侍婢有身,王欲杀之,婢云:有气如鸡子来下我,故有身。后生子,王捐之于溷中,猪以喙嘘之,徙至马闲,马以气嘘之,不死。王疑,以为天子也,乃令其母收畜之,名曰东明。东明善射,王恐夺其国也,欲杀之。东明走,南至施掩水,以弓击水,鱼鳖浮为桥,东明得渡,鱼鳖乃解散,追兵不得渡。东明因都王夫余之地。"高离即高句丽。夫余实出高句丽,非高句丽出于夫余也。《魏略》所引旧志及《魏书》之言,其本是一,显而易见。一云有气如鸡子来下,一云日光逐照者,传说移译,不能无讹,其言正可互相参证。

《汤誓》曰:"时日曷丧?予及女皆亡。"《尚书大传》曰:"桀云:天之有日,犹吾之有民。日有亡哉?日亡,吾亦亡矣。"此即《白虎通义·五行》篇"君有众民法天有众星"之说,然则三代之君,悉有自托于日之事。郊之祭也,大报天而主日,《礼记·郊特牲》。不闻其主五帝坐星也。窃疑古之王者自称天子,乃自谓感日之精而生;感大微五帝之精,乃汉人附会之说,非其朔也。《礼记·大传》郑《注》:"王者之先祖,皆感大微五帝之精以生。"案《史记·天官书》:"南宫掖门内六星,诸侯。其内五星,五帝坐。"《索隐》:"《诗含神雾》云五精星坐,其东苍帝坐,神名灵威仰,精为青龙之类是也。"《公羊》宣公三年《解诂》:"上帝,五帝。在大微之中,迭生子孙,更王天下。"《疏》引《感精符》云:"苍帝之始,二十八世。灭苍者翼也,彼《注》云:尧翼之星,精在南方,其色赤。灭翼者斗《注》云:舜斗之星,精在中央,其色黄。灭斗者参《注》云:禹参之星,精在西方,其色白。灭参者虚《注》云:汤虚之星,精在北方,其色黑。灭虚者房《注》云:文王房星之精在东方,其色青。"案房星之精,星之二字误倒。此皆谶纬既盛后之说。《诗·邶风·柏舟笺》

疏》引《孝经谶》曰"兄日姊月",乃王者感五帝之精既行后之说,非古义也。

《生民》之诗曰"履帝武敏歆";《閟宫》之诗曰"赫赫姜嫄,其德不回,上帝是依";《玄鸟》之诗曰"天命玄鸟,降而生商";《长发》之诗曰"有娀方将,帝立子生商";此经文明言感生者。所感之帝,果何人哉?《左氏》昭公元年,子产言:"当武王邑姜方娠大叔,梦帝谓己:余命而子曰虞,将与之唐,属诸参,而蕃育其子孙。"此言帝而不言感。《国语·周语》:内史过曰:"昔昭王娶于房,曰房后,实有爽德,协于丹朱,丹朱冯身以仪之,生穆王焉。"此言感矣,而非天也。《左氏》宣公三年:"初,郑文公有贱妾曰燕姞,梦天使与己兰,曰:余为伯儵。余,而祖也,以是为而子。"《史记·赵世家》:"赵简子疾,五日不知人,大夫皆惧。医扁鹊视之,出,董安于问。扁鹊曰:血脉治也,而何怪?在昔秦缪公尝如此,七日而寤。寤之日,告公孙支与子舆曰:我之帝所,甚乐。吾所以久者,适有学也。帝告我:晋国将大乱,五世不安;其后将霸,未老而死;霸者之子且令而国男女无别。公孙支书而藏之,秦谶于是出矣。献公之乱,文公之霸,而襄公败秦师于殽而归纵淫,此子之所闻。今主君之疾与之同,不出三日,疾必间,间必有言也。居二日半,简子寤,语大夫曰:我之帝所,甚乐,与百神游于钧天,广乐九奏万舞,不类三代之乐,其声动人心。有一熊欲来援我,帝命我射之,中熊,熊死。又有一罴来,我又射之,中罴,罴死。帝甚喜,赐我二笥,皆有副。吾见儿在帝侧。帝属我一翟犬,曰:及而子之壮也,以赐之。帝告我:晋国且世衰,七世而亡;嬴姓将大败周人于范魁之西,而亦不能有也。今余思虞舜之勋,适余将以其胄女孟姚配而七世之孙。董安于受言而书藏之,以扁鹊言告简子,简子赐扁鹊田四万亩。以上《扁鹊列传》略同。他日,简子出,有人当道,辟之不去。从者怒,将刃之。当道者曰:吾欲有谒于主君。从者以闻。简子召之,曰:譆,吾有所见子晰也。当道者曰:屏左右,愿有谒。简子屏人。当道者曰:主君之疾,臣在帝侧。简子曰:然,有之。子之见我,我何为?当道者曰:帝令主君射熊与罴,皆死。简子曰:是,且何也?当道者曰:晋国且有大难,主君首之。帝令主君灭二卿,夫熊与罴,皆其祖也。简子曰:帝赐我二笥,皆有副,何也?当道者曰:主君之子,将克二国于翟,皆子姓也。简子曰:吾见儿在帝侧,帝属我一翟犬,曰及而子之长以赐之。夫儿何谓?以赐翟犬?当道者曰:儿,主君之子也;翟犬者,代之先也。主君之子,且必有代。及主君之后嗣,且有革政而胡服,并二国于翟。简子问其姓,而延之以官。当道者曰:臣野人,致帝命耳。遂不见。简子书藏之府。异日,姑布子卿见简子,简子遍召诸子相之。子卿曰:无为将军者。简子曰:赵氏其灭乎?子卿曰:吾尝见一子于路,殆君之子也。简子召子毋恤。毋恤至,则子卿起,曰:此真将军矣。简子曰:此其母贱,翟婢也,奚道贵哉?子卿曰:天所授,虽贱必贵。自是之后,简子尽召诸子与语,毋恤最贤。简子乃告诸子曰:吾藏宝符于常山上,先得者赏。诸子驰之常山上求,无所得。毋恤还,曰:已得符矣。简子曰:奏之。毋恤曰:从常山上临代,代可取也。简子于是知毋恤果贤,乃废太子伯鲁,而以毋恤为太子。"此事与《左氏》、《国语》,殊可参稽。观此,知有国有家者,其先皆列于帝侧,其降生皆由天命;且不必其为人,熊也,罴也,犬也,兰也,无所不可,殆图腾之遗迹欤?然则狄为犬种,羌为羊种,貉为豸种,闽、蛮为虫种,亦不必其为贱视诬诋之辞矣。《赵世家》又云:"中衍人面鸟噣,降佐殷帝大戊。"又霍太山神朱书,言俀王赤黑,龙面而鸟噣。此皆神,非人也。古记述古帝王形状,多与人殊,以此。《诗》"惟岳降神,生甫及申",初义亦当如此。《礼记·孔子闲居》以神气为风霆,恐非其朔也。亦有为人鬼之类者,如丹朱是也。此皆不足以言天子。为天子者,必当为天之所感。《韩非子·外储说左上》云:"赵主父令工施钩梯而缘潘吾,刻疏人迹其上，广三尺，长五尺，而勒之曰：主父尝游于此。秦昭王令工施钩梯而上华山，以松柏之心为博箭，长八尺，棋长八寸，而勒之曰：昭王尝与天神博于此矣。"案《史记·殷本纪》："帝武乙无道，为偶人，谓之天神，与之博，令人为行。天神不胜，乃僇辱之。"合三事观之，知姜嫄之所感，必天神也。秦与殷之先，皆云吞陨卵而生，与徐偃王、句丽、夫余传说相类。徐偃王事，见《后汉书·东夷传注》引《博物志》。《魏略》引旧志，谓有气如鸡子下降，而《魏书》言日光逐照，则鸟卵殆太阳之精，古固云日中有鸟也。凡此，皆为亲受气于天者，故曰天子。然天一而已，不闻其有五也。不宁惟是。《左氏》僖公十年："晋侯改葬共大子。秋，狐突适下国，遇大子。大子使登仆，而告之曰：夷吾无礼，余得请于帝矣。将以晋畀秦，秦将祀余。对曰：臣闻之，神不歆非类，民不祀非族，君祀无乃殄乎？且民何罪，失刑乏祀？君其图之。君曰：诺。吾将复请。七日，新城西偏，将有巫者而见我焉。许之，遂不见。及期而往，告之曰：帝许我罚有罪矣，敝于韩。"成公十年："晋侯梦大厉，被发及地，搏膺而踊曰：杀余孙，不义，余得请于帝矣。"是凡有国有家者，其先祖皆列于帝庭，时得请于帝以行诛赏也。《诗下武》曰："三后在天。"《书·盘庚》曰："高后丕乃崇降罪疾。""先后丕降与女罪疾。"又曰："乃祖先父，丕乃告我高后曰：作丕刑于朕孙。"《召诰》曰："天既遐终大邦殷之命，兹殷多先哲王在天。"皆此义。《金縢》册祝曰："若尔三王，是有丕子之责于天，以旦代某之身。"是有国有家者之先，不徒身列帝庭，且或有负子之责也。秦、楚盟誓，昭告昊天上帝、秦三公、楚三王，《左氏》成公十一年。岂徒然哉？然亦一上帝而已，不闻其有五也。不宁惟是。《皇矣》之诗曰"皇矣上帝，临下有赫，监观四方，求民之莫"；《正月》之诗曰"有皇上帝，伊谁云憎"，亦但云上帝而已，不云有五帝也。故知感生之说，自古有之，而其属诸大微五帝，则五德终始之说既昌，乃因人生上秉列星之精而附会之，而非其朔也。

《礼器》曰:"因名山以升中于天,因吉土以飨帝于郊。升中于天而凤皇降,龟龙假;飨帝于郊而风雨节,寒暑时。"此为天、帝分言,明见经典者。昊天上帝及五帝之祀,见于《周官》;《周官》之制,多与《管子》相合;其阙者后人以《考工记》补之,亦齐地之书。知《周官》为齐学,正五德终始之说道源之地也。然秦襄公时已祠五帝,是时齐学必未能行于秦,则谓五帝之名,肇自五德终始之说既立之后者自非。然言五帝是一事,谓感生乃禀五帝之精又是一事,二者固不可相混也。惟秦时五帝,仅以方色为称,至谶纬之说既出,乃有灵威仰、赤熛怒、含枢纽、白招拒、汁光纪等名。《正月》之诗曰:"燎之方扬,宁或灭之?"郑《笺》曰:"火田为燎。燎之方盛之时,炎炽熛怒,宁有能灭息之者?言无有也。"可见熛怒为汉时语,灵威仰等名,必汉人所造作矣。

以上论感生初义当为感日之精感大微五帝之精乃后起之说

古者天与人甚迩,人受命于天,为数见不鲜之事,可为天使者尤多。《赵世家》又云:知伯率韩、魏攻赵,赵襄子奔保晋阳。"原过从,后。至于王泽,见三人,自带以上可见,自带以下不可见。与原过竹二节,莫通,曰:为我以是遗赵毋恤。原过既至,以告襄子。襄子齐三日,亲自剖竹,有朱书曰:赵毋恤,余霍太山山阳侯天使也。三月丙戌,余将使女反灭知氏,女亦立我百邑,余将赐女林胡之地。至于后世,且有伉王,赤黑,龙面而鸟噣,鬓麋髭髯,大膺大胸,修下而冯,左衽界乘,奄有河宗,至于休溷诸貉,南伐晋别,北灭黑姑。襄子再拜,受三神之令。"《墨子·明鬼下篇》曰:"昔者郑穆公,孙诒让《间诂》曰:当作秦穆公。当昼日中,处乎庙。有神入门而左,鸟身,素服三绝,面状正方。郑穆公见之,乃恐惧奔。神曰:无惧。帝享女明德,使予锡女寿十年有九,使若国家蕃昌,子孙茂无失。郑穆公再拜稽首曰:敢问神名。曰:予为句芒。"此神之身降临焉者也。梦谓伯儵者,人之先也。见于襄子者,野人也。《管子·轻重丁》曰:"龙斗于马谓之阳,牛山之阴。管子入复于桓公曰:天使使者临君之郊,请使大夫初饬宋本作饰。顾千里云:"初疑祫之误。"左右玄服。天之使者乎? 天下闻之曰:神哉齐桓公,天使使者临其郊! 不待举兵而朝者八诸侯。"则动物亦可为之。《国语·周语》内史过对周惠王曰:"昔夏之兴也,融降于崇山;其亡也,回禄信于聆隧。商之兴也,梼杌次于丕山;其亡也,夷羊在牧。周之兴也,鸑鷟鸣于岐山;其衰也,杜伯射王于鄗。是皆明神之志者也。"韦《注》曰:"融,祝融也。回禄,火神。"是句芒、阳侯之类也。又曰:"梼杌,鲧也。"是伯儵之类也。又曰:"夷羊,神兽。鸑鷟,凤之别名也。"是龙之类也。玄鸟其鸑鷟之俦邪? 大人其句芒、阳侯之类邪? 不宁惟是。由管子之言推之,则《左氏》昭公十九年龙斗于郑时门之外洧渊,亦可云天使也,是以"国人请为禜焉"。自杜伯射王言之,则晋侯所梦大厉,亦可谓之天使也。《史记·秦始皇本纪》:三十六年,"秋,使者从关东夜过华阴平舒道,有人持璧遮使者曰:为吾遗滈池君。因言曰:今年祖龙死。使者问其故,因忽不见,置其璧去。使者奉璧具以闻。始皇默然,良久曰:山鬼固不过知一岁事也。退言曰:祖龙者,人之先也"。此亦霍山神之类,始皇恶其不祥,乃谓为山鬼耳。《左氏》成公五年:赵婴梦天使谓己:"祭余,余福女。"使问诸士贞伯。士贞伯曰:"不识也。"则奉使之神,或见于故记,可访诸博物君子矣。邑姜梦帝谓己;《皇矣》之诗,屡言帝谓;或亦此类,不必其身自命之也。然亲承帝命,如秦穆公、赵简子者亦有之。万章曰:"天与之者,谆谆然命之乎?"古盖自有此说,非作《孟子》者漫为是设问之辞也。

以上推论古所谓天使

〔二四八〕作洪范之年

《书序》:"武王胜殷,杀受,立武庚,以箕子归,作《洪范》。"《正义》:"《书传》云:武王释箕子之囚;箕子不忍周之释,走之朝鲜;武王闻之,因以朝鲜封之。箕子既受周之封,不得无臣礼,故于十三祀来朝。武王因其朝,而问《洪范》。案此《序》云:胜殷,以箕子归,明既释其囚,即以归之。疑作"即以之归"。不令其走去而后来朝也。又朝鲜去周路将万里;闻其所在,然后封之;受封乃朝,必历年矣;不得仍在十三祀也。《宋世家》云:既作《洪范》,武王乃封箕子于朝鲜,得其实也。"案周初朝鲜不在秦汉时朝鲜之地,予别有考。《史记》谓文王受命七年而崩;后一年,即受命之九年,武王观兵于孟津;又二年而克纣;受命十一年。又二年而崩;受命十三年。《书》所谓惟十有三祀者,在克纣之后二年。即朝鲜相去万里,闻而封之,既封而箕子来朝,亦无不及之理;况乎朝鲜之相去,本不甚远邪?《正义》所云,盖从《汉志》之说,谓文王受命九年而崩,再期而伐纣,还归,二年而后克之,则克殷即在十三年。而又谓朝鲜去周万里,则宜乎其闻其走而封之,既封而后来朝之不相及矣。然《汉志》、《书传》,本两家之说,不能据此以驳彼也。《史记·宋世家》云:"武王既克殷,访问箕子。"下即录《洪范》之文。既具,乃曰"于是武王乃封箕子于朝鲜,而不臣也。其后箕子朝周"云云。盖但述其事,而未尝次其先后,《正义》据以驳《大传》,凿矣。

原刊《光华大学半月刊》,一九三六年出版

〔二四九〕礼记表记

《礼记·表记》:"子曰:无欲而好仁者,无畏而恶不仁者,天下一人而已矣。是故君子议道自己,而置法以民。"此言众不可不以赏罚使也,与法家之意同。又曰:"仁有三,与仁同功而异情。与仁同功,其仁未可知也;与人同过,然后其仁可知也;仁者安仁,知者利仁,畏罪者强仁。"与仁同功,谓观其行迹,异情,则诛其心也。《春秋》诛意不诛事,故与仁同功者,圣人不以仁与之,宁取夫与仁同过者也。以赏罚使民,不过一时之计而已。语其极,则必人人皆能志仁而后可。此又儒家之意与道家相通者也。

《表记》又曰:"子曰:仁之难成久矣,惟君子能之。是故君子不以其所能者病人,不以人之所不能者愧人;是故圣人之制行也,不制以己,使民有所劝勉愧耻以行其言。"此言"置法以民"之又一义,然亦小康以下之教也。若大同之世,则荡荡平平,无奇节懿行之可言矣。《老子》曰:"六亲不和,有孝慈;国家昏乱,有忠臣。"

〔二五〇〕人生始化曰魄、既生魄、阳曰魂解

问曰:《礼记·祭义》曰:"宰我曰:吾闻鬼神之名,不知其所谓。子曰:气也者,神之盛也;魄也者,鬼之盛也。众生必死,死必归土。骨肉毙于下,阴为野土。其气发扬于上为昭明,焄蒿凄怆,此百物之精也,神之著也。"案《礼运》曰:"体魄则降,知气在上。"知、晳一字,《说文解字》曰:"晳,昭晳,明也。"《易·系辞传》曰:"乾以易知。"又曰:"通乎昼夜之道而知。"明知气即此所谓昭明之气。延陵季子适齐,于其反也,其长子死,葬于嬴博之间。既封,左袒,右还其封,且号者三,曰:"骨肉归复于土,命也,若魂气,则无不之也,无不之也。"而遂行。《檀弓》。古不墓祭,而葬曰虞,弗忍一日离也。明形魄为无知也。乃孔子又曰:"合鬼与神,教之至也。因物之精,制为之极,明命鬼神,以为黔首则。二端既立,报以二礼:建设朝事,燔燎膻芗,见以萧光,以报气也。荐黍稷,羞肝肺首心,见间以侠甒,加以郁鬯,以报魄也。"《祭义》。《礼运》曰:"君与夫人交献,以嘉魂魄。"《郊特牲》曰:"魂气归于天,形魄归于地,故祭,求诸阴阳之义也。"《左氏》襄公二十九年:"神谌曰:天又除之,夺伯有魄。"昭公七年:"子产适晋,赵景子问焉,曰:伯有犹能为鬼乎?子产曰:能。人生始化曰魄,既生魄,阳曰魂。用物精多,则魂魄强,是以有精爽,至于神明。匹夫匹妇强死,其魂魄犹能冯依于人以为淫厉。况良霄,我先君穆

公之胄,子良之孙,子耳之子,敝邑之卿,从政三世矣;郑虽无腆,抑谚曰蕞尔国,而三世执其政柄,其用物也弘矣,其取精也多矣,其族又大,所冯厚矣,而强死,能为鬼,不亦宜乎?"又二十五年,乐祁曰:"心之精爽,是谓魂魄,魂魄去之,何以能久?"郑氏注《祭义》曰:"气谓嘘吸出入者也,耳目之聪明为魄。"杜氏注《左氏》曰:"魄,形也。阳,神气也。"《疏》曰:"人禀五常以生,感阴阳以灵。有身体之质,名之曰形。有嘘吸之动,谓之为气。形气合而为用,知力以此而强,故得成为人也。人之生也,始变化为形,形之灵者,名之曰魄也。既生魄矣,魄内自有阳气,气之神者,名之曰魂也。魂魄神灵之名,本从形气而有,形气既殊,魂魄亦异,附形之灵为魄,附气之神为魂也。附形之灵者,谓初生之时,耳目心识,手足运动,啼呼为声,此则魄之灵也。附气之神者,谓精神性识,渐有所知,此则附气之神也。是魄在于前,而魂在于后,故云既生魄,阳曰魂。魂魄虽俱是性灵,但魄识少而魂识多。《孝经说》曰:魄,白也。魂,芸也。白,明白也。芸,芸动也。形有体质,取明白为名;气惟嘘吸,取芸动为义。"一似魄亦有知者何?

应问者曰:以形魄为有知,非古义也。古之人以人禀天地之气而生,而其有知则由于天气。《乐记》曰:"地气上齐,天气下降,阴阳相摩,天地相荡;鼓之以雷霆,奋之以风雨,动之以四时,暖之以日月,而百化兴焉。"《管子》曰:"凡人之生也,天出其精,地出其形,合此以为人。"《内业》。《淮南王书》曰:"天气为魂,地气为魄。"《主术》。此皆明言人合天地之气以生者。其言有知专属天气者,《吕览》曰:"所谓死者,无有所以知,复其未生也。"《贵生》。人之死也,形魄不犹在乎?《论衡》曰:"人之梦,占者谓之魂行。"《纪妖》。夫梦与死,固古人所以信形神之二之两大端也。《礼运》曰:"人者,其天地之德,阴阳之交,鬼神之会,五行之秀气也。"神属阳,天之德,鬼属阴,地之德

〔二五〇〕人生始化曰魄、既生魄、阳曰魂解

也,鬼又何知之有?

《礼记·孔子闲居》曰:"天有四时,春秋冬夏,风雨霜露,无非教也。地载神气,神气风霆,风霆流形,庶物露生,无非教也。"又引《诗》曰:"嵩高惟岳,峻极于天;惟岳降神,生甫及申。"明岳所降之神,即风雨霜露之类。故《郊特牲》曰:"天子大社,必受霜露风雨,以达天地之气也。"此即《管子》所谓天出其精者。《庄子》曰:"察其始而本无生;非徒无生也,而本无形;非徒无形也,而本无气。杂乎芒芴之间,变而有气,气变而有形,形变而有生,今又变而之死,是相与为春秋冬夏四时行也。"《至乐》。此即孔子所谓发扬于上为昭明,百物之精,神之著者。《易》姚氏《注》曰:"阳称精。"虞氏曰:"乾为精。"《春秋繁露》曰:"气之清者为精。"皆可见其专指天气。所以称之为精者,《礼器》曰:"德产之致也精微。"郑《注》:"致,密也。"此即今之致字。《荀子·非相》:"文而致实。"《诗·假乐笺》曰:"成王立朝之威仪,致密无所失。"义皆同。《尔雅·释言》:"䵽,密也。"郭《注》曰:"谓致密。"字作致。《公羊》庄公十年:"觕者曰侵,精者曰伐。"《解诂》:"觕,粗也。精,犹精密也。"《老子》曰:"窈兮冥兮,其中有精,其精甚真。"此真字与阗同训。《淮南王书》曰:"二阴一阳成气二,二阳一阴成气三。"高《注》曰:"阴粗觕,故得气少;阳精微,故得气多。"《天文》。《韩非·难四》:"事以微巧成,以疏拙败。"疏与微为对词。盖因风雨霜露,而设想阳气之极微,因其极微,乃设想其致密。物最小之分子,古人设想其为糁粒形,称之曰气。气之大小亦无定。《说文·皮部》:"皰,面生气也";"皯,面黑气也";皆形质兼具者。《气部》:"气,云气也",则有形而无质矣。《庄子·秋水》曰"至精无形",无形者亦不可不谓之气也。《吕览·至忠》曰"恶闻忠言,此自伐之精者也",言其为祸隐伏而不可见,亦无形之义也。其为物既极微,故能生动飞扬,无乎不在。《吕览》曰:"何以说天道之圜也?精气一上一下,圜周复杂,无所稽留,故曰天道圜。"《圜道》。又《大乐》曰:"太一出两仪,两

仪出阴阳。阴阳变化,一上一下,合而成章。浑浑沌沌,离则复合,合则复离,是谓天常。"义同。又曰:"精气之集也,必有入也:集于羽鸟,与为飞扬;集于走兽,与为流行;集于珠玉,与为精朗;集于树木,与为茂长;集于圣人,与为夐明。精气之来也,因轻而扬之,因走而行之,因美而良之,因长而养之,因智而明之。流水不腐,户枢不蝼,动也,形气亦然。形不动则精不流,精不流则气郁。气郁,处头则为肿、为风,处耳则为挶、为聋,处目则为挶、为盲,处鼻则为鼽、为窒,处腹则为张、为疛,处足则为痿、为蹷。"《尽数》。精气之变动不居如此,故《易·系辞传》称其德曰"惟神也,故不疾而速,不行而至";曰"神无方而易无体";曰"利用出入,民咸用之谓之神"。又曰"知变化之道者,其知神之所为乎",又曰"阴阳不测之谓神"。

《定之方中》之诗曰:"星言夙驾。"《韩诗》曰:"星,精也。"《史记·天官书》:"天精而见景星。"《集解》引孟康曰:"精,明也。"《索隐》引韦昭曰:"精,谓清朗。"《汉书》作暒,亦作姓。郭璞注《三苍》曰:"暒,雨止无云也。"此即今之晴字,从日从星。《说文·夕部》:"姓,雨而夜除星见也。"与姓皆暒之或体,盖从星省声,非从生也。然则古言晴者,或口星,或口精,此可见星精一字。古谓星主人民,实由其谓天之精气生人也,参看《庶民惟星解》。暒者星之分别文,晴者精之后起字。知精有光明之义,即所谓知气也。故《管子》曰:"知气和则生物从。"《幼官》。孔子曰:"清明在躬,志气如神,耆欲将至,有开必先。"《孔子闲居》。此知气之在人者,以其变动不居也,故其为用亦有微妙不可测者焉。《管子》曰:"善气迎人,亲于弟兄。恶气迎人,害于戎兵。不言之声,疾于雷鼓。心气之形,明于日月,察于父母。"《内业》。《吕览》曰:"攻者砥砺五兵,侈衣美食,发且有日矣,所被攻者不乐,非或闻之也,神者先告也。身在乎秦,所亲爱在于齐,死,而志气不安,精或往来也。"《精通》。不徒人也,《左氏》庄公十四年:"初,内蛇

〔二五〇〕人生始化曰魄、既生魄、阳曰魂解

与外蛇斗于郑南门中，内蛇死，六年而厉公入。公闻之，问于申繻曰：犹有妖乎？对曰：人之所忌，其气焰以取之，妖犹人兴也。犹同由。人无衅焉，妖不自作。"则人与物之间，亦有感应之理矣。《易》曰："寂然不动，感而遂通天下之故，非天下之至神，其孰能与于此？"《系辞传》。谓此也。《乐记》曰："易、直、子、谅之心生则乐，乐则安，安则久，久则天，天则神。"《管子》曰："赏不足以劝善，刑不足以惩过。气意得而天下服，心意定而天下听。抟气如神，万物备存。能抟乎？能一乎？能无卜筮而知吉凶乎？能止乎？能已乎？能勿求诸人而得诸己乎？思之思之，又重思之。思之而不通，鬼神得通之。非鬼神之力也，精气之极也。"《内业》。《吕览》曰："无以害其天则知精，知精则知神。"《论人》。《孟子》曰："圣而不可知之之谓神。"《告子》下。《荀子》曰："尽善浃洽之谓神。"《儒效》。则修为之效也，凡以神之变化无方也。

《中庸》曰："鬼神之为德，其盛矣乎？视之而不见，听之而不闻，体物而不可遗。《注》："体犹生也，可犹所也，不有所遗，言万物无不以鬼神之气生也。"使天下之人，齐明盛服，以承祭祀，洋洋乎，如在其上，如在其左右。"此虽言鬼，实但指神。鬼神并称，乃浃句圆文之例耳。《左氏》襄公二十年：宁惠子谓悼子曰："犹有鬼神，吾有馁而已，不来食矣。"同此。《郊特牲》曰："直祭祝于主，索祭祝于祊。不知神之所在。于彼乎？于此乎？或诸远人乎？"即如在其上，如在其左右之义也。《左氏》宣公四年：子文曰："鬼犹求食。若敖氏之鬼，不其馁而？"此虽言鬼，意实指神。乃对文则别、散文则通之例。定公五年："吴师居麇。子期将焚之。子西曰：父兄亲暴骨焉，不能收，又焚之，不可。子期曰：国亡矣，死者若有知也，可以歆旧祀，岂惮焚之？"明享禋祀者，乃魂神而非体魄也。《荀子》曰："葬埋，敬藏其形也；祭祀，敬事其神也。"《礼论》。亦以二者分言。

《易》曰："同声相应,同气相求。水流湿,火就燥;云从龙,风从虎,圣人作而万物睹。本乎天者亲上,本乎地者亲下,则各从其类也。"《文言》。案《大戴记曾子天圆》曰："天之所生上首,地之所生下首。"即《易》所谓本乎天者亲上,本乎地者亲下也。上首谓动物,下首谓植物也。《荀子》曰："水火有气而无生,草木有生而无知,禽兽有知而无义。"《王制》。亦知专属天气之证。

以上论古以魂神为有知形魄为无知

子产言人生始化曰魄,既生魄,阳曰魂,一似魂魄之生分先后者,于理殊不可通,刘炫即疑之,见《疏》。是何也？曰:魂不能离魄而存,理极易见,然自邃古以来,习以形神为二久矣,不能骤更,乃谓魂必借魄以为养,形荣而后神全焉,故曰:用物精多则魂魄强,是以有精爽,至于神明。此魂魄二字,但当言魄;曰魂魄者,亦浃句圆文之例也。下文"其魂魄犹能冯依于人以为淫厉",则当但言魂。《管子》曰："凡物之精,此则为生。下生五谷,上为列星。流于天地之间,谓之鬼神。藏于胸中,谓之圣人。"《内业》。此言精气之集于人也。又曰："定心在中,耳目聪明,四枝坚固,可以为精舍。"又曰："敬除其舍,精将自来。精想思之,宁念治之,严容畏敬,精将至定。"又曰："凡食之道,大充伤而形不臧,大摄骨枯而血沍。充摄之间,此谓和成,精之所舍,而知之所生。"同上。案《内业》多医家言,可与《吕览·尽数》参看。又曰："怠惓者不及,无广者疑神。"广同旷,疑同凝。此言人治其身心,以全神气之道也。神之全系于形之荣如此,用物精多则魂魄强,理固然矣。人之死也,魂神还于太虚,而失其所以为人,犹之骨肉归复于土。然形魄既强,则有暂时凝集不散者,是则能冯依于人以为淫厉。故子产曰："鬼有所归,乃不为厉。"《疏》引郑箴《膏肓》曰："厉者,阴阳之气相乘不和之名,《尚书五行传》六厉是也。人死,体魄则

〔二五〇〕人生始化曰魄、既生魄、阳曰魂解

降,知气在上。有尚德者,附和气而兴利。孟夏之月,令雩祀百辟、卿士有益于民者,由此也。为厉者因害气而施灾,故谓之厉鬼。《月令》:民多厉疾,《五行传》有御六厉之礼;《礼》:天子立七祀有大厉,诸侯立五祀有国厉;欲以安鬼神,弭其害也。"所以使之有所归也。然魂魄虽强,亦久而必散。《乐记》曰:"幽则有鬼神。"《注》曰:"《五帝德》说黄帝德曰死而民畏其神百年,《春秋传》曰若敖氏之鬼;然则圣人之精气谓之神,贤知之精气谓之鬼。"案此亦对文则别,散文则通之例耳,郑妄生分别,实非是。《五帝德》说黄帝德,又曰亡而民用其教百年。曰亡,则其神已无存矣,《管子》所谓"源泉有竭,鬼神有歇"也。《轻重丁》。神歇则徒为鬼矣。《祭法》述天子、诸侯、大夫、适士、官师、庶士、庶人之制,或去埠为鬼,或去坛为鬼,或去王考为鬼,或死曰鬼。曰鬼,明其神不复存焉;其或迟或速,则用物有弘纤,取精有多少也。虽有久暂之殊,语其极盖无不散者,故《祭法》又曰大凡物生于天地之间者皆曰命,其物死曰折,人死曰鬼也。

《左疏》以神灵分属魂魄,说本《曾子天圆》。《天圆》曰:"阳之精气曰神,阴之精气曰灵。"此亦随意分别言之,不谓灵有所知。《诗》《灵台》毛《传》曰:"神之精明者称灵。"则又以灵属阳气矣。《礼记·聘义》:"气如白虹,天也。精神见于山川,地也。"《注》曰:"精神,亦谓精气也。虹,天气也。山川,地所以通气也。"此即《礼运》所谓"地秉阴,窍于山川者"彼《注》云:"窍,孔也。言地持阴气,出内于山川。"则地亦以精气言之矣。古书用字,意义多歧,非如今日科学家之谨严,不容过于拘泥也。

《续汉书·五行志》引《五行传》曰:"皇之不极,是谓不建,时则有下人伐上之痾。"《注》曰:"郑玄曰:夏侯胜说:伐宜为代。书亦或作代。阴阳之神曰精气,情性之神曰魂魄。君行不由常,倚张无度,则是魂魄伤也。皇极气失之病也。天于不中之人,恒耆其毒,增以

为病,将以开贤代之也。《春秋》所谓夺伯有魄者是也。不名病者,病不著于身体也。"《注》又曰:"注《五行志》称郑玄曰:皆出注《大传》。"此除引《左氏》外,说当略本夏侯。既曰魂魄伤,又曰病不著于身体,明魂魄伤之魄字,亦并举以圆文;夺伯有魄之魄,则实当言魂;所谓气失之病也。

以上论古谓魂神借形魄而强

《洪范》五行之次:"一曰水,二曰火,三曰木,四曰金,五曰土。"《周书·小开武》篇亦曰:"五行:一黑位水,二赤位火,三苍位木,四白位金,五黄位土。"二说符会,必非偶然。《左氏》昭公二十五年:"用其五行。"杜《注》云:"金、木、水、火、土。"《疏》云:"《洪范》以生数为次。《大禹谟》说六府云水、火、金、木、土、谷,五行之次与《洪范》异者,以相刻为次也。此《注》言金、木、水、火、土者,随便而言之,不以义为次也。"案伪《大禹谟》之文,实本于《礼运》之水、火、金、木、饮食,似亦随便言之。今人言语,犹恒曰金、木、水、火、土,其次亦无义也。《洪范》、《周书》,明著其次,自不得援以为例。《洪范疏》曰:"万物之本,有生于无,著生于微,及其成形,亦以微著为渐;五行先后,亦以微著为次。五行之体,水最微为一,火渐著为二,木形实为三,金体固为四,土质大为五。"《月令疏》云:水体最微;火比于水,严厉著见;木比火象有体质;金比木其体坚刚;土载四行,又广。水、火次前,金、木次后,自无间然;木、金、土之次,说亦可通;水有质,顾居前;火无质,顾居后,何也? 读《管子·水地》之篇,则知其故矣。《水地》曰:"水具材也。案此即《左氏》襄公二十七年子罕曰"天生五材,民并用之"之"材",言火、木、金、土,其初皆为水也。无不满,无不居也。集于天地,而藏于万物,产于金石,集于诸生,故曰水神。集于草木,根得其度,华得其数,实得其量。鸟兽得之,形体肥大,羽毛丰茂,文理明著。万物莫不尽其几,反其常者,水之内度适也。"几者物之微,犹今

〔二五〇〕人生始化曰魄、既生魄、阳曰魂解

言最小分子。《庄子·至乐》曰:"种有几。得水则为㡭。得水土之际,则为蛙蠙之衣。生于陵屯,则为陵舄。陵舄得郁栖,则为乌足。乌足之根为蛴螬,其叶为胡蝶。胡蝶胥也,化而为虫,生于灶下,其状若脱,其名为鸲掇。鸲掇千日为鸟,其名为乾余骨。乾余骨之沫为斯弥。斯弥为食醯。颐辂生乎食醯。黄𩲸生乎九猷。瞀芮生乎腐蠸。羊奚比乎不筍。久竹生青宁。青宁生程。程生马。马生人。人又反入于几。万物皆出于几,皆入于几。"此文虽难曲释,大意尚有可知,盖谓物以最小分子始,亦以最小分子终。终则复始、无待于言。自"得水则为㡭"至"马生人",盖《管子》所谓"尽其几"者;其"反入于几",则《管子》所谓"反其常也"。常同尚、同上。物之出于几,其情状果何如乎?《水地》篇曰:"人,水也。男女精气合而水流形,三月如咀。咀者何? 曰五味。五味者何? 曰五藏。酸主脾,咸主肺,辛主肾,苦主肝,甘主心。五藏已具,而后生肉。脾生膈,肺生骨,肾生脑,肝生革,心生肉。五肉已具,而后发为九窍。脾发为鼻,肝发为目,肾发为耳,肺发为口,心发为下窍。五月而成,十月而生。生而目视、耳听、心虑。"气者生物之本,《大戴记·文王官人》曰:"气初生物。"《周书·官人》同。《乐记》:"气衰则生物不遂。"《管子·枢言》:"有气则生,无气则死,生者以其气。"气合而水流形,故五行之次,以水为首也。《公羊》隐公元年《疏》引《春秋说》云:"元者端也,气泉。"《注》云:"元为气之始,如水之有泉。"此即《庄子·大宗师》所谓"气母"。《易·乾卦·彖辞》曰:"云行雨施,品物流形。"《姤》之《彖辞》曰:"天地相遇,品物咸章。"《论衡·雷虚》篇曰:"说雨者以为天施气,气渥为雨。"皆以气为生物之本,而其初变则为水也。沮者沮洳之义。气无味,凝而为水若沮洳,则有味矣。五味者何曰五藏,盖谓具五味之水,成五藏之形,又继此而生五肉,此皆子产所谓始化曰魄;发为九窍,则其所谓阳曰魂也。《左氏》昭公元年,医和曰:"天有六气,降生五味,发为五色,征为五声。"二十五年,子大叔述子产

之言曰:"则天之明,因地之性,生其六气,用其五行。气为五味,发为五色,章为五声。"《大戴记·文王官人》曰:"气初生物,物生有声。"义亦如此。昭公九年,屠蒯曰:"味以行气,气以实志,志以定言。"《大戴记·四代》篇:子曰:"食为味,味为气,气为志。"此则形魄既成之后,取物以为养也。形者重浊之质,当以重浊养之;气者轻清之质,当以轻清养之;故曰"凡饮,养阳气也;凡食,养阴气也"。轻清之至,则其所以养之者,亦且无形,故曰"至敬不飨味而贵气臭"。有虞氏之祭尚用气,殷人尚声,周人尚臭也。《郊特牲》。《管子》曰:"精存自生,其外安荣,内藏以为泉原。浩然和平,以为气渊。渊之不涸,四体乃固。泉之不竭,九窍遂通。"《内业》。此即所谓"味以行气,气以实志"者,皆魂必借魄以为养之义也。

《吕览·大乐》曰:"万物所出,造于太一,化于阴阳。萌芽始震,凝㵄以形。"毕校曰:"《御览》作萌芽始厥,凝寒以刑。《注》:厥,动也。字书无㵄字。"案㵄者水之寒,古人随义异文,字书固不能尽载。萌芽始动,而凝㵄以形,盖亦精气合而水流形之意。《洪范》庶征:曰雨,曰旸,曰燠,曰寒,曰风。《疏》云:"昭元年《左传》云:天有六气,阴、阳、风、雨、晦、明也。"以彼六气,校此五气:雨、旸、风,文与彼同;彼言晦、明,此言寒、燠,则晦是寒也,明是燠也,惟彼阴于此无所当耳。《五行传》说五事致此五气云:"貌之不恭,是谓不肃,厥罚恒雨,惟金沴木";"言之不从,是谓不乂,厥罚恒旸,惟木沴金";"视之不明,是谓不悊,厥罚恒燠,惟木沴火";"听之不聪,是谓不谋,厥罚恒寒,惟火沴水";"思之不睿,是谓不圣,厥罚恒风,惟木、金、水、火沴土"。如彼《五行传》言,是雨属木,旸属金,燠属火,寒属水,风属土。郑云:"雨,木气也,春始施生,故木气为雨。旸,金气也,秋物成而坚,故金气为旸。燠,火气也。寒,水气也。风,土气也。凡气非风不行,犹金、木、水、火非土不处,故土气为风。六气有阴;五事休咎,皆不致阴。"《五行传》又曰:"皇之不极,厥罚常阴,是阴气不由五事,别自属皇极也。"《左氏》"降生五味",杜《注》谓"皆由阴、阳、风、雨而生",《疏》曰:"是阴、阳、风、雨、晦、明,合杂共生五味。若先儒以为雨为木味,风为土味,晦为水味,明为火味,阳为金味,而阴气属天,不为五味之主,此杜所不用也。"案阴气属天,不主五味,即其不由五事,别属皇极之义。《管子》曰:"准也者,五量之宗也;素也者,五色之质也;淡也者,五味之中也。"《水地》。淡之为味,盖在流形之始,未逮如沮之时。然已非气矣。《吕览》特造㴫字,明其为水之寒,而非气之寒也。

以上论古以气为生物之本气始凝为水五行所以首水

《礼运》曰:"是故夫政,必本于天,殽以降命,命降于社之谓殽地。"郑《注》曰"殽天之气,以下教令",以殽为效法之义,恐非。"殽以降命"以下数语,盖言天事而非人事。殽,杂也。凡物之生,皆由天命,天命一也,而所生之物万殊,故曰殽。《易》曰:"乾道变化,各正性命。"《乾彖辞》。《乐记》曰:"方以类聚,物以群分,则性命不同矣。"《大戴记·本命》曰:"分于道谓之命,形于一谓之性,化于阴阳,象形而发谓之生。"皆殽以降命之义。《吕览》曰:"何以说地道之方也? 万物殊类殊形,皆有分职,不能相为,故曰地道方。"《圜道》。《大戴记·礼三本》曰:"天地者生之本也;先祖者,类之本也。"《荀子·礼论》同。《郊特牲》曰:"万物本乎天,人本乎祖。"万物本乎天,以其生皆由天命也;类各本乎其祖,则以命降地而殽也。凡象形而发之物,无能相为者,独神物不然。《论衡》曰:"天地之间,恍惚无形,寒暑、风雨之气乃为神。今龙有形,有形则行,行则食,食则物之性也。天地之性,有形体之类,能行食之物,不得为神。"《龙虚》。其说则是矣,而不知古之所谓龙者,非如是也。《管子·水地》篇曰:"龙生于水,被五色而游,故神。欲小则化如蚕蠋,欲大则藏于天下,欲尚则陵于云气,欲下则入于深泉;变化无日,上下无时,谓之神。"又曰:"水之精粗浊蹇,能存而不能亡者,生人与玉;伏闇能存而亡者,蓍龟与龙;或世见或不见者,蚼与庆忌。"然则物固有仍能变化者,岂以其得天气独多故邪?《大戴记·易本命》曰:"食气者,神明而寿;不食者,不死而神。"其谓是邪?古言龙,有以为神明能变化者,《管子》此篇是也;有以为有形体、能饮食者,《大戴记·曾子天圆》、《易本命》之说是也。二说互异,各不相妨。《论衡》又曰:"神者,恍惚无形,出入无门,上下无垠,故谓之神。今雷公有形,雷声有器,安得为神?"《雷虚》。此亦可以辟汉人所画之雷,而不可以辟古人之所谓雷者也。《淮南·天文》云:"天地之袭精为阴阳,阴阳之专精为四时,四时之散精为万物。"万物成于四时之散精,此其类之所以杂也。

以上论古谓形魄不能变化惟神物不然

《易观》之《象辞》曰:"圣人以神道设教,而天下服矣。"世或以是为愚民之术,此大缪也。道者,物之所由生,故曰"分于道谓之命"。《管子·四时》口:"道生天地。"《系辞传》曰:"一阴一阳之谓道,继之者善也,成之者性也。"天地絪缊,男女构精,此所谓"一阴一阳之谓道";自水之流形,至于九窍之发,皆"继之者善"之事;十月而生,则所谓"成之者性"也。追原生物之功而至于天地,崇高玄远,其为用本可敬畏;而逝者如斯,不舍昼夜,一受其成形,不亡以待尽,其为用,又有足使人感喟者焉。《祭义》曰:"因物之精,制为之极,明命鬼神,以为黔首则,百众以畏,万民以服。圣人以是为未足也,筑为宫室,设为宗祧,以别亲疏远迩,教民反古复始,不忘其所由生也。众之服自此,故听且速也。"此正神道设教之义。《檀弓》曰:"鲁人有周丰也者,哀公执挚请见之,而曰:不可。公曰:我其已夫!使人问焉,曰:

〔二五〇〕人生始化曰魄、既生魄、阳曰魂解

有虞氏未施信于民而民信之,夏后氏未施敬于民而民敬之,何施而得斯于民也?对曰:墟墓之间,未施哀于民而民哀,社稷宗庙之中,未施敬于民而民敬,殷人作誓而民始畔,周人作会而民始疑。苟无礼义忠信诚悫之心以莅之,虽固结之,民其不解乎?"此神道设教之效也。《礼器》曰:"天道至教,圣人至德。庙堂之上,罍尊在阼,牺尊在西;庙堂之下,县鼓在西,应鼓在东。君在阼,夫人在房;大明生于东,月生于西。此阴阳之分,夫妇之位也。君西酌牺象,夫人东酌罍尊,礼交动乎上,乐交应乎下,和之至也。"致中和,天地位焉,万物育焉,本天道以教和,亦神道设教之意也,而岂有愚民之意哉?

以上论神道设教之义

〔二五一〕龙

乾卦之取象于龙，何也？曰：读《管子》水地之篇，则可以知其故矣。《水地》曰：地者，万物之本原，诸生之根菀也。美恶贤不肖愚俊之所生也。水者，地之血气，如筋脉之通流者也。故曰：水具材也，水集于玉，而九德出焉，凝蹇而为人，而九窍五虑出焉，此乃其精也。精粗浊蹇，能存而不能亡者也。伏暗能存而能亡者，蓍龟与龙是也。龟出于水，发之于火，于是为万物先，为祸福正。龙生于水，被五色而游，故神。欲小则化为蚕蠋，欲大则藏于天下，欲上则凌于云气，欲下则入于深泉，变化无日，上下无时，谓之神。龟与龙，伏暗而能存能亡者也。或世见或不世见者，生蚋与庆忌，故涸泽数百岁，谷之不徙，水之不绝者生庆忌。庆忌者，其状若人，其长四寸，衣黄衣，冠黄冠，戴黄盖，乘小马，为疾驰，以其名呼之，可使千里外一日反报，此涸泽之精也。涸川之精者生于蚋，蚋者，一头而两身，其形若蛇，其长八尺，以其名呼之，可以取鱼鳖，此涸川水之精也。是以水之精粗浊蹇，能存而不能亡者，生人与玉；伏闇能存而亡者，蓍龟与龙；或世见或不见者，蚋与庆忌：是则管子将水所生物，分为三类也。今人多好考龙如何物，然则蚋与庆忌，亦可考其如何物乎？

《淮南子·地形》曰：正土之气也，御乎埃天，埃天五百岁生缺，缺五百岁生黄埃，黄埃五百岁生黄澒，黄澒五百岁生黄金，黄金千岁生黄龙,黄龙入藏生黄泉,黄泉之埃,上为黄云,阴阳相薄为雷,激扬为电,上者就下,流水就通,而合于黄海。偏土之气,御乎清天,清天八百岁生青曾,青曾八百岁生青颢,青颢八百岁生青金,青金八百岁生青龙,青龙入藏生青泉,青泉之埃,上为青云,阴阳相薄为雷,激扬为电,上者就下,流水就通,而合于青海。壮土之气,御于赤天,赤天七百岁生赤丹,赤丹七百岁生赤颢,赤颢七百岁生赤金,赤金千岁生赤龙,赤龙入藏生赤泉,赤泉之埃,上为赤云,阴阳相薄为雷,激扬为电,上者就下,流水就通,而合于赤海。弱土之气,御于白天,白天九百岁生白矾,白矾九百岁生白颢,白颢九百岁生白金,白金千岁生白龙,白龙入藏生白泉,白泉之埃,上为白云,阴阳相薄为雷,激扬为电,上者就下,流水就通,而合于白海。牝土之气,御于玄天,玄天六百岁生玄砥,玄砥六百岁生玄颢,玄颢六百岁生玄金,玄金千岁生玄龙,玄龙入藏生玄泉,玄泉之埃,上为玄云,阴阳相薄为雷,激扬为电,上者就下,流水就通,而合于玄海。说虽荒怪,然其大意,乃谓地气上升;与天相接,久而生金,由金生龙,由龙生泉,再上升而为云,云下降而为雨,雨汇流而成海,与《管子》以水地为万物之本,亦觉消息相通也。

　　《易·系辞》曰:龙蛇之蛰,以存身也。古所谓龙者,果为何物,虽不可知,然必为蛇类,古书恒以龙蛇并言。《管子·枢言》曰:一龙一蛇,一日五化之谓周,似以变化时为龙,不变化时为蛇。是谓龙能蛰也。文言曰:云从龙,是亦谓龙能乘风云而上天也。《论衡·龙虚篇》曰:盛夏之时,雷电击折树木,发坏室屋,俗谓天取龙,谓龙藏于树木之中,匿于室屋之间也。雷电击折树木,发坏室屋,则龙见于外,龙见,雷取以升天,世无愚智贤不肖,皆以为然。又曰:世俗之言,亦有缘也。短书言龙无尺木,无以升天。又曰升天,又曰尺木,谓龙从木中升天也。案藏于树木之中,匿于室屋之间,是即所谓蛰也。因雷电而升天,是即《易》所谓云从龙也。然则自先秦至汉，人心之所谓龙，迄未尝变也，且验仲任龙虚之篇，彼时世俗之言，与今人亦无大异，知传说之难改。然则古之所谓龙者，其亦即后世愚夫愚妇之所谓龙欤？此乃雷雨之时所见，本无所谓龙，然古人迷惑，见一小物谓为能变者甚多，雷雨之时，见名之曰龙，及乎晴霁，乃指类于蛇，小如蚕蝎之物以当之，事所可有，安可究诘，必欲索之于今之动物学中，则惑矣。世俗多谓狐能变幻，虽古昔亦然。谓今之所谓狐者，不足以当古短书之狐，而必别求其物以实之，其亦可乎？

〔二五二〕帝

吴清卿《字说》,谓"帝皇之帝,与根柢之柢,原即一字。初但作▽作▼,后乃作帝"。其说凭字形推测,未知信否。然上帝之帝,古确有根柢之义。《周书·周祝》:"危言不干德曰正,正及神人曰极,世之能极曰帝。"《淮南·诠言》:"四海之内,莫不系统,故曰帝也。"是也。又《周官·地官》泉府《释文》,柢音帝,亦可见柢帝之同音。

〔二五三〕磌 然

《公羊》僖公十六年,"闻其磌然,视之则石,察之则五"。《释文》:"磌然,之人反;又大年反;声响也。一音芳君反。本或作砰,八耕反。"《穀梁注》引《公羊》之辞,《疏》曰:"磌字,《说文》、《玉篇》、《字林》等无其字,学士多读为砰。据《公羊》古本,并为磌字。张揖读为磌,是石声之类,不知出何书也。"《校勘记》引《经义杂记》曰:"今《玉篇》有磌字,云音响也,盖孙强等增加。《广雅》四《释诂》:砰,普耕反,声也,而无磌字。杨云张揖读为磌,是古本《广雅》有磌矣。《五经文字》:磌,之人反,又大年反,声响也,见《春秋传》。"案八耕反与芳君反,同声异韵,乃学士以当时状声之辞读《公羊》,非其本字也。《公羊》本字,自当作磌,杨《疏》谓古本皆如此,又《广雅》本有磌字,可见。此磌然,即《孟子》"填然鼓之"之"填然";《梁惠王》上。因其为石声,故易土旁为石旁耳。《杨疏》"张揖读为磌",疑当作读为填。填然,盖状重物相击,实而不浮之声。古真字本训充实,不作诚伪之诚解,故阗字从真得声。今读真为之人反,阗为大年反,古无是别也。《老子》曰:"窈兮冥兮,其中有精,其精甚真。"即充实之义。若依今人用法,则当作阗。《庄子》之真人亦然,故谓其"入水不濡,入火不爇"也。见《大宗师》篇。又《天下》篇"关尹老聃乎? 古之博大真人哉",亦此意。观上文言"坚则毁矣,锐则拙矣"可知。《玉藻》"色容颠颠","盛气颠实扬休",又以颠为之。

〔二五四〕稽古同天

俞理初曰:"《诗·玄鸟正义》引《尚书纬》云:曰若稽古帝尧,稽,同也;古,天也。《三国志》、《书正义》均诋郑氏信纬,以人系天,于义无取;且云:古之为天,经无此训;不悟《诗》云古帝命武、汤,正是经训古为天。"《癸巳类稿·光被四表格于上下古文说》。愚案《周书·周祝》:"天为古,地为久,察彼万物名于始。"此古书明言天为古者。《管子·任法》曰:"法不一,则有国者不祥;国更立法以典民,则祥。故曰:法者,不可恒也,存亡治乱之所从出,圣君所以为天下大仪也,君臣上下贵贱皆发焉。故曰:法,古之法也。"《韩非子·定法》曰:"韩者,晋之别国也。晋之故法未息,而韩之新法又生;先君之令未收,而后君之令又下。"所谓法不一者也。故国必不免于是,故贵更之,故曰不可恒。不可恒而曰古之法,则其所谓古者,非谓年代久远,亦训天耳。《祭义》曰:"以事天地、山川、社稷、先古。"先古即天古,乃复语。盖天地之道,悠久无疆,故天可训之以古。而天,颠也,本有最上之义,时之尚者则古矣。故言古者亦可言天也。《尹告》曰:"惟尹躬天见于西邑夏。"《礼记·缁衣》引。郑《注》读天为先,可证。

〔二五五〕猎 较

《孟子·万章》下篇:"鲁人猎较,孔子亦猎较,猎较犹可,而况受其赐乎?"《注》云:"猎较者,田猎相较,夺禽兽,得之以祭,时俗所尚,以为吉祥。孔子不违而从之,所以小同于世也。"田猎纵不能教让,岂有相夺之礼?相夺乃大乱之道,孔子焉得从之?赵《注》似近亿说。予谓猎较,即汉人所谓校猎。《汉书注》云:"校猎者,大为阑校以遮禽兽而猎取也。"《成帝纪》元延二年。有尽物之意,非天子不合围,诸侯不掩群之义;故充类至义之尽,谓之盗也。

〔二五六〕上　国

《左氏》昭公二十七年:"吴子欲因楚丧而伐之。使公子掩余、公子烛庸帅师围潜,使延州来季子聘于上国。吴公子光曰:此时也,弗可失也。告鱄设诸曰:上国有言曰:不索何获?我王嗣也,吾欲求之。"《疏》曰:"贾逵云:上国,中国也。服虔云:上国,谓上古之国,贤士所言也。此犹如上文聘于上国,则贾言是也。"案以成公七年"通吴于上国"之文言之,亦贾说是也。然昔人引古语者甚多,引同时列国之言者甚少。蛮夷引中国之言,亦不少概见。盖载籍所传者,多非其人之言,实执笔者以其意为之辞耳。聘于上国之文,服虔岂不之见?必以上古之国释之者,夫固别有见地也。窃疑《左氏》记事,虽有依据,其文则多经传者润饰。创通《左氏》者,多西汉末叶人,如刘歆、郑兴辈,于古书未必能真解。或见上国有言之文,误解上国为中国,因遂施之季札之聘,巫臣之通耳。要之《左氏》记事,大致可资参证,然其释经处必出妄说,其文字亦多非故书之旧,则不可不知也。

〔二五七〕女称君亦称君子

冯云伯《十三经诂答问》云:"问《硕人》无使君劳,《毛传》:大夫未退,君听朝于路寝,夫人听内事于正寝,大夫退然后罢。是君劳似兼夫人言之,何也？曰:此君字当专指夫人言。《列女传》:君者,谓女君也。引此,是《鲁诗》说。鹑奔我以为君,《毛传》:君,国小君,盖夫人自称曰小君也。"愚案《硕人》毛《传》,意或亦专指夫人；兼言君者,连类及之耳。古书固多如此也。又案俞理初《癸巳类稿》云:《丧服传》云:君子子者,贵人之子也。此君子当属母,即《诗·都人士》云彼君子女谓之尹吉者,以求之者必为適妻故也。卷三。然则君与君子,皆男女之通称矣。君者,群也,。能理一群之事者,斯谓之君,固无分于男女。抑古者男有男事,女有女事,如今原始部族,往往战守之事属之男,弓矢戈矛之类,亦为男子所有,凡为战守而结合之团体惟男子主之,女子不与焉。至于种植烹饪,缉绩裁缝,治理居处,抚育孩幼,则皆女子主之,男子不与,其物亦皆女子所有,故家属于女子也。此所谓男子治外,女子治内,而非如小康之世,所谓深宫固门,阍寺守之,男不入,女不出者也。小康之世之妇人,所治者悉为家事,而家为男子之所有,则亦无产之奴隶而已矣。

〔二五八〕札

《周官》大司徒："大荒大札,则令邦国移民,通财,舍禁,弛力,薄征,缓刑。"《注》:"大荒,大凶年也;大札,大疫病也。"司市:"国凶荒札丧,则市无征而作布。"司关:"国凶札,则无关门之征。"《注》:"郑司农云:凶,谓凶年饥荒也;札,谓疾疫死亡也;越人谓死为札。《春秋》传曰:札瘥夭昏。"《疏》曰:"上注札为疫病,此司农以札为死,则札因病而死,义得两兼,是以引越人谓死为札也。云《春秋传》者,昭十九年《左氏》云:郑驷偃卒,其父兄立子瑕。子产曰:寡君之二三臣,札瘥夭昏。《注》云:大死曰札,小疫曰瘥,短折曰夭,未名曰昏。又《洪范》云:六极,一曰凶短折。《注》曰:未龀曰凶,未冠曰短,未昏曰折,并无正文,望《经》为说耳。引《春秋》者,证札为大疫也。"案司徒职所谓大荒,即司市所谓凶荒,司关所谓凶;其所谓大札,即司市所谓札丧,司关所谓札;辞有单复,义无同异。《司徒注》但云疫病,乃辞不具,非谓未致死亡;《疏》谓义得两兼,误也。札、折,疑即一语。《礼记·祭法》:"大凡生于天地之间者皆曰命,其万物死皆曰折,人死曰鬼。"《注》:"折,弃败之言也。"盖指秋时草木黄落言之,秋冬万物皆死,总称为折,不复分别其名。万物死其数甚多,因引申为人死甚多之称;死亡甚多者,固惟疫病足以致之也。

〔二五九〕易抱龟南面

《祭义》:"昔者圣人建阴阳天地之情,立以为易。易抱龟南面,天子卷冕北面,虽有明知之心,必进断其志焉;示不敢专,以尊天也。"《注》:"易,官名。《周礼》曰大卜,大卜主三兆三易三梦之占。"案《周官·春官》占人:"掌占龟,以八簭占八颂。"《左氏》僖公十五年,秦伯伐晋,卜徒父筮之,其卦遇《蛊》。则古者卜筮之职,盖不甚分。《少牢馈食礼》:"史朝服,左执筮,右抽上韇,兼与筮执之,东面受命于主人。"《疏》云:"《杂记》:大夫士筮,亦云史练冠长衣。"今案《左氏》庄公二十二年:"周史有以《周易》见陈侯。"襄公九年:"穆姜薨于东宫,始往而筮之,遇《艮》之八;史曰;是谓《艮》之《随》,《随》其出也,君必速出。"是史亦知筮也。《荀子·王制》:"相阴阳,占祲兆,钻龟陈卦,主攘择五卜,知其吉凶妖祥,伛巫跛击之事也。"《注》:"五卜,《洪范》所谓曰雨、曰霁、曰蒙、曰驿、曰克。击读为觋,男巫也。"其说当,则巫觋亦通于卜筮矣。盖其术并非甚难也。

〔二六〇〕三兆三易

《周官·春官》：大卜，掌三兆三易之法。《注》引杜子春云："玉兆，帝颛顼之兆；瓦兆，帝尧之兆；原兆，有周之兆。"又云："《连山》宓牺，《归藏》黄帝。"《疏》引："赵商问：杜子春何由知之？郑答云：此数者非，无明文，改之无据，故著子春说而已，近师皆以为夏、殷、周。郑既为此说，故《易赞》云：夏曰《连山》，殷曰《归藏》。又注《礼运》云：其书存者有《归藏》。如是，玉兆为夏，瓦兆为殷可知，是皆从近师之说也。"案《史记·自序》云："齐、楚、秦、赵为日者各有俗，所用欲循观其大旨，作《日者列传》。"又云："三王不同龟，四夷各异卜，然各以决吉凶，略窥其要，作《龟策列传》。"则古者卜筮之法盖甚多，今不可见者，以二传皆非原文也。以为夏、殷、周与黄帝、颛顼、帝尧，皇甫谧又以为夏人因炎帝曰《连山》，殷人因黄帝曰《归藏》，见《疏》引。同一无据而已。孔子之宋而得《坤乾》，经有明文；然以《坤乾》即《归藏》，亦无确据。

《士冠礼疏》云："案《洪范》云：七稽疑，择建立卜筮人，三人占，从二人之言；又案《尚书·金縢》云：乃卜三龟，一习吉。则天子诸侯卜时，三龟并用，于玉、瓦、原，三人各占一兆也。筮时，《连山》、《归藏》、《周易》，亦三易并用；夏、殷以不变者为占，《周易》以变者为占，亦三人各占一易。卜筮皆三占从二。三者，三吉为大吉，一凶为小吉，三凶为大凶，一吉为小凶。案《士丧礼》筮宅：卒筮，执卦以示命筮者，命筮者受视，反之东面，旅占。《注》云：旅，众也；反与其属共占之，谓掌《连山》、《归藏》、《周易》者。又卜葬日云：占者三人在其南。《注》云：占者三人，掌玉兆、瓦兆、原兆者也。少牢大夫礼亦云三人占。郑既云反与其属共占之，则郑意大夫卜筮，同用一龟一易，三人共占之矣。其用一龟一易，则三代颗用，不专一代。故《春秋纬演孔图》云：孔子修《春秋》，九月而成。卜之，得《阳豫》之卦。宋均注云：《阳豫》，夏、殷之卦名，故今《周易》无文，是孔子用异代之筮，则大夫卜筮，皆不常据一代者也。"今案三占从二，自当以三人共用一龟一易为说；若各异其术，则所据不同，何以相正。《曲礼》曰"卜筮不过三"，又曰"卜筮不相袭"，《表记》亦曰："卜筮不相袭也。"所以不过三者，惧其多则惑，不相袭者亦然。晋献公欲以骊姬为夫人，卜筮并用。《左氏》僖公四年。文公欲纳襄王，既卜之，又筮之，同上二十五年。皆非正法也。《周官·春官》簭人云："凡国之大事，先簭而后卜。"《周官》，战国时书，盖亦末世惑乱之俗，非周代之正法。至《洪范》卜筮并用者，则又以其时代较早，信教之念甚深，未可援以为解也。

〔二六一〕史记日者龟策列传

　　《史记·日者》《龟策》二传，今皆已亡，无由知其所言如何。今本《日者传》载司马季主事，姑勿论其为讽谕之作，与数术无涉，即谓有涉，季主亦卜徒，正宜入《龟策传》。至《龟策传》则仅载褚先生所得于大卜官者，皆记事，非记人，刘知幾讥其全为志体，当与八书等列。《史通》。后世所谓史例，诚非可以议古人，然《史记》各类传，亦多列前人行事，则知原文若存，必不但记卜筮之法。《自序》云："齐、楚、秦、赵为日者各有俗，所用欲循观其大旨，作《日者列传》。三王不同龟，四夷各异卜，然各以决吉凶，略窥其要，作《龟策列传》。"则《日者传》当记齐、楚、秦、赵四国，《龟策传》则上本三代，旁及四夷，各载其法俗与其人之行事也。然则二传何以立别乎？曰：《龟策传》当专记卜筮，《日者传》则兼苞诸数术之家，特以日者为名耳。案古有卜筮日之俗，《礼记·曲礼》曰："卜筮者，先圣王之所以使民信时日。"似时日即该于卜筮之中，不得别为一技矣。然《表记》曰："子言之：昔三代明王，皆事天地之神明，无非卜筮之用，不敢以其私亵事上帝，是故不犯日月，不违卜筮。"又曰："子曰：君子敬则用祭器，是以不废日月，不违龟筮，以敬事其君长。"又曰："子曰：齐戒以事鬼神，择日月以见君，恐民之不敬也。"皆以时日与卜筮并言。《墨子·贵义》曰："子墨子北之齐，遇日者。日者曰：帝以今日杀黑龙于北方，而先生之色黑，不可以北。"此时日自有吉凶，非为龟筮者所能知也。褚先生曰："臣为郎时，与太卜待诏为郎者同署，言曰：孝武帝时，聚会占家问之，某日可取妇乎？五行家曰可，堪舆家曰不可，建除家曰不吉，丛辰家曰大凶，历家曰小凶，天人家曰小吉，太乙家曰大吉。"可见凡诸数术之家，无不知有时日。盖龟筮之义，一以占其事之可行与否，一以占其事当行于何时。占人最重卜，而筮次之，决事之可行与否，大抵以此二者为主，故其后言决嫌疑定犹豫者，遂皆称之曰龟筮；其实所用者，不必定此二术，特古人言语多以偏概全耳。决其事之可行与不者，既简称之曰龟筮矣，决其当行于何时者，乃总称之曰时日，以与龟筮相对，其实定时日者，亦未必不用龟筮也。故以龟策、日者对立为二名，及举诸数术之家所最重者，特立为一篇，余则并为一篇，其事皆当沿之自古也。古人著书，每举文繁事重者列为专篇，余则合并为一。如李悝《法经》，《盗》、《贼》、《网》、《捕》，各列专篇，余则总为《杂篇》。又如仲景著书，《伤寒》列为专篇，余则总称杂病皆是。

《孟尝君列传》曰："田婴有子四十余人，其贱妾有子名文。文以五月五日生，婴告其母曰：勿举也。其母窃举生之。及长，其母因兄弟而见其子文于田婴，田婴怒其母曰：吾令若去此子，而敢生之，何也？文顿首，因曰：君所以不举五月子者，何故？婴曰：五月子者，长与户齐，将不利其父母。"此俗以生年月日定吉凶祸福之本。《论衡·偶会》曰"世曰：男女早死者，夫贼妻，妻害夫"，亦此俗也。此皆时日之自有吉凶者也。知之当有一技。《论衡》又曰："世谓宅有吉凶，徙有岁月。"此则趋避由人，可决之以卜筮者矣。《小弁》之诗曰："天之生我，我辰安在？"《笺》曰："此言我生所值之辰，安所在乎？谓六物之吉凶。"《疏》曰："岁、时、日、月、星、辰也。"然则不惟卜筮日之俗，由来甚古，即以生年月日定吉凶，亦三代前既有之矣。

〔二六二〕神嗜饮食

古人最嗜饮食,故遂以己之心度于神。《左氏》一书,所载当时士大夫务民之义之论,可谓多矣。然随侯曰:"吾牲牷肥腯,粢盛丰备,何则不信?"桓公六年。虞公曰:"吾享祀丰洁,神必据我。"僖公五年。犹可见习俗之相沿焉。赵婴之放于齐也,"梦天使谓己:祭余,余福女。使问诸士贞伯,贞伯曰:不识也。既而告其人曰:神福仁而祸淫,淫而无罚,福也。祭其得亡乎?祭之之明日而亡"。成公五年。是虽持福仁祸淫之论者,亦未尝谓祭不可以获福也。《墨子》言《天志》,言《明鬼》,亦持福仁祸淫之论者也。然《天志下》云:"楚王食于楚四竟之内,故爱楚之人;越王食于越,故爱越之人;今天兼天下而食焉,我以此知其兼爱天下之人也。"亦不觉露出祭可获福之旧见解矣。《明鬼下》曰:"昔者宋文君鲍之时,有臣曰祏观辜,固尝从事于厉。祩子杖揖出,与言曰:观辜,是何珪璧之不满度量,酒醴粢盛之不净洁也,牺牲之不全肥,春秋冬夏选失时,岂女为之与?意鲍为之与?观辜曰:鲍幼弱,在荷襁之中,鲍何与识焉,官臣观辜特为之。祩子举揖而槁之,殪之坛上。"则更明目张胆,以饮食罪过生人矣。墨子此说,自言出于宋之《春秋》,可见当时流俗,持此等见解者之多也。

观于祏观辜之事,则知《史记·鲁世家》谓成王少时病,周公揃其爪，沈之河，以祝于神，曰"王少未有识，奸神命者乃旦也"，不足怪矣。《金縢》册祝之辞，曰"尔之许我，我其以璧与珪，归俟尔命；尔不许我，我乃屏璧与珪"，俨然有要挟之意。亦以人固蕲神佑，神亦恃人以饮食之也。不孝有三，无后为大，即由于此。而微子以殷民攘窃神祇之牺牷牲用为大罪，更不足怪矣。

　　《楚茨》一诗，皆言古人祭祀之事，而曰："神嗜饮食，卜尔百福。"又曰："神嗜饮食，使君寿考。"此真古人之见解与？《左氏》诸书所载务民之义之论，乃当时先知先觉者之见解，而非其时人人之见解也。

　　论者将曰：惟饮食之求，且以己意度于神，何其鄙也。而不知好货财，贪饮食，其鄙一也。抑人孰不好饮食？不过古者货财少，人之所以纵其欲者不多，故多好饮食。后世则声色货利，所以眩惑之者益纷。汲汲皇皇，惟恐不及。而夺利必先夺权，又益之以夸者之死权，遂致并其嗜饮食之本性而失之耳。今以饼饵、黄金与人，小人必取饼饵，成人必取黄金。可谓小儿贪而成人廉，成人仁而小儿鄙舆？夫好货财非徒以为饮食也，然未尝不欲饮食也。固有朱门酒肉臭，坐视途有冻死骨，而莫之肯饐者矣。而孰与野人鄙夫。祭祀之余，会聚亲戚邻里，欣然醉饱，而惠且及于过客也。而犹鄙古人，何也？然私货财者，岂必其皆得饮食哉？固又有挟金玉锦绣而为道殣者矣。此又小儿争饼饵者之所哀也。

〔二六三〕神仙家

天下事无可全诳人者。《史记·封禅书》言:"秦文公获若石,于陈仓北阪城祠之。其神或岁不至,或岁数来,来也常以夜,光辉若流星,从东南来集于祠城,则若雄鸡,其声殷云,野鸡夜雊。"而刘向言:"陈宝祠,自秦文公至今,七百余岁矣。汉兴,世世常来,光色赤黄,长四五丈,直祠而息,音声砰隐,野鸡皆雊。每见雍,太祝祠以太牢,遣候者乘一乘传驰诣行在所,以为福祥。高祖时五来,文帝二十六来,武帝七十五来,宣帝二十五来,初元元年以来,亦二十来。"《汉书·郊祀志》。此自然之象,众目共睹,非可虚诳。然则汉武帝以正月上辛用事甘泉圜丘,使童男女七十人俱歌,昏祠至明,夜常有神光如流星止集于祠坛,天子自竹宫而望拜,百官侍祠者数百人,皆肃然动心焉。《汉书·礼乐志》。此亦非可虚诳。故知迷信之事,睹其事而不知其理者多矣,谓其绝无依据,则必不然。知此则可与论神仙家之原起焉。

《左氏》昭公二十年载齐景公问晏子之辞曰:"古而无死,其乐何如?"古无为不死之说者,景公为神仙家所惑,盖又在威、昭、燕昭之前矣。《汉书·天文志》,望气之术,有察海旁蜃气者;又云:"云气各象其山川人民所聚积。"盖后亦知倒景之理,然其初则不之知,诚以为空虚之中有人焉。诚以为人可乘云气而遨游。《楚辞》中所表见者,皆此思想也。夫如是故方士必起于燕齐之间,而三神山必在海中也。